IFRS 회계원리 입문

김상우 · 김봉현 · 윤희원 지음

유원북스

머리말

저자들이 회계를 처음 접했던 20년 전만 해도 회계는 회계를 공부한 사람만이 할 수 있고, 해야 되는 줄만 알았는데 엊그제 한 뉴스프로의 앵커가 어떤 기사를 읽던 중 자연스럽게 감가상각비라는 용어를 사용하는 것을 보고 깜짝 놀랐다.

이렇듯 요즈음 기업에서는 회계를 모르는 사람들은 책임자급이 될 수도 없고, 회계를 모르는 책임자가 있는 기업은 그리 오래 가지 못하는 것을 종종 볼 수 있으며, 더욱이 기업의 활동과 무관하지만 경제생활을 영위하는 일반 사람들조차 재무제표를 분석할 수 있을 정도로 회계는 필수불가결한 생활의 일부분이 되었다.

특히 우리나라는 국가간 재무제표의 비교가능성을 제고하기 위한 시대적 흐름에 동참하기 위하여 2011년부터 국제회계기준(IFRS: International Financial Reporting Standards)을 상장기업과 금융기관 그리고 원하는 일반기업들에 한해서 적용할 수 있으며, 2014년부터는 일반기업회계기준을 적용하던 비상장기업에 한해서 중소기업회계기준을 선택적용할 수 있게 되었다.

이에 발맞추어 저자들은 본서를 크게 두 부분으로 구성하고 부록을 추가하여 서술하였다.

전반부인 1편에서는 회계를 처음 접하는 기업의 실무자와 학생들과 같은 초보자들이 회계원리를 더 친숙하고 빠르게 접근할 수 있도록 국제회계기준의 내용보다는 일상에서 접했던 계정과목을 중심으로 설명하였고, 본문은 물론 다양한 예제에서도 기초에서부터 순차적으로 중요내용을 추가하는 방식으로 내용을 전개하였다.

후반부인 2편에서는 재무상태표와 포괄손익계산서에 표시되는 세부계정을 중심으로 국제회계기준의 회계처리를 설명하였고, 초보자들에게 너무나 방대하고 난해한 내용은 오히려 독이 된다고 생각하여 보론 및 내용설명을 생략하였다.

본서에서 다루는 내용 중 종전의 회계원리와 크게 다른 점은 기초회계편에서 국제회계기준보다는 기존의 회계기준를 바탕으로 쉽고 자세하게 다양한 예제를 들어 설명하였고, 계정과목편에서는 국제회계기준을 바탕으로 전체적인 흐름을 이해할 수 있도록 친절한 설명을 본문에서 박스처리하여 다루었다.

다만, 회계실무에서는 참고할 만한 내용이지만 어려운 내용으로 판단되는 부분은 각 장의 보론에 서술하였다.

본서의 출간에 도움을 주신 편집부 직원 여러분께 깊은 감사를 드린다. 또한 주말에도 본서의 교정작업에 많은 조언을 아끼지 않았던 공동저자분들에게도 심

심한 감사를 표한다. 마지막으로 저자들은 독자와 강의를 담당하실 교수님 및 선생님들의 비판과 조언을 기대하며, 향후 이를 기꺼이 받아들여 더 쉽고 더 편하고 더 좋은 책을 만들기 위해 노력할 것임을 밝힌다.

2017년 1월
세 저자 씀

목 차

목 차

목 차

01

회계의 기초

SECTION 01 회계의 개념

01 회계의 기본개념

회계란 이해관계자가 합리적인 판단이나 경제적 의사결정을 할 수 있도록 회계주체의 경제활동에 대한 돈의 흐름을 측정하고 기록하여 보고하는 일련의 과정을 말한다.

1. 정보시스템으로서의 회계

회계는 이해관계자에게 회사의 경영활동의 결과를 기록하고 정리해서 유용하게 사용할 수 있도록 보고하는 일련의 정보시스템이다.

<회계시스템>
회사의 경영활동 → 기록(인식·측정) → 처리(저장·보관) → 회계보고서 → 이해관계자

위의 그림과 같이 회계시스템은 기업의 활동과 이해관계자를 연결시킨다. 먼저 회계는 기업의 활동을 인식 · 측정하여 자료로서 기록한 다음, 이 자료를 필요할 때까지 저장하였다가 유용한 정보로 이용될 수 있도록 처리한다. 이러한 정보는 재무제표 등의 회계보고서로서 이해관계자들에게 제공된다.

2. 회계의 일부분인 부기

많은 사람들은 회계를 부기(簿記 bookkeeping)와 혼동하고 있다. 부기는 거래를 장부에 기록하는 기술을 의미하며 회계정보의 공급 측면을 강조한다.

반면에 회계는 거래의 기록뿐만 아니라 그 기록이 이해관계자의 의사결정에 유용하게 이용될 수 있도록 돕는 정보문서들을 포함하며 회계정보의 수요 측면을 강조한다.

회계:

부기: 거래를 사실대로 기록하는 것	+ 유용한 정보를 제공하기까지의 모든 절차

02 이해관계자와 재무제표

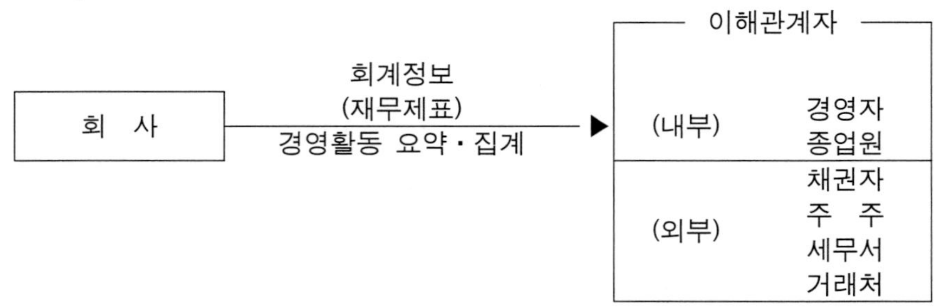

1. 이해관계자

회사의 이해관계자(회계정보이용자)에는 기업의 경영자 · 출자주주 · 채권자 · 예비투자자 · 정부 및 불특정 다수의 회계정보이용자들이 있다. 회사의 경영자 입장에서는 자신이 회사경영에 대한 영업실적을 파악하여 평가받고 싶을 것이며, 채권자의 입장에서는 빌려준 자금과 이자를 회수할 수 있을 것인지에 관심을 가지게 될 것이다.

또한, 출자주주 입장에서는 자신들이 출자한 회사의 투자정보를 알고 싶을 것이며, 정부(세무당국)입장에서는 기업의 소득에 대하여 얼마만큼 과세할 수 있을 것인지 관심을 가질 것이다. 여기서 이해관계자(회계정보이용자)를 분류하면 다음과 같이 분류할 수 있다.

(1) 내부의 이해관계자(회계정보이용자)

① 경영자 : 회사의 사업실적평가와 미래사업계획수립

② 종업원 : 임금협상 및 고용조건 결정

(2) 외부의 이해관계자(회계정보이용자)

① 채권자 : 외상매입금, 차입금 등의 부채상환능력 결정
② 주주 : 주식의 매입, 보유, 매도 등 자금의 투자여부 결정
③ 정부(세무서) : 세금의 부과금액 결정
④ 거래처 : 거래여부 및 거래조건 결정

2. 재무제표(회계보고서)

다양한 이해관계자에게 정보를 제공하기 위해서는 일정한 형식에 따라 보다 쉽게 기업의 경영상황을 파악할 수 있도록 보고서를 만들어서 제공해야 하는데 회계에서 정보이용자에게 제공하는 보고서를 '재무제표'라고 한다.

(1) 재무상태표(일정시점 + 재무상태)

일정 시점을 기준으로 회사가 어디에서 얼마큼 자금을 조달하여, 이처럼 조달한 자금을 어디에 어느 정도 운용하고 있는지를 나타내는 보고서이다.

(2) 포괄손익계산서(일정기간 + 경영성과)

일정 기간 회사가 경영활동과 관련하여 벌어들인 수익에서 이를 얻기 위해 사용된 비용을 차감하여 계산한 순손익인 경영실적을 나타내는 보고서이다.

(3) 이익잉여금처분계산서(사내유보 + 사외유출)-주석사항(재무제표는 아님)

경영활동 결과 벌어들인 이익을 주주에게 배당할 것인지 아니면 사내에 유보할 것인지를 나타내는 보고서이다. 반면에 손실 발생시에는 이를 어떻게 충당할 것인지를 보여주는 결손금처리계산서를 작성한다.

(4) 현금흐름표

회사가 일정기간 자금을 어디에서 얼마만큼 조달하여, 이를 어디에 어떻게 운용하고 있는지를 보여주는 보고서이며, 직접법과 간접법으로 작성한다.

(5) 자본변동표

재무상태표에 표시된 자기자본의 항목별 증감에 대한 구체적인 내용을 표시하는 보고서이다

(6) 주석

재무제표상의 해당과목이나 금액에 기호를 붙이고 난외 또는 별지에 동일한 기호를 표시하여 그 내용을 설명한 것으로서, 재무제표를 이용하는 사람들에게 기업 실정에 대한 충분한 정보를 제공하기 위해 보충적으로 작성된다.

한편, 주석은 독립된 재무제표가 아니고 재무제표의 필수적 요소로서 재무제표내용에 대한 추가적인 정보를 기술한 것이다.

(예 : 중요한 회계정책의 요약, 천재지변 등의 우발상황)

<비교사항>
주기란 재무제표상의 해당 과목 다음에 그 회계사실의 내용을 간단한 자구나 숫자로 괄호안에 표시하는 방법으로서 주석과는 다르며, 기업회계기준에 의한 재무제표에는 포함되지 않는다.

03 회계기준

1. 의의

회계는 기업의 거래를 정리하여 각종 정보를 내놓는 일이라고 정의한 바 있다. 그런데 정리가 기업마다 다르다면 정보 역시 기업마다 다를 것이고 이 경우 기업 간 비교 · 분석할 수 없는 정보를 대하는 정보이용자의 어려움은 충분히 짐작할 수 있을 것이다. 이를 해결하기 위한 것이 회계기준이다.

2. 한국채택국제회계기준

(1) 의의

일반적으로 인정된 회계기준은 국가마다 다를 수 있다. 그러나 국가 간에 자본이동이 증가함에 따라 1990년대 후반부터 세계 각국은 통일된 회계기준의 필요성에 공감하여

현재 100여개 국가들이 국제회계기준위원회(ISAB)가 제정한 국제회계기준(IFRS, International Financial Reporting Standards)을 자국의 일반적으로 인정된 회계기준으로 도입한 상태이다. 우리나라도 2011년 국제회계기준을 본격 도입하여 현재 적용하고 있다.

(2) 구성

한국채택국제회계기준은 기준서와 해석서로 구성되어 있으며 기준서는 회계처리의 목적, 방법, 공시 및 실무적용지침 등을 제공하고 있으며, 해석서는 기준서에서 명시적으로 언급하지 않은 사항과 구체적인 지침을 제시하지 않은 사항에 대한 지침을 제공하고 있다.

(3) 특징

1) IFRS는 원칙중심(principle-based)의 기준체계이다.

회계담당자가 기업의 경제적 실질에 기초하여 회계처리 할 수 있도록 회계처리의 기본원칙과 방법론을 제시하는 데 주력한다. 이는 일반기업회계기준이나 미국회계기준(US GAAP)이 법률관계나 계약의 내용에 따라 개별사안에 대한 구체적인 회계처리방법과 절차를 세밀하게 규정하는 규정중심(rule-based)의 기준체계인 것과 차이가 있다. 원칙중심 기준은 복잡한 현실을 모두 규율할 수 없어 오히려 규제회피가 쉬워지는 규정중심 기준의 단점을 극복할 수 있다.

2) 공시체계가 현행의 개별재무제표 중심에서 연결재무제표 중심으로 전환된다.

지배회사와 종속회사를 하나의 경제적 실체로 간주하여 내부거래가 제거된 연결재무정보가 공시되므로 회계투명성과 재무정보의 질이 높아진다. 기말뿐만 아니라 분기 및 반기에도 연결공시가 이루어진다. 현행 일반기업회계기준에서도 연결재무제표가 공시되고 있으나 개별재무제표 공시후 부수적으로 공시되고 있다.

3) IFRS는 자본시장의 투자자에게 기업의 재무상태 및 내재가치에 대한 의미있는 투자정보를 제공하는 데 중점을 두고 있다.

IFRS는 금융자산과 금융부채는 물론 유형자산, 무형자산 및 투자부동산에 이르기까지 공정가치 측정을 의무화 또는 선택 적용할 수 있도록 함으로써 일반기업회계기준보다 공정가치 평가범위가 넓어진다. 여기서 공정가치란 합리적인 판단과 거래의사가 있는 독립된 당사자간의 거래에서 자산이 교환되거나 부채가 결제될 수 있는 금액을 말하며, 흔히 말하는 '시가'보다 넓은 개념이다.

4) IFRS는 정책적 목적을 배제하고 경제적 실질에 따른 회계처리를 강조한다.

특정시점에 발행자가 상환하여야 할 의무가 있는 상환우선주의 경우, 일반기업회계기준에서는 상법상 자본으로 규정하고 있어 상환의무와 관계없이 자본으로 분류하지만 IFRS에서는 부채로 분류한다.

[기업별 적용하여야 하는 기업회계기준]

구분	한국채택 국제회계기준	일반기업 회계기준	중소기업 회계기준
상장기업	○	×	×
비상장 감사대상기업	○	○	×
비상장 비감사대상기업	○	○	○

실무 tip - 회계감사와 감사의견

직전회계연도말의 자산총액이 120억이상인 주식회사는 외부감사인(회계사)에 의해 재무제표가 적정하게 작성되었는지 확인하는 절차인 회계감사를 받아야 한다. 외부감사인은 재무제표가 감사범위의 중요한 제한, 회계기준의 중요한 위배 없이 적정하게 작성한 경우 적정의견을 표명한다. 만약 감사의견이 적정의견이 아닐 경우 회사는 불이익을 받게 된다.

상황별 감사의견	적정의견	한정의견	부적정의견	의견거절
기업회계기준 위배		중요	매우 중요	
감사범위 제한		중요		매우 중요
계속기업 가정 위배				해당

04 회계단위와 회계연도

1. 회계단위

회사의 자산 · 부채 · 자본의 증감변화와 그 원인을 기록 · 계산 · 정리하는 장소적 범위를 회계단위라 한다. (예 : 본점과 지점, 본사와 공장)

2. 회계연도(회계기간)

기업이 일정한 기간 동안의 경영성과를 계산하기 위하여 6개월, 1년 등으로 구분한 기간을 회계연도 또는 회계기간이라 한다.

예를 들어, 회계기간이 1년으로 12월말 결산법인의 경우 재무상태표는 회계연도 말일인 12월 31일 현재의 재무상태를, 그리고 포괄손익계산서는 회계연도의 개시일인 매년 1월 1일부터 종료일인 12월 31일까지의 경영실적이 표시된다.

기업들은 일반적으로 연간재무제표에 중점을 두게 되나, 필요에 따라서 월별 · 분기별(3개월간) 또는 반기별(6개월간) 재무제표를 작성 · 보고하기도 한다.

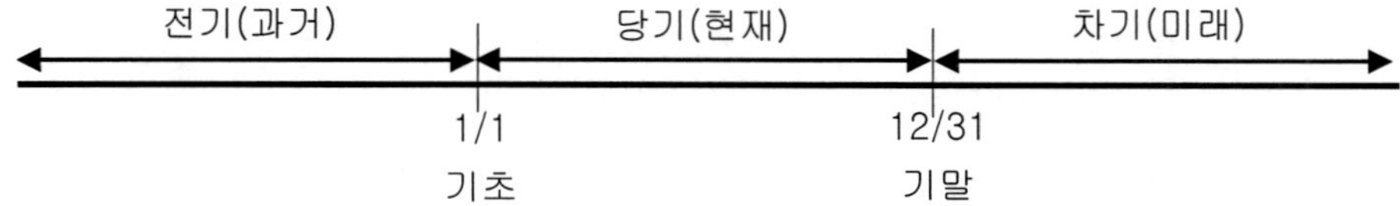

> **실무 tip - 회계기간의 종류**
> 1. 기업회계기준에서는 회계기간은 1년을 초과할 수 없도록 하고 있다.
> 2. 법인세법에서도 1년을 초과할 수 없도록 하고 있으나, 법인이 정관에 정한 기간을 1사업년도로 한다.
> 3. 개인사업자의 경우는 법인과 달리, 소득세법에 의하여 사업년도가 정해지는데 매년 1월1일부터 12월31일을 사업년도로 정하고 있다.

05 회계의 분류

1. 의의

회계는 정보이용자에 따라 재무회계, 관리회계, 세무회계 등으로 구분된다. 회계의 정보이용자가 누구인가에 따라서 요구되는 정보가 달라지고, 그에 따라 회계정보는 다양한 형태로 제공되어져야 하기 때문이다.

2. 분류

재무회계는 특정한 정보이용자를 위한 것이 아니라 주주 · 채권자 등 '모든 정보이용자'에게 공통적으로 이용되는 것이 그 특징이다. 재무회계는 기업회계라고도 한다.

관리회계는 주로 경영진과 같은 회사 내부 정보이용자들에게 경영활동을 계획하거나 통제하는데 유용한 정보를 제공하기 위한 회계의 한 분야이다.

세무회계는 정보이용자 가운데 정부(세무서)가 과세소득과 세액을 결정하는데 도움을 주고, 또한 기업의 입장에서는 법인세를 계산하고 부당한 과세처분을 당하지 않으며, 더 나아가 합법적인 절세를 할 수 있도록 도와주는 회계의 한 분야이다.

<회계의 분류>

구분	재무회계	관리회계	세무회계
목적	외부정보이용자의 경제적 의사결정에 유용한 정보를 제공	내부정보이용자의 관리적 의사결정에 유용한 정보를 제공	과세당국의 과세소득 및 세액의 합리적 결정
정보이용자	투자자, 채권자 등 외부의 이해관계자	경영자, 관리자 등 내부의 이해관계자	세무서
보고수단	일반목적 재무제표	특수목적 재무보고서	각종 세무서식 및 신고서

06 분식회계

분식회계(분식결산)는 고의적으로 재무정보를 왜곡하여 이익을 과대 계상하여 표시하는 것이다. 이러한 분식회계는 회계기록, 문서의 조작, 위조, 변조, 거래 및 정보은폐와 왜곡, 회계원칙 악용 등에 의해 이루어진다.

분식회계는 경영실적을 과대 포장하여 기업실적이 우수하게 평가됨으로써 유리한 조건으로 자금조달이 가능하고, 경영실패의 은폐, 기업 인수합병에서 유리한 조건 선점, 주가 유지 및 관리 등을 목적으로 행해진다.

분식회계를 목적으로 당기순이익을 부풀리는데, 이를 위해 매출과 자산을 부풀려 계산하고, 비용과 부채는 은닉한다. 대표적인 분식회계 유형으로 불량재고, 가공재고 등을 재고자산으로 계상, 재고자산평가손실 미계상, 가공 채권을 계상, 차기 매출 당기 계상, 대손충당금 미설정, 감가상각비 계상누락 등이 있다.

07 회계의 순환과정

1. 회계순환과정의 의의

재무상태표의 각 계정잔액은 기말잔액이 차기이월되어 차기의 기초잔액이 된다. 재무제표의 작성과정은 전기재무제표로부터 차기재무제표까지의 연속된 과정 중의 일부이므로 '순환과정'이라고 한다. 다시말해 결산수정분개를 포함하여 거래의 발생으로부터 재무제표가 작성되기까지의 모든 결산절차를 말한다.

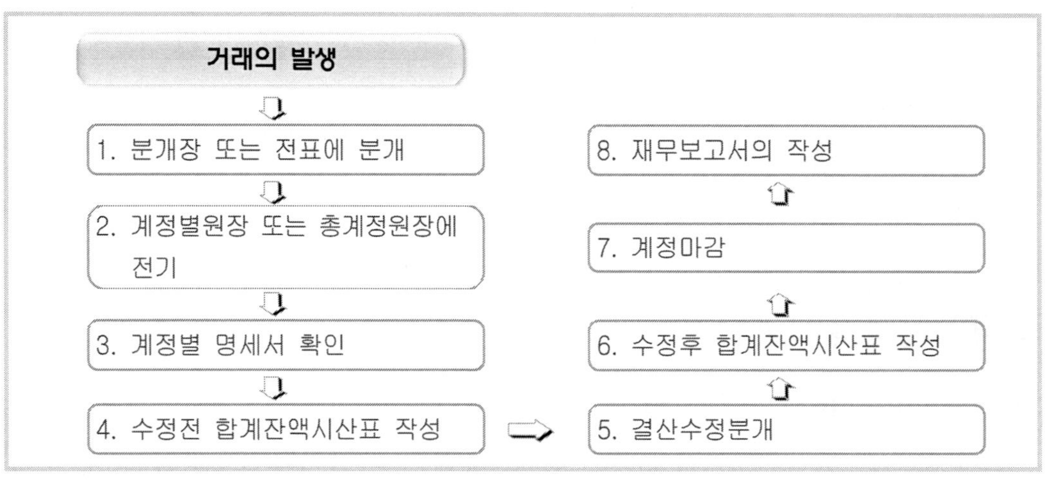

실무 tip - 회계상 기업의 분류(상기업 & 제조기업)

1. **상기업 : 상품판매**

상기업은 물건을 구입하여 보관 후 일정의 마진을 붙여 판매하는 형태이다. 예를 들어 백화점, 가전제품대리점, 슈퍼마켓, 유통마트 등 도·소매기업이 가장 대표적인 상기업의 예이다. 이때 상기업이 판매를 위해 구입한 물건을 '상품'이라고 한다.

2. **제조기업 : 제품판매**

제조기업은 제조를 통해 물건을 만들어 판매하는 형태이다. 즉 제조업은 원재료를 구입하여 여기에 기계와 노동력을 투입하여 가공과정을 거쳐 완성된 물건을 판매하게 된다. 예를 들어 선박제조회사, 자동차제조회사, 전자제품제조회사 등이 제조기업의 예이다. 이때 제조기업이 판매를 목적으로 제조하는 물건을 '제품'이라고 한다.

3. **서비스기업 : 서비스(용역)제공**

서비스기업은 상기업이나 제조기업과 달리 물건이라는 재화를 판매하는 형태가 아닌 무형의 서비스를 제공하는 기업이다. 이 때 무형의 서비스를 용역이라고 표현하며 병원, 세무회계사무실, 부동산임대업 등이 서비스기업의 기업의 예가 될 수 있다.

2. 도소매기업의 회계순환

(1) 도소매기업의 회계

도소매업은 상품을 구입하고 그 상품을 고객에게 판매하여 이익을 창출한다. 도소매업은 재고자산으로 구입한 상품 중 판매한 상품은 매출원가라는 과목으로 포괄손익계산서에 표시하고 아직 판매하지 않은 상품은 그대로 상품이라는 과목으로 재무상태표에 표시한다.

상기업 (구매와 판매활동) : 상품구매 → 상품판매 → 대금회수

(2) 도소매업의 영업주기

영업주기란 영업행위를 하고자 재고자산을 구입하여 이를 판매하고 대금을 회수하기까지의 기간을 말한다. 영업주기는 당연히 짧을수록 좋다.

3. 제조기업의 회계순환

(1) 제조업의 매출원가와 재고자산

매출원가란 판매된 제품의 원가를 말한다. 제품의 원가는 제조원가를 의미한다. 제조원가에는 재료비, 노무비, 제조경비가 포함된다. 재료비는 제품을 생산할 때 투입되는 원재료의 가액이고, 노무비는 제조와 관련한 근로자의 임금이며, 제조경비는 제조와 관련되어 발생하는 감가상각비, 소모품비 등 제조작업을 위해 투입되는 일반적인 경비를 말한다.

제조기업의 재고자산은 다음과 같이 3가지 정도이다.

① 원재료 : 아직 제조과정에 투입되지 않은 원재료

② 재공품 : 제품을 제조하는 과정 중에 있는 미완성제품

③ 제　품 : 제조작업이 완료된 완성품 중 외부로 판매되지 않은 제품

(2) 제조업의 회계와 영업주기

① 제조업은 원재료를 매입하여 생산공정에 투입하고, 노무비와 제조경비를 추가로 투입하여 가공한 후 제품을 생산한다. 그리고 이 제품을 판매하여 이익을 창출한다. 도소매업에 비하여 제품제조과정의 회계가 조금 복잡하다.

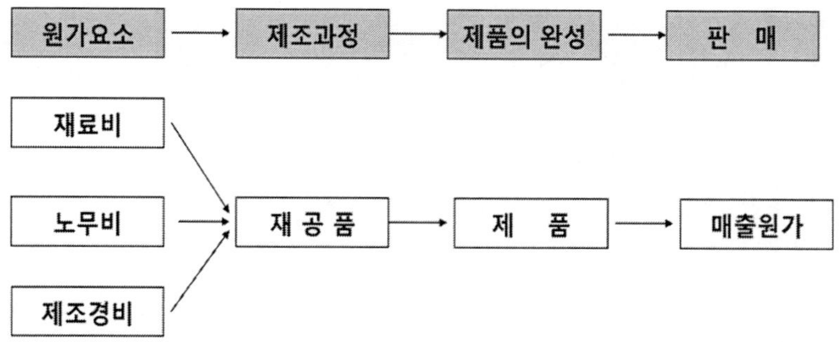

② 제조업 영업주기는 도소매업에 비하여 제조기간만큼 길다. 원재료를 구매하기 시작한 시점부터 제품제조과정을 거쳐 제품생산이 되고 그 제품을 판매하여 대금회수를 하기까지의 기간을 영업주기라 한다.

제조기업 (구매, 생산 및 판매활동) : 원재료 구매 → 제품제조(생산) → 제품판매 → 대금회수

(3) 제조기업의 포괄손익계산서와 제조원가명세서

제조원가명세서는 말 그대로 제품을 제조하는 데 들어간 원가명세표를 말한다. 재료비, 노무비, 제조경비가 얼마 들어갔고 이 중 완성된 제품은 얼마이고 아직 미완성제품은 얼마인지를 보여주는 명세표이다. 이 명세표에서 산출된 완성제품의 금액은 포괄손익계산서의 매출원가를 계산하기 위한 필수절차이다.

① 당기총제조원가

당기에 제조과정에 투입된 모든 제조원가를 말하며 재료비, 노무비, 제조경비의 합계로 표시된다.

당기총제조원가 (2,740) = 재료비(2,100) + 노무비(100) + 제조경비(540)

이 중 재료비는 당기에 제조과정에 투입된 원재료의 원가를 말하며, 기초원재료재고액에 당기원재료매입액을 가산한 후 기말원재료재고액을 차감하여 계산한다.

재료비(2,100) = 기초원재료재고액(2,000) + 당기원재료매입액(300) - 기말원재료재고액(200)

그리고 노무비는 당기에 제조과정에 투입된 생산직 근로자의 급여를 의미하며, 제조경비는 재료비와 노무비를 제외하고 당기에 제조과정에 투입된 모든 제조원가로서 공장건물이나 기계장치의 임차료, 감가상각비, 보험료, 재산세, 수선유지비, 전력비 등을 가리킨다.

② 당기제품제조원가

당기에 완성된 제품의 제조원가를 말하며, 당기총제조원가에 기초재공품재고액을 가산한 후 기말재공품재고액을 차감하여 구한다.

> 당기제품제조원가(2,700) = 당기총제조원가(2,740) + 기초재공품재고액(0)
> − 기말재공품재고액(40)

여기서 당기총제조원가와 당기제품제조원가는 명칭이 비슷하지만 서로 다른 개념이므로 명확히 구별해야 한다. 당기총제조원가는 당기에 제조과정에 투입된 제조원가를 뜻하는 반면에 당기제품제조원가는 당기에 완성된 제품의 제조원가를 의미한다.

제조원가명세서

과목	당기	
재료비		
기초재료재고액	2,000	2,100
당기재료매입액	300	
계	2,300	
기말재료재고액	200	
노무비		
급여	100	100
경비		540
감가상각비	500	
임차료	40	
당기총제조비용		2,740
기초재공품원가		0
합계		2,740
기말재공품원가		40
타계정대체		0
당기제품제조원가		2,700

포괄손익계산서

과목	제X(당)기 금액	
매출액		6,550
매출원가		(4,650)
제품매출원가	3,700	
기초제품재고액	1,000	
당기제품제조원가	2,700	
기말제품재고액	0	
상품매출원가	950	
기초상품재고액	0	
당기상품매입액	1,000	
기말상품재고액	(50)	
매출총이익		1,900
기타수익		
관리비		
복리후생비	30	
임차료	100	
대손상각비	60	(190)
법인세비용차감전손익		1,710
법인세비용		(300)
당기순이익		1,410

<매출원가 계산내역>

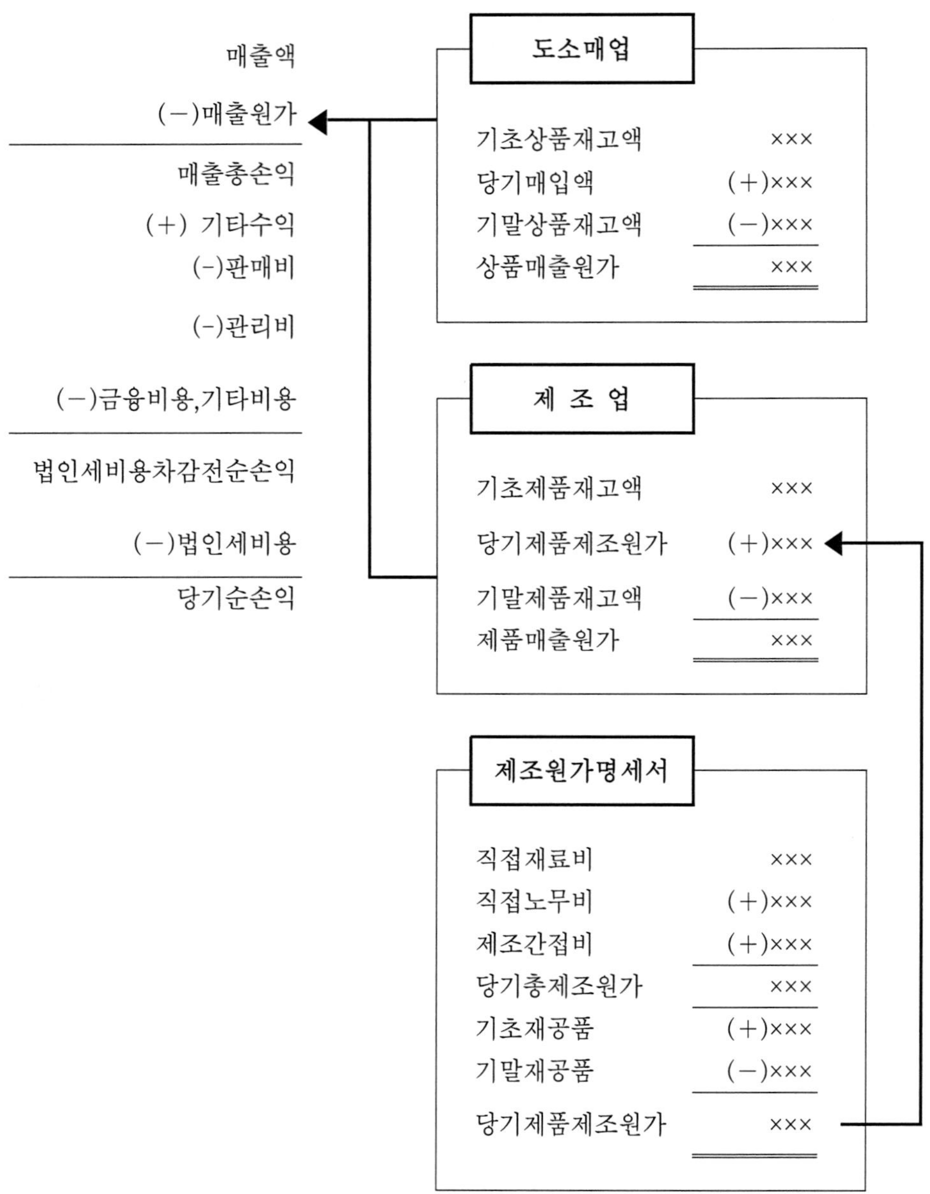

매출액
(−)매출원가
매출총손익
(+) 기타수익
(-)판매비
(-)관리비
(−)금융비용,기타비용
법인세비용차감전순손익
(−)법인세비용
당기순손익
도소매업
기초상품재고액 ×××
당기매입액 (+)×××
기말상품재고액 (−)×××
상품매출원가 ×××
제 조 업
기초제품재고액 ×××
당기제품제조원가 (+)×××
기말제품재고액 (−)×××
제품매출원가 ×××
제조원가명세서
직접재료비 ×××
직접노무비 (+)×××
제조간접비 (+)×××
당기총제조원가 ×××
기초재공품 (+)×××
기말재공품 (−)×××
당기제품제조원가 ×××

02 SECTION 재무제표

01 기업의 활동과 재무제표

재무제표는 한 회계기간 동안 기업의 영업, 투자 및 재무활동을 요약한 일련의 재무보고서로서 정보이용자에게 유용한 정보를 제공하는 재무회계의 핵심적인 보고서이다. 이러한 기업의 재무제표를 이해하기 위해선 기업의 활동을 생각해 볼 필요가 있다.

만약 제조기업을 가정한다면, 기업의 **재무활동**이란 기업의 자금조달, 부채상환, 배당금 지급 등 기업에게 자금을 제공하는 주주나 채권자와의 거래를 말한다. 또한 주주와 채권자로부터 조달한 자금을 갖고 기업이 필요로 하는 자산을 구입하는 것을 **투자활동**이라고 한다.

한편 기업의 **영업활동**이란 투자활동을 통하여 마련한 공장, 설비 등의 자산을 기반으로 하여 제조에 필요한 원재료 등을 구입하고 이를 생산현장에 투입하여 생산직 사원들이 생산한 제품을 마케팅 활동을 통해 판매하고, 외상대금을 회수하는 등 일상적이고 반복적인 기업의 활동을 뜻한다.

재무상태표는 일정시점에서의 기업의 재무상태를 나타내는 재무보고서인 반면 포괄손익계산서, 현금흐름표, 이익잉여금처분계산서 및 자본변동표는 한 회계기간 동안의 기업의 활동을 요약, 보고하는 재무보고서이다.

포괄손익계산서는 기업의 영업활동을 통해 자원을 얼마나 벌어들이고, 얼마나 썼는가를 요약하는 재무보고서이고 **현금흐름표**는 기업의 영업활동 뿐 아니라 투자 및 재무활동으로부터 현금을 얼마나 조달하고 사용했는가를 보여 주는 재무보고서이다.

이익잉여금처분계산서는 재무상태표의 자본항목 중의 하나인 이익잉여금의 변동을 설명하는 표로서 포괄손익계산서와 재무상태표를 연결하는 교량역할을 하는 보고서이며 마지막으로 **자본변동표**는 재무상태표의 구성항목인 자본의 변동내용을 설명하는 재무보고서이다.

02 재무상태표

1. 재무상태표(Balance sheet : B/S)의 의의

재무상태표는 재무상태표를 작성하는 시점(회계연도말)을 기준으로 하여 회사가 어느 정도의 자산을 보유하고 있으며, 이러한 자산을 보유하기 위해 부채와 자본이 어느 정도인지를 나타내는 보고서이다. 다시 말해, 일정시점인 결산기말의 재무상태를 나타내는 정태적 회계보고서이다.

2. 재무상태표의 내용

한국채택국제회계기준에서는 재무상태표의 양식, 표시되어야 할 항목의 순서나 형식을 규정하고 있지 않다. 다만 별도로 구분표시되어야 할 최소한의 항목을 명시하고 있으며(예; 현금및현금성자산, 재고자산, 유형자산, 금융자산 등), 일반적으로 유동자산과 비유동자산, 유동부채와 비유동부채를 구분하여 표시케 하고 있다.

◆ 자산 = 유동자산 + 비유동자산
유동자산 = 당좌자산 + 재고자산
비유동자산 = 투자자산 + 유형자산 + 무형자산 + 기타비유동자산

◆ 부채 = 유동부채 + 비유동부채

◆ 자본 = 자본금 + 자본잉여금 + 자본조정 + 기타포괄손익누계액 + 이익잉여금

자산 = 부채 + 자본 : 재무상태표등식(회계등식)
자산 - 부채 = 자본 : 자본등식

자산	1,000	부채	700
		자본	300
합계	1,000	합계	1,000

<운용> <조달>

(1) 자금의 조달원천과 운용상태

① 대변(오른쪽) : 부채와 자본 = 자금의 조달원천

기업이 운영에 필요한 자금을 어떻게 조달했는지 보여준다. 은행 등 외부에서 차입한 금액이나 갚아야 할 금액이 얼마인지를 부채로 표시하고 주주들로부터 출자받은 금액이나 주주가 유보한 금액은 자본에 표시한다.

② 차변(왼쪽) : 자산 = 자금의 운용상태

조달된 자금이 현재 어떤 형태의 자산으로 운용되고 있는지를 보여준다. 결과적으로 자산의 조달원천과 운용상태는 동전의 앞뒷면과 같은 동일한 개념이며 따라서 재무상태표 등식이 항상 성립하게 된다.

(2) 재무상태표의 유용성

예를 들어, 재무상태표상에 1억원의 자산을 보고하고 있는 두 회사가 은행에 대출신청을 하는 경우 은행은 어느 회사에 대출해 주는 것이 좋을까? 물론, 부채와 자본은 표시하지 않은 상태로 말이다.

두 회사는 모두 가구제조업을 하고 있으며, 사용하고 있는 공장규모와 기계장치도 거의 비슷하여 외형만 보고 어느 회사가 좋은지 판단하기 어려운 상황이다. 그러나 재무상태표를 확인할 수 있다면 두 기업의 차이점을 쉽게 알 수 있을 것이다. 갑기업은 부채가 3천만원, 자본이 7천만원이고 을기업은 부채가 7천만원, 자본은 3천만원인 상황이다. 부채의 비율이 더 높은 을기업의 경우는 갑기업에 비해서 앞으로 갚아야 할 돈, 즉 상환의무가 훨씬 높은 상황이다.

따라서 상대적으로 부채가 적은 갑기업에 대출해 주는 것이 보다 안정적일 것이다. 이와 같이 한 회사의 재무상태를 파악하기 위해서는 단순히 자산의 내역뿐만 아니라 이들 자산의 자금조달원천까지 함께 보고해야 이해관계자의 의사결정에 보다 유용한 정보가 될 수 있다.

사례1

다음의 (　　)안에 알맞은 금액을 기입하시오.

	자　　산	부　　채	자　　본
(1)	(　　　　　)	1,000	2,000
(2)	10,000	(　　　　　)	3,000
(3)	5,200	1,300	(　　　　　)
(4)	(　　　　　)	3,500	17,000
(5)	12,500	(　　　　　)	4,500

사례2

(주)조세의 다음 자료에 의하여 자산합계와 부채합계, 자본합계를 산출하시오.

임 대 보 증 금	400	토　　　지	900	장 기 차 입 금	550
외 상 매 출 금	500	상　　　품	200	제　　　품	350
보 통 예 금	450	미 지 급 금	300	외 상 매 입 금	850

자산 합계	
부채 합계	
자본 합계	

3. 재무상태표의 체계

일반적으로 일정 시점에 기업이 보유하고 있는 자금의 운용 상태를 나타내는 자산이 재무상태표의 왼쪽에 표시된다. 그리고 이와 대응되어 재무상태표의 오른쪽에는 거래처나 금융기관 등으로부터 조달한 부채와 기업의 주주들이 납입한 자본이 표시된다.

재무상태표에서 자산은 부채에 자본을 합한 금액과 항상 일치한다는 기본적인 특성을 발견할 수 있다. 왜냐하면, 기업이 소유하고 있는 자산은 채권자나 소유주 둘 중 어느 집단인가에 의해 기업에 제공되었기 때문이다. 따라서 기업의 자산에 대한 청구권은 제공한 자금의 비율만큼 채권자나 소유주에게 귀속되어 있다는 것을 나타낸다.

한편, 재무상태표의 작성양식에는 계정식과 보고식이 있다. 계정식은 계정 왼쪽에는 자산에 속하는 항목을, 계정 오른쪽에는 부채와 자본에 속하는 항목을 나타내는 방식을 말하며, 이와는 달리 자산은 위에, 부채와 자본은 그 아래에 연이어 나타내는 방식을 보고식이라 한다. 일반적으로 보고식이 주로 사용되고 있다.

재무상태표의 머리부분에는 ① 회사의 명칭, ② 재무제표의 명칭인 재무상태표, ③ 재무상태표의 기준일이 되는 특정일자가 명시되어야 한다. 재무상태표의 본문은 크게 나누어 자산·부채·자본의 세 부분으로 구성되어 있다.

재무상태표(계정식)

(××회사) 200×년 ×월 ×일 현재

자산	금액		부채·자본	금액	
유동자산			**유동부채**		
			외상매입금		xxx
현금및현금성자산		xxx	**비유동부채**		
매출채권	xxx		장기차입금		xxx
대손충당금	(xxx)	xxx	**자본금**		xxx
단기금융자산		xxx	보통주자본금	xxx	
상품		xxx	우선주자본금	xxx	
비유동자산			**자본잉여금**		xxx
투자자산		(xxx)	주식발행초과금	xxx	
매도가능증권		xxx	**자본조정**		xxx
유형자산			**기타포괄손익누계액**		xxx
건물	xxx		**이익잉여금**		xxx
감가상각누계액	(xxx)	xxx			
무형자산					
개발비		xxx			
기타비유동자산					
자산총계		xxx	**부채와자본총계**		xxx

재무상태표구성은 서식에서 보듯이 자산과 부채는 유동화 여부에 따라 유동자산(부채)과 비유동자산(부채)으로 구분하고 비유동자산은 장기적으로 자금화 여부에 따라 투자자산, 유형자산, 무형자산, 기타비유동자산으로 구분한다.

왜 구분하는가? 회계정보역할이다. 같은 자산이라도 현금화가 빠른 자산이 현금화가 안 되거나 장기에 걸쳐 회수되는 자산보다 적다면 불안하다. 거기다 빨리 갚아야 하는 유동부채가 유동자산보다 많으면 자금조달에 신경써야 할 것이다.

사례3

다음 자료를 이용하여 (주)조세의 2017년도의 기초재무상태표(1/1)와 기말재무상태표(12/31)를 작성하시오.

(1) 2017년 1월 1일 재무상태

현 금	₩ 200	보 통 예 금	₩ 300	외 상 매 출 금	₩ 700
상 품	350	임 차 보 증 금	550	지 급 어 음	450
외 상 매 입 금	250	장 기 차 입 금	800		

재 무 상 태 표

(주)조세 2017. 1. 1(현재)

자 산	금 액	부 채 및 자 본	금 액

(2) 2017년 12월 31일 재무상태

현 금	₩ 400	보 통 예 금	₩ 350	외 상 매 출 금	₩ 400
상 품	300	임 차 보 증 금	300	지 급 어 음	100
외 상 매 입 금	250	장 기 차 입 금	650		

재 무 상 태 표

(주)조세 2017. 12. 31(현재)

자 산	금 액	부 채 및 자 본	금 액

4. 재무상태표의 구성항목

(1) 자산

1) 자산의 정의

자산은 '과거 거래나 사건의 결과로서 현재 기업에 의해 통제하고 있고 미래경제적 효익이 기업에 유입될 것으로 기대되는 자원'이라고 정의를 내리고 있다.

즉, 자산이란 기업이 영업활동을 위하여 보유하고 있는 재화와 채권으로서, 미래에 현금유입을 가져올 것으로 기대되는 자원을 의미한다.

자산은 여러 가지 형태로 존재한다. 토지, 건물, 기계와 같이 쉽게 식별할 수 있는 물리적 형체를 지닌 자산이 있는 반면, 외상으로 상품을 매출함으로써 발생한 채권인 매출채권이나 미래에 제공받을 서비스에 대해 미리 지급한 선급비용 등과 같이 단순히 앞으로 회수할 상품의 판매대금이나 제공받을 서비스에 대한 법적 청구권을 나타내는 자산도 있다.

재화 - 기업이 소유하고 있는 돈이나 물품 (예 : 주식, 토지, 건물, 기계 등)
채권 - 기업이 타인으로부터 받을 금전적 권리 (예: 매출채권, 선급비용 등)

자산은 일반적으로 취득원가로 기록한다. 취득한 후 자산의 시장가치가 증가하더라도 자산을 취득원가 이상으로 장부상에 기록하는 것이 원칙적으로는 허용되지 않는다. 이는 객관적인 방법으로 자산의 적정한 시장가치를 결정하는 것이 쉽지 않고, 사실상 대부분의 경우 거의 불가능하기 때문이다.

2) 자산의 구분

자산은 1년 또는 정상적인 영업주기 내에 현금화 또는 실현될 것으로 예상되는 자산은 유동자산으로, 이외의 자산은 비유동자산으로 분류한다. 따라서, 다음과 같은 자산은 유동자산으로 분류한다.

① 사용의 제한이 없는 현금 및 현금성자산
② 기업의 정상적인 영업주기 내에 실현될 것으로 예상되거나 판매목적 또는 소비목적으로 보유하고 있는 자산(예를 들어 정상적인 영업주기 내에 판매되거나 사용되는 재고자산과 회수되는 매출채권 등은 재무상태표일로부터 1년 이내에 실현되지 않더라도 유동자산으로 분류한다.)
③ 단기매매 목적으로 보유하는 자산
④ '①내지 ③' 외에 보고기간 후 1년 이내에 현금화 또는 실현될 것으로 예상되는 자산(장기미수금이나 투자자산에 속하는 매도가능증권 또는 만기보유증권 등의 비유동자산 중 1년 이내에 실현되는 부분은 유동자산으로 분류한다.)

3) 유동자산

구 분	내 용
현금	지폐, 주화, 통화대용증권(자기앞수표, 타인발행당좌수표, 우편환증서, 외화 등)
현금성자산	큰 거래비용없이 현금으로 바꾸기 쉽고, 이자율 변동에 따른 가치변동의 위험이 중요하지 않은 금융상품으로서, 취득 당시 만기일 또는 상환일이 3개월 이내인 것
당좌예금	당좌계약에 의하여 당좌수표를 발행할 목적의 예금
보통예금	예입과 인출을 자유로이 할 목적의 예금
단기투자자산	단기금융상품 + 단기대여금 + 단기매매증권
단기금융상품	정기예금, 정기적금 등의 정형화된 금융상품으로 단기자금운용 목적으로 소유하거나, 만기가 보고기간 후 1년 이하의 것
단기대여금	보고기간 후 1년 이내에 상환받기로 약정하고 일시적으로 빌려준 금전채권
단기매매증권	단기간 내의 매매차익을 목적으로 소유하며 매수와 매도가 적극적이고 빈번하게 이루어지는 채권과 주식
매출채권	주된 영업활동에 속하는 일반적상거래[1)]에서 발생한 외상매출금과 받을어음으로 한다.
외상매출금	주된 영업활동에 속하는 일반적상거래(재화, 용역)를 외상으로 하면서 발생한 채권
받을어음	주된 영업활동에 속하는 일반적상거래채권을 어음으로 수령한 경우
미수금	주된 영업활동에 속하는 일반적상거래 외의 거래를 외상으로 하면서 발생한 채권
선급금	상품 원재료 등의 구입시 미리 지급하는 계약금이나 착수금 vs 유무형자산의 선급은 건설중인자산으로 처리한다.
가지급금	비망과목으로 현금이 지출되었으나, 사용내용 또는 금액이 미정인 것으로 회계연도중에는 사용하다가도 회계연도말 대차대조표에는 가지급금 가수금의 과목은 적절한 계정으로 표시하여야 한다.
선급비용	보고기간종료일 현재 선급된 비용 중 1년 내에 비용으로 처리된 금액 예) 보험료선급액, 이자선급액, 임차료선급액 등
재고 / 상품	판매를 목적으로 구입한 물품(판매목적 건물·토지 등도 포함)

자산	제품	판매를 목적으로 원재료 등을 매입하여 생산·가공과정을 거쳐 투입된 원재료와는 전혀 다른 성질로 직접 제작한 물품
	반제품	반제품이란 제품이 여러 공정을 거쳐 완성되는 경우, 하나의 공정이 끝나서 다음 공정에 인도될 완성품 또는 부분품으로서 완전한 제품이 된 것은 아니지만 가공이 일단 완료됨으로써 저장가능하거나 판매가능한 상태에 있는 부품을 말한다.
	재공품	제품을 생산하기 위해 공정이나 라인에 걸쳐 있는 미완성된 제품
	원재료	제품을 생산하기 위해 보유하는 원료나 재료
	저장품	원재료와 부재료와는 달리 제품을 구성하는 요소가 아닌 소모품, 소모공구·기구·비품, 수선용 부분품

4) 비유동자산

① 투자자산

기업이 장기적인 투자수익이나 타기업 지배목적 등의 부수적인 기업활동의 결과로 보유하는 자산으로 기업의 정상적 영업활동에 사용하지 않으면서 보고기간 후 1년 또는 정상영업주기 이내에 현금화시킬 계획이 없는 자산이다.

구 분	내 용
투자부동산	토지나 건물 등을 영업활동에 사용할 목적이 아니고 지가 상승에 따른 수익을 얻기 위해 취득한 부동산
장기금융상품	금융기관이 취급하는 만기가 보고기간 후 1년 이상의 금융상품
매도가능금융자산	단기매매증권이나 만기보유증권 또는 지분법적용투자주식에 해당하지 않는 유가증권
만기보유금융자산	만기가 확정되고 만기까지 보유목적이 확실한 채무증권
관계기업투자주식	기업에 대해 중대한 영향력을 행사할 수 있고 지분법을 적용하여 평가해야만 하는 투자주식
장기대여금	대여금에 대한 회수기일이 보고기간 후 1년 이상인 채권

② 유형자산

재화의 생산이나 용역의 제공, 타인에 대한 임대, 또는 자체적으로 사용할 목적으로

1) 일반적상거래는 대변분개에서 매출계정에 해당하는 것을 말한다.

보유하는 물리적 형태가 있는 자산으로서 1년을 초과하여 사용할 것이 예상되는 비화폐성자산을 말한다.

구 분	내 용
토지	기업이 보유하고 있는 공장이나 사무실의 기반을 이루는 땅
건물	4개의 기둥을 중심으로 전후좌우가 밀폐된 공간을 의미하고, 이 중 하나라도 개방되어 있으면 구축물로 구분되며 냉난방설비 · 조명설비 · 통풍 및 기타의 건물 부속설비도 포함
구축물	도로, 야외 휴게실, 담장, 축구장, 주차장
기계장치	공장에서 제품을 생산하기 위해 사용되는 기계와 장치
차량운반구	제품이나 상품 등을 운반하기 위해 보유하고 있는 자동차, 자전거 등 모든 운송설비
비품	컴퓨터 · 계산기 · 책상 · 의자 · 사무용품 등을 말하며, 공기구는 생산활동에 사용되는 것이고 비품은 판매와 사무활동에 사용되는 것
건설중인자산	건물 등 유무형자산의 취득에 대한 계약(착수)금부터 완성시점까지 발생하는 일체의 금액(신축건물, 외주제작기계, 외주개발소프트웨어 등)

③ 무형자산

재화의 생산이나 용역의 제공, 타인에 대한 임대, 또는 관리에 사용할 목적으로 기업이 보유하고 있으며, 물리적 형태가 없지만 식별가능(다른 자산과의 분리가능)하고, 기업이 통제하고 있으며, 미래 경제적 효익이 있는 비화폐성자산을 말한다.

구 분	내 용
영업권	다른 사람이 보유하고 있는 비밀이나 기술특허 등을 유상으로 대가를 지급하고 구입시 발생된 권리(합병, 영업의 양수시)
개발비	신제품 및 신기술을 개발하면서 발생한 비용으로 개별적으로 식별가능하고 미래의 경제적 효익을 기대할 수 있는 것
산업재산권	법적으로 일정기간 독점적·배타적으로 이용할 수 있는 권리로서 특허권·실용신안권·의장권 및 상표권 등
광업권	일정한 광구에서 등록한 광물을 채굴할 수 있는 권리
어업권	일정한 수면에서 독점적·배타적으로 어업을 경영할 수 있는 권리
기타무형자산	프랜차이즈, 소프트웨어, 기부채납자산 등

④ 기타비유동자산

비유동자산 중 투자자산, 유형자산, 무형자산에 속하지 않는 나머지 기타항목이 포함된다.

구 분	내 용
장기매출채권	장기 외상매출금 + 장기성 받을어음
보증금	임차보증금, 영업보증금, 전세권, 전신전화가입권

(2) 부채

1) 부채의 정의

회계기준에서는 부채를 "과거사건에 의하여 발생하였으며, 경제적효익이 내재된 자원이 기업으로부터 유출됨으로써 이행될 것으로 기대되는 현재의무이다."라고 정의를 내리고 있다.

다시 말해, 부채란 기업이 미래에 타인에게 갚아야 할 의무를 화폐로 표시한 것으로서, 미래에 현금유출이 예상되는 의무를 의미한다. 부채는 대부분 약정에 의해 일정한 액수의 현금으로 상환되어야 하나 일부 부채는 현금이 아닌 재화나 용역을 제공함으로써 청산된다.

2) 부채의 구분

보고기간 후 1년 또는 정상적인 영업주기 내에 상환 등을 통하여 소멸될 것으로 예상되는 부채는 유동부채로, 이외의 부채는 비유동부채로 분류한다. 따라서, 다음의 부채는 유동부채로 분류한다.

① 기업의 정상적인 영업주기 내에 상환 등을 통하여 소멸할 것이 예상되는 매입채무와 미지급비용 등의 부채(정상적인 영업주기 내에 소멸할 것으로 예상되는 매입채무와 미지급비용 등은 보고기간 후 1년 이내에 결제되지 않더라도 유동부채로 분류한다.)
② 보고기간 후 1년 이내에 상환되어야 하는 단기차입금 등의 부채(당좌차월, 단기차입금 등은 보고기간 후 1년 이내에 결제되어야 하므로 영업주기와 관계없이 유동부채로 분류한다.)
③ 비유동부채 중 보고기간 후 1년 이내에 자원의 유출이 예상되는 부분(예를 들어 유동성장기차입금이 있다.)
④ 장기차입약정을 위반하여 채권자가 즉시 상환을 요구할 수 있는 채무

구 분		내 용
유동부채	매입채무	외상매입금 + 지급어음
	외상매입금	원재료나 상품을 외상으로 매입하면서 발생한 채무
	지급어음	재고자산을 외상으로 매입하면서 어음으로 지급한 경우
	단기차입금	재무상태표일로부터 1년 이내에 상환하기로 약정하고 일시적으로 차입한 금전채무
	미지급금	재고자산 이외의 자산을 외상으로 구입할 때 발생한 채권
	선수금	각종 자산을 판매시 미리 받는 계약금이나 착수금
	가수금	비망과목으로 현금이 수입되었으나, 사용내용이 미정인 것
	예수금	일시적으로 자금을 보관하였다가 다른 거래처 등에 지급하는 금액
	선수수익	임대료·이자수익 등 계약에 준하여 계속적으로 용역을 제공하는 경우에 아직 제공하지 않은 용역에 대해서 대금을 미리 받은 것
	미지급비용	이미 제공받은 재화나 용역에 대한 대가를 지급하지 않은 금액
	당기법인세부채	결산에 따라 납부할 세금은 확정되었지만 아직 납부하지 않은 금액
	유동성장기부채	자금을 빌리는 시점에는 장기간에 걸쳐 상환하기로 약정하여 비유동부채로 처리하다가, 시간이 흘러 상환기간이 보고기간 후 1년 이내로 도래하는 것
비유동부채	장기성매입채무	만기가 보고기간 후 1년 이후에 도래하는 외상매입금 + 지급어음
	장기차입금	만기가 보고기간 후 1년 이후에 도래하는 차입금
	사채	회사가 자금을 빌리면서 채권자에게 작성하여 교부하는 정형화된 차용증서로 제3자에게 자유롭게 양도가 가능
	확정급여채무	임직원의 퇴직에 대비하여 매년 회사가 부담해야 하는 퇴직금을 계산하여 적립하여야 하는 충당부채
	장기제품충당부채	판매인이 구매인에게 제품의 품질·성과를 보증하는 판매보증에 대해 A/S비용 등 추가적 비용의 발생을 예상하여 미리 설정하는 충당부채

(3) 자본

1) 자본의 정의

회계기준에서는 자본을 '기업의 자산 총액에서 부채 총액을 차감한 잔여액 또는 순자산으로서, 기업의 자산에 대한 소유주의 잔여청구권'이라고 정의를 내리고 있으며, 달리 표현으로서 소유주지분, 주주지분이라 한다.

한편, 자본은 회사자산에 대한 소유주의 청구권을 나타내는데 소유주가 출자한 재무적 자원인 납입자본과 기업이 벌어들인 이익 중 소유주에게 돌려주지 않고 유보시킨 이익잉여금의 합계액으로 보고된다.

자본등식 = 자산 - 부채

2) 자본의 구분

① 자본금

자본금은 회사의 주주들이 회사에 투자한 원금으로, 회사가 주주에게 발행한 주식의 액면가액에다 주식발행 수를 곱한 금액을 나타내며, 보통주자본금과 우선자본금이 있다.

구 분	내 용
보통주자본금	보통주란 상법에 규정되어 있는 주주의 가장 일반적인 권리를 갖는 주식 보통주자본금이란 기업이 발행한 보통주의 주식수에 액면가액를 곱한 금액 개인기업 : 자산총액 - 부채총액 = 자본금 법인기업 : 발행주식수 × 액면단가 = 법정자본금
우선주자본금	보통주에 비해 배당 측면에서 우월한 권리가 있는 주식 우선주자본금이란 기업이 발행한 우선주의 주식수에 액면가액를 곱한 금액

② 자본잉여금

자본잉여금은 증자 · 감자 등 자본거래에 의해 발생한 잉여금으로서 주식발행초과금 · 자기주식처분이익 · 감자차익 · 기타자본잉여금이 있다. 한편, 자본금은 주주가 회사에 출자한 금액 중에서 자본금을 제외한 금액을 뜻하기도 한다.

구 분	내 용
주식발행초과금	주식을 시가에 따라 발행하면서 주식의 발행가액이 액면가액을 초과할 경우의 초과액
자기주식처분이익	회사가 상법 등에서 인정하는 예외적인 경우에 일시적으로 취득한 자사주를 소각하지 않고 다시 매각하는 경우 발생한 차액
감자차익	감자란 회사가 주식을 소각하여 자본금을 감소시키는 것으로, 자본이 감소할 때 감자액이 주금의 반환에 소요된 금액을 초과한 경우 그 초과액

③ 자본조정

자본조정은 자본 전체를 증가시키거나 감소시키는 성격의 항목인데, 자기주식 · 주식할인발행차금 등이 있다.

구 분	내 용
자기주식	회사가 이미 발행한 자기 회사의 주식을 주주로부터 매입 또는 증여 등의 방법을 통해 취득한 것
주식할인발행차금	회사가 주식을 발행할 때 발행가액이 액면가액을 미달하는 경우의 미달액

④ 기타포괄손익누계액

기타포괄손익누계액은 포괄손익계산서의 당기손익으로 분류하기 어려운 손익항목들로서, 매도가능금융자산평가손익 · 해외사업환산손익 등이 있다.

구 분	내 용
매도가능금융자산 평가손익	결산시 매도가능금융자산을 공정가액법에 의하여 평가하는 경우 평가손익

⑤ 이익잉여금

이익잉여금은 영업활동에 따라 발생한 이익 중 주주에게 배당하지 않고 내부에 유보한 잉여금으로, 법정적립금(이익준비금, 재무구조개선적립금) · 임의적립금(사업확장적립금, 감채적립금) · 미처분이익잉여금(또는 미처리결손금) 등이 있다.

구 분	내 용
이익준비금	상법의 규정에 따라 매 결산기에 이익의 일부(이익배당액의 10% 이상)를 자본금의 50%에 달할 때까지 회사 내부에 의무적으로 적립하는 금액
임의적립금	회사가 정관의 규정 또는 계약의 조항, 주주총회의 결의에서 임의적으로 적립한 적립금
미처분이익잉여금	보고기간말 현재 처분하지 않고 차기에 이월된 이익잉여금에 당기순이익을 더한 것
미처리결손금	회사가 손실을 기록하면 미처분이익잉여금이 (-)로 계산된 것

사례4

다음 문제에서 설명하는 계정과목의 명칭을 기입하시오.

(1)	재고자산 이외의 자산을 외상으로 매입하는 경우	( )
(2)	사무용으로 사용하는 컴퓨터, 책상, 의자	( )
(3)	회사에서 사용하는 문구류, 음료수 등의 지출비용	( )
(4)	원재료나 상품을 매입하고 발행하는 어음	( )
(5)	회사에서 직접 제조하여 판매하는 물품	( )
(6)	건물 세입자가 건물 계약시 지급하는 보증금	( )
(7)	회사에 입금되었으나 입금출처가 원인불명인 금액	( )
(8)	당좌거래 계약 등과 같이 사용이 장기간 제한된 예금	( )
(9)	특허권, 의장권, 상표권 등을 통틀어서 일컫는 말	( )
(10)	1년 이내에 갚기로 하고 빌린 돈	( )
(11)	1년 이내에 받기로 하고 빌려 준 돈	( )
(12)	유형자산에 대한 감가상각비의 합계액	( )
(13)	회사에서 업무 목적으로 사용하는 자동차, 트럭	( )
(14)	상품이나 제품 이외의 물품을 외상으로 판매할 때 채권	( )
(15)	단기적 자금운용 목적으로 보유하는 시장성있는 주식·채권	( )
(16)	주식의 발행가액이 액면가액을 초과할 경우의 초과액	( )
(17)	물품 구입시 선불로 지급하는 금액	( )
(18)	물품 판매시 미리 선불로 받는 금액	( )
(19)	상품이나 제품을 외상으로 판매하는 경우 인식하는 채권	( )

03 포괄손익계산서

1. 포괄손익계산서(Income statement : I/S)의 의의

포괄손익계산서는 경영관리활동에 따라 기업이 일정 기간 벌어들인 수익에서, 이를 얻기 위해 부담한 비용에 기타포괄손익을 대응시켜 최종적으로 어느 정도의 이익 내지는 손실을 기록했는지를 나타내는 보고서이다. 다시 말해, 특정기간 동안 기업에서 얻은 경영성과를 나타내는 동태적 회계보고서로서 기업의 수익성을 파악할 수 있는 정보를 제공한다.

2. 포괄손익계산서의 내용

(1) 포괄손익계산서의 구성과 등식

비용 + 순이익 = 수익 : 포괄손익계산서등식 당기순손익+기타포괄손익 = 당기총포괄손익

① 비용은 차변(왼쪽)에 기록하고 수익은 대변(오른쪽)에 기록한다. 수익을 대변에 기록하는 이유는 수익이 증가하는 만큼 차변항목인 자산이 증가하는 경우가 대부분이므로 차변과 대변이 동일하게 증가하도록 기록하기 위해서이다.

② 수익 − 비용 = 순이익 : 순이익은 수익 또는 비용의 구체적 항목이 아니라 수익에서 비용을 차감한 잔액일 뿐이며, 그 구체적인 형태는 순자산의 증가로 나타난다.

③ 재무상태표의 관점에서 순이익의 발생은 순자산의 증가(왼쪽)와 이익잉여금의 증가(오른쪽)로 나타난다.

④ 총포괄손익(comprehensive income)이란 주식발생이나 배당금 지급과 같은 주주와의 거래를 제외한 모든 거래로부터 발생한 자본의 변동액을 말한다.

⑤ 총포괄손익은 대부분 당기순손익으로 구성될 것이다. 그러나 매도가능금융자산에 대한 평가손익처럼 특정거래에서 발생한 수익이나 비용을 직접 재무상태표의 자본으로 인식하는 경우가 있다. 즉, 당기순이익을 거치지 않고 직접 자본의 증감으로 회계처리한다.

(2) 포괄손익계산서의 유용성

포괄손익계산서가 제공하는 당기순이익은 회사 이해관계자들의 의사결정에 매우 유용한 정보가 된다. 예를 들어 동일한 업종을 영위하는 비슷한 규모의 회사와 비교하여 당기순이익이 높은 회사는 미래에도 이러한 수익률이 지속될 것이라는 기대감 때문에 회사에 대한 평가가 좋아지고 주가도 높게 형성될 것이다. 만약 반대의 경우라면 아무리 미래에 대한 청사진을 제공한다 할지라도 쉽게 회사에 대해 높은 평가를 내리기 어려울 것이다.

즉, 과거의 일정기간에 대한 회사의 경영성과를 집계한 포괄손익계산서를 보고 미래에 대한 예측을 위한 기초자료로 사용하는 것이다. 이렇듯 포괄손익계산서는 여러 이해관계자들의 의사결정에 중대한 영향을 미치기 때문에, 보다 합리적인 경영성과를 측정하기 위한 노력이 회계의 역사와 함께 지속되고 있다.

3. 포괄손익계산서의 체계

한국채택국제회계기준에서는 사용해야 할 표준식 손익계산서의 양식이나 항목 및 배열순서 등을 정하지 않고 있다. 다만 매출수익, 금융원가, 당기순손익, 총포괄손익 등과 같이 반드시 개별금액으로 나타내어야 할 항목만 정하고 있다. 따라서 포괄손익계산서에서 영업이익의 표시를 요구하지 않는다.

포괄손익계산서의 머리부분에는 ① 회사의 명칭, ② 재무제표의 명칭인 포괄손익계산서, ③ 손익계산의 대상이 되는 회계기간이 표시된다. 그리고 포괄손익계산서의 체계는 다음과 같이 성격별 혹은 기능별로 표시가 가능한데 실무적으로 전통적 손익계산서에 익숙하므로 기능별 분류로 설명하고 한다.

(1) 보고식 포괄손익계산서 – 단일표시(기능별,성격별)

기능별 분류법에 의한 구분표시	성격별 분류법에 의한 구분표시
1. 매출액	1. 매출액
2. 매출원가	2. 기타수익
3. 매출총손익	3. 제품과 재공품의 변동
4. 기타수익	4. 원재료와 소모품의 사용액
5. 판매비, 관리비	5. 종업원급여비용
6. 금융비용,기타비용	6. 감가상각비와 기타상각비
7. 법인세비용차감전순손익	7. 기타비용
8. 법인세비용	8. 법인세비용차감전순손익
9. 당기순이익	9. 법인세비용
10. 기타포괄손익	10. 당기순손익

11. 당기총포괄손익 12. 주당손익	11. 기타포괄손익 12. 총포괄손익 13. 주당손익

포괄손익계산서 (기능별분류)

(×× 회사) 20×1 . 1. 1 ~ 20×1 .12.31

20×2 . 1. 1 ~ 20×2 .12.31

계 정 과 목	당	기	전	기
매출액		× × ×		× × ×
매출원가		(× × ×)		(× × ×)
기초상품재고액	× × ×		× × ×	
당기상품매입액	× × ×		× × ×	
계	× × ×		× × ×	
기말상품재고액	× × ×		× × ×	
매출총이익		× × ×		× × ×
기타수익		× × ×		× × ×
판매비		(× × ×)		(× × ×)
관리비		(× × ×)		(× × ×)
금융비용		(× × ×)		(× × ×)
기타비용		(× × ×)		(× × ×)
법인세비용차감전순이익		× × ×		× × ×
법인세비용		(× × ×)		(× × ×)
당기순이익		× × ×		× × ×

(2) 계정식 포괄손익계산서

손 익 계 산 서

(×× 상사) 200× . 1. 1 ~ 200× .12.31 단위:천원

비 용	금 액	수 익	금 액
매 출 원 가	30,000	매 출 액	60,000
급 여	10,000	임 대 료	20,000
당기 순이익	40,000		
	80,000		80,000

손 익 계 산 서

(×× 상사) 200× . 1. 1 ~ 200× .12.31 단위:천원

비 용	금 액	수 익	금 액
매 출 원 가	70,000	매 출 액	40,000
급 여	20,000	임 대 료	30,000
		당기 순손실	20,000
	90,000		90,000

사례 … [3-1]

2017년 과목별 금액이 다음과 같을 때 포괄손익계산서를 계정식으로 나타내보자.

매 출	₩ 5,000	상품 (1.1)	₩ 1,000	상품(12.31)	₩ 300
당기매입상품	3,600	급 여	100	지급임차료	50
복리후생비	300	이 자 수 익	30	이 자 비 용	80
기 부 금	50				

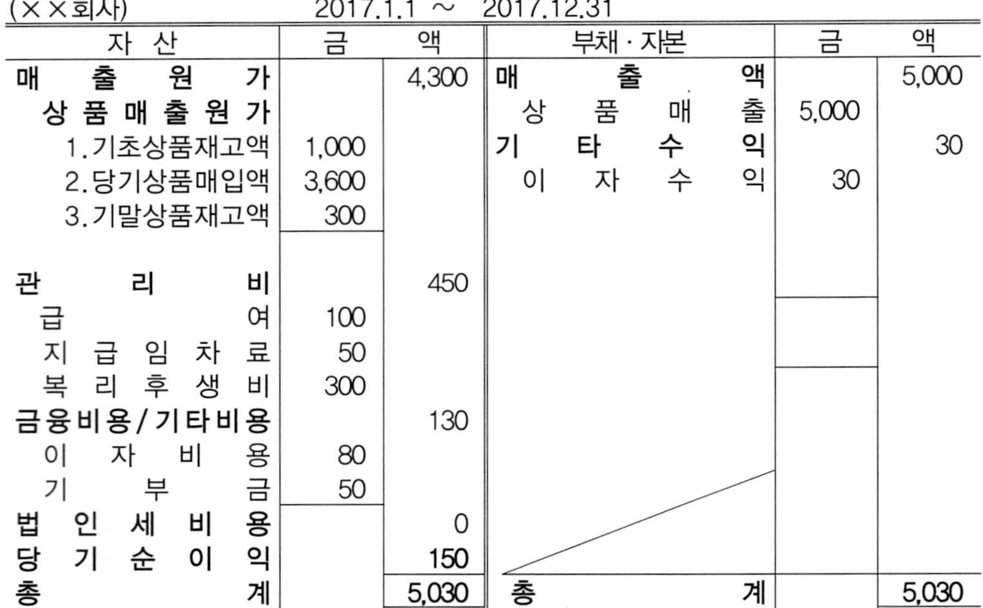

포괄손익계산서(계정식)

(××회사) 2017.1.1 ~ 2017.12.31

자 산	금	액	부채 · 자본	금	액
매 출 원 가		4,300	**매 출 액**		5,000
상 품 매 출 원 가			상 품 매 출	5,000	
1.기초상품재고액	1,000		**기 타 수 익**		30
2.당기상품매입액	3,600		이 자 수 익	30	
3.기말상품재고액	300				
관 리 비		450			
급 여	100				
지 급 임 차 료	50				
복 리 후 생 비	300				
금융비용/기타비용		130			
이 자 비 용	80				
기 부 금	50				
법 인 세 비 용		0			
당 기 순 이 익		150			
총 계		5,030	총 계		5,030

사례 5

다음 자료를 이용하여 (주)조세의 2017년에 발생된 영업성적을 표시하기 위한 포괄손익계산서를 작성하시오.

2017년 1월 1일부터 12월 31일까지의 경영성적

상 품 매 출	₩1,200,000	이 자 수 익	₩400,000	매 출 원 가	₩800,000
급 여	300,000	복리후생비	30,000	접 대 비	70,000
통 신 비	20,000	소 모 품 비	15,000	기 부 금	10,000

포 괄 손 익 계 산 서

(주)조세 2017. 1. 1~ 2017. 12. 31

비 용	금 액	수 익	금 액

5. 포괄손익계산서의 구성항목

(1) 수 익

1) 수익의 정의

한국채택국제회계기준에서는 수익을 '기업의 경영활동과 관련된 재화의 판매 또는 용역의 제공 등에 대한 대가로 발생하는 자산의 유입 또는 부채의 감소'라고 정의 내리고 있다. 즉, 수익이란 기업이 영업활동에서 고객에게 재화나 용역을 제공하여 발생한 순자산의 증가를 의미한다.

2) 수익의 구분

포괄손익계산서에서는 수익을 매출액과 기타수익으로 구분하고 있다.

① 매출액

매출액이란 일정한 대가를 받고 상품 · 제품 · 서비스 등의 재화 또는 용역을 공급하는 일반적인 상거래에서 발생하는 판매금액을 말한다.

	구 분	내 용
매출액	상품매출액	일반적인 상거래목적으로 외부에서 구입한 재화의 판매금액
	제품매출액	일반적인 상거래목적으로 자체 생산한 재화의 판매금액
	부산물매출	제품생산과정에서 발생하는 부산물의 판매금액
	용역[2]매출액	일반적인 상거래목적으로 공급한 용역대가
	00매출액	자기 사업장에 맞는 매출과목의 명칭 사용가능함

② 기타수익

기업의 본래의 영업활동(주로 상품이나 제품의 매출)이 아닌 재무활동이나 투자활동에서 발생하는 수익을 말한다.

구 분	내 용
이자수익	금전대여이자, 예금이자 및 어음할인료, 국채・공채・사채 등의 유가증권을 보유함으로써 발생하는 이자
배당금수익	다른 회사의 주식 등을 보유함에 따라 그 회사로부터 배당받는 이익의 분배금
(수입)임대료	부동산이나 동산을 임대해주고 받는 지대・집세・사용료
단기매매금융자산평가이익	결산시 단기매매금융자산의 장부가액보다 시가가 클 때 발생하는 차익
단기매매금융자산처분이익	단기매매금융자산을 처분할 때에 발생하는 이익
외환차익	외화자산 및 부채를 기중에 상환하는 경우 발생된 이익
외화환산이익	결산시 외화자산 및 부채를 원화로 환산하는 경우에 환율의 변동으로 인하여 발생된 이익

2)용역은 서비스와 유사하다.

전기오류 수정이익	전기 이전에 발생한 오류를 수정함에 따라 발생하는 이익
유형자산 처분이익	유형자산을 장부가액보다 높게 처분함으로써 발생하는 이익 (처분가액 - 장부가액 = 처분이익)
자산수증이익	자산을 타인으로부터 무상으로 증여받음으로써 발생하는 이익
채무면제이익	채권자에게 지급해야 할 채무를 면제받아서 얻는 이익
보험차익	화재나 도난 등으로 장부상의 손실액보다 보험금을 더 많이 받게 된 경우 발생된 차익
법인세환급액	당기 이전에 법인세를 과다 계상하였거나 과다 납부함에 따라 환급받는 세금
잡이익	수입에 대한 내용이 밝혀지지 않은 이익

(2) 비 용

1) 비용의 정의

한국채택국제회계기준에서는 비용을 '기업의 경영활동과 관련된 재화의 판매 또는 용역의 제공 등에 따라 발생하는 자산의 유출이나 사용 또는 부채의 증가'라고 정의를 내리고 있다. 즉, 비용이란 기업이 영업활동에서 수익을 얻기 위하여 소비한 재화나 용역의 원가, 순자산의 감소를 의미하며, 비용의 명칭은 '~비용', '~비', '~료' 등의 형태로 되어있다.

2) 비용의 구분

한국채택국제회계기준에서는 비용을 크게 성격별 분류[3]와 기능별 분류로 구분할 수 있는데 기능별 분류에 대해서만 설명하고자 한다.

비용을 매출원가, 그리고 물류원가와 관리활동원가 등과 같이 기능별로 분류한다. 이 방법에서는 적어도 매출원가를 다른 비용과 분리하여 공시한다. 이 방법은 성격별 분류보다 재무제표 이용자에게 더욱 목적적합한 정보를 제공할 수 있지만 비용을 기능별로 배분하는 데 자의적인 배분과 상당한 정도의 판단이 개입될 수 있다.

① 매출원가

매출액을 얻기 위해 발생한 비용으로서 판매한 상품이나 제품의 원가를 말한다. 제조기업은 제품매출원가가 발생하고 상기업은 상품매출원가가 발생한다. 그러나 서비스기

3) 당기손익에 포함된 비용은 그 성격(예: 감가상각비, 원재료의 구입, 운송비, 종업원급여와 광고비)별로 통합하며, 기능별로 재배분하지 않는다. 비용을 기능별 분류로 배분할 필요가 없기 때문에 적용이 간단할 수 있다.

업은 매출원가가 발생하지 않는다.

② 판매비와 관리비

판매비는 제품, 상품과 용역의 판매활동과 물류원가를, 관리비는 상품 · 제품이나 용역의 판매활동, 또는 기업의 전반적인 관리와 유지를 위해 발생하는 영업비용이다.

구 분	내 용
급여	판매 및 관리업무에 종사하는 모든 임직원에게 지급되는 보수나 상여 및 제수당
퇴직급여	임직원들이 퇴직하는 경우 지급하기 위해 결산기말에 적립하는 퇴직급여충당부채 또는 실제 임직원이 퇴직하는 시점에 지급하는 퇴직금
복리후생비	임직원들의 의료·위생·보건 등을 위해 지급하는 금액으로 식당운영비, 건강진단비, 야근식대, 출퇴근비용
여비교통비	업무와 관련하여 출장을 간 경우 사용하는 교통비, 숙박비
접대비	업무와 관련하여 거래처에 제공하는 식대·선물·주대
통신비	업무용으로 사용하는 전신·전화·우편요금
수도광열비	수도료·전기료·가스요금
세금과공과	세금이란 자동차세·인지세·면허세·재산세 등 국가나 지방자치단체에 납부하는 금액을, 공과란 상공회의소 회비 • 협회비 등
감가상각비	유형자산의 취득원가를 내용연수에 걸쳐 정액법 또는 정률법 등에 의해 상각하여 비용으로 처리하는 항목
(지급)임차료	다른 사람이 소유하고 있는 동산이나 부동산 등의 자산을 일정한 계약에 의거 사용하는 경우에 지급하는 비용
수선비	건물이나 집기비품 등의 수선 또는 유지를 위해서 지출된 비용 (차량의 수선비 → 차량유지비)
보험료	손해보험(화재보험, 자동차보험 등)에 가입하고 지출하는 비용
차량유지비	차량을 유지하기 위해 부담하는 유류비, 수선비, 통행료, 주차비
경상연구 개발비	개발비 요건에 충족하지 않는 경상적 발생의 연구비 및 개발비
운반비	상품매출시 운반을 위한 노임이나 운수업자에게 지급한 비용
교육훈련비	직원의 교육을 위해 지출된 강사비, 연수비용
도서인쇄비	신문구독료, 도서구입대금, 사진현상료, 업무용서류의 인쇄비

소모품비	사무용 용지, 문방구, 기타 사무용 소모품 구입비용
지급수수료	용역을 제공받고 지급하는 수수료로서 기장료, 컨설팅료
보관료	제품・상품 등의 보관을 위해 지출한 보관수수료나 창고사용료
광고선전비	상품판매를 위해 신문, 라디오, 광고판 등의 판촉비용
대손상각비	매출채권의 회수가 불확실한 경우 해당 채권을 비용으로 처리
무형자산상각	무형자산의 상각대상 기간에 따라 매년 균등액을 상각한 금액
잡비	상기 항목 이외에 소액인 경우 일괄 처리하는 항목

③ 금융비용 및 기타비용

금융비용과 기타비용은 본래의 영업활동 이외의 활동인 재무활동과 투자활동에서 발생하는 비용을 말한다.

구 분	내 용
이자비용	채권자로부터 빌린 차입금에 대한 발생이자와 받을어음을 금융기관에서 할인함에 따라 지급하는 할인료 및 회사채를 발행하여 자금을 빌리면서 지급하는 이자
기부금	사업과는 관련없이 무상으로 지출하며 사회단체나 종교단체 등에 납부한 성금
기타의 대손상각비	일반적 상거래 이외에서 발생한 채권에 대한 대손상각액
외환차손	외화자산 및 부채를 기중에 상환하는 경우 발생된 손실액
외화환산손실	결산시 외화자산 및 부채를 원화로 환산하는 경우에 환율의 변동으로 인하여 발생된 손실액
(단기)투자자산 평가손실	결산시 (단기)매매금융자산의 장부가액보다 시가가 작을때 발생하는 차액
(단기)투자자산 처분손실	(단기)매매금융자산을 처분할 때에 발생하는 손실액
재고자산 감모손실	천재지변이나 도난 등의 비정상적인 이유로 인해 장부가액보다 실제 재고자산의 가액이 적을 때 그 차액
재해손실	화재・도난 등 천재지변으로 발생된 우발적이고 임시적 손실
전기오류 수정손실	전기 이전에 발생한 오류를 수정함에 따라 발생하는 손실

매출채권 처분손실	받을어음 할인, 외상채권 양도시 발생하는 손실
사채상환손실	회사채를 상환하면서 장부가액보다 높은 금액을 상환함에 따라 발생하는 손실
유형자산 처분손실	유형자산을 장부가액보다 낮게 매각함으로써 발생하는 손실 (처분가액 - 장부가액 = 처분손실)
법인세추납액	당기 이전에 법인세를 과소 계상하였거나 과소 납부함에 따라 추가로 납부한 세금
잡손실	영업의 목적과 관계없이 지출된 손실

④ 법인세비용

법인이 획득한 소득에 대해 국가가 부과하는 조세로서 법인세 및 지방소득세를 말한다.

(3) 기타포괄손익

기타포괄손익이란 자본의 증가나 감소를 초래하며 광의의 수익이나 비용의 정의에 해당하지만 한국채택국제회계기준이 요구하거나 허용함으로써 당기순손익으로 인식하지 아니하는 수익과 비용을 말한다. 예를 들면 재평가잉여금 변동액, 매도가능금융자산 평가손익, 파생금융상품평가손익 등이다.

(4) 총포괄손익

총포괄손익은 당기순손익과 기타포괄손익의 합계액으로 소유자와의 거래로 인한 자본변동을 제외한 모든 자본의 변동을 말한다.

총포괄손익 = 당기순손익 + 기타포괄손익
= 수익(차익) - 비용(차손) + 기타포괄손익

사례 6

다음 문제에서 설명하는 계정과목의 명칭을 기입하시오.

(1) 임직원들의 월급 (　　　)
(2) 거래처 선물구입 대금 (　　　)
(3) 건물의 수선 또는 유지를 위해서 지출된 비용 (　　　)
(4) 전화요금이나 우편요금 (　　　)
(5) 매출채권 이외의 채권에 대하여 회수를 포기할 때 인식하는 비용 (　　　)
(6) 건물주가 약정된 기간마다 세입자로부터 받는 수입금액 (　　　)
(7) 회사 직원의 식대 (　　　)
(8) 회사 제품을 홍보하면서 발생하는 비용 (　　　)
(9) 직원의 지방 출장경비 (　　　)
(10) 원인이 밝혀지지 않은 손실 (　　　)
(11) 비품, 기계장치 등을 처분하면서 발생한 이익 (　　　)
(12) 상공회의소 회비・협회비 (　　　)
(13) 개발비(무형자산) 요건에 충족하지 않는 경상적 발생비용 (　　　)
(14) 천재지변 등으로 인하여 발생하는 손실 (　　　)
(15) 불우이웃돕기 성금 (　　　)
(16) 수도요금이나 전기요금 (　　　)
(17) 매출채권의 회수가 불가능하게 될 때 인식하는 비용 (　　　)
(18) 업무용 자동차 수리비용 (　　　)
(19) 판매하는 상품과 제품 등의 원가 (　　　)

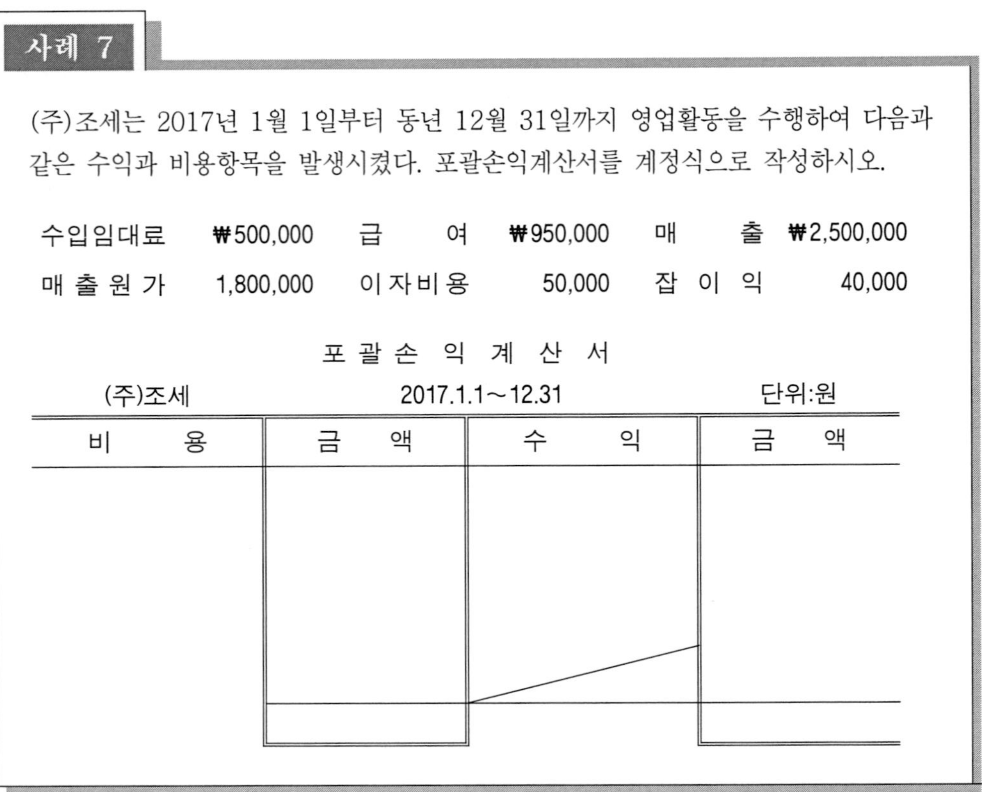

사례 7

(주)조세는 2017년 1월 1일부터 동년 12월 31일까지 영업활동을 수행하여 다음과 같은 수익과 비용항목을 발생시켰다. 포괄손익계산서를 계정식으로 작성하시오.

수입임대료	₩500,000	급 여	₩950,000	매 출	₩2,500,000
매출원가	1,800,000	이자비용	50,000	잡이익	40,000

포 괄 손 익 계 산 서

(주)조세 2017.1.1～12.31 단위:원

비 용	금 액	수 익	금 액

04 재무상태표와 포괄손익계산서의 관계

1. 기업의 순손익계산

기업의 순손익을 계산하는 방법으로는 손익법(거래접근법)과 재산법(자본유지접근법)이 있다. 이를 통해 재무상태표와 포괄손익계산서의 관계를 알 수 있다.

(1) 손익법(거래접근법)

손익법은 일정기간 발생한 수익에서 비용을 차감하여 순이익을 계산하는 방법이다. 수익에서 비용을 차감한 금액이 정(+)의 금액이면 순이익으로 하고 부(−)의 금액이면 순손실로 한다.

수익 > 비용 : 수익 - 비용 = 순이익
수익 < 비용 : 수익 - 비용 = 순손실

(2) 재산법(자본유지접근법, 순자산비교법)

재산법은 기업의 기말자본과 기초자본을 비교하여 순손익을 계산하는 방법이다. 순이익은 기말자본에서 기초자본을 차감하여 계산하며, 순이익이 발생하면 자본이 증가한다는 점을 이용한 것이다. 반대로 기말자본이 기초자본에 비하여 감소하였으면 순손실로 계산한다.

기말자본(기말자산-기말부채) - 기초자본(기초자산-기초부채) = 순이익(순손실)

1) 순이익은 수익·비용을 비교하여 계산할 수 있지만 기초자본, 기말자본을 비교하여 계산할 수도 있다는 것을 알 수 있다. 따라서 이를 통해 재무상태표와 포괄손익계산서의 관계를 이해할 수 있다. 재무상태표상 자본의 변화와 포괄손익계산서상 순이익은 상호 원인과 결과가 되어 정확하게 일치한다.

2) 한편, 자본의 변동은 순이익뿐만 아니라 자본거래의 결과로도 나타날 수 있다.

① 자본거래는 기업과 주주와의 거래를 말하며 그 예로는 주주에 의한 출자, 주주에 대한 현금배당을 들 수 있다.

② 주주에 의한 출자는 영업활동을 시작하기 전의 자본투입절차이며, 주주에 대한 배당은 영업활동 종료 후 결정된 순이익을 분배하는 절차이므로 경영성과에 포함시킬 수 없다.

③ 결국 순이익은 자본 증가금액 중 자본거래에 의한 변동금액을 제외한 금액으로 계산되며 그 산식은 다음과 같다.

순이익 = 자본증가 - 자본거래에 의한 순자산 증가
= 자본증가 - (출자금 - 배당금)

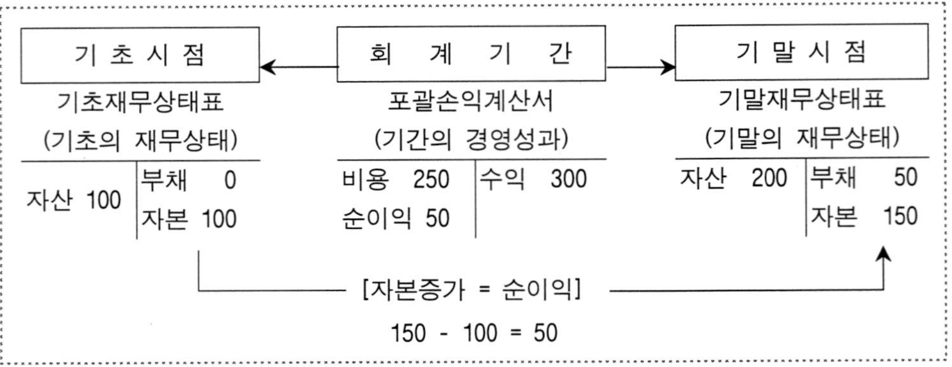

2. 포괄손익계산서의 작성이유

포괄손익계산서와 재무상태표의 관계를 이해하게 되면 포괄손익계산서의 의미가 좀 더 명확해질 것이다. **기업의 수익과 비용에 영향을 미치는 거래는 궁극적으로 재무상태표의 자본항목인 이익잉여금에 반영된다.** 그렇다면 기업에서는 거래가 발생했을 때 이를 직접 이익잉여금에 반영시킬 수 있으며, 또한 두 시점의 재무상태표에 나타난 이익잉여금의 증감상황을 검토함으로써 일정기간 동안 기업의 경영성과를 파악할 수도 있을 것이다.

그러나 당기순이익이 구체적으로 어떤 활동을 통해서 발생하였는지 그 발생 내역을 알 수 없다는 단점이 있다. 즉, 순이익의 발생이 기업 본연의 영업활동을 성공적으로 수행했기 때문에 발생한 것인지 아니면 저가에 취득한 유가증권이나 부동산을 아주 고가에 처분했기 때문에 발생한 것인지 알 수 없다. 따라서 미래에도 동일한 수준의 순이익을 얻을 가능성이 있는 기업인지 아닌지를 예측하기가 곤란할 수 있다.

많은 재무정보이용자들은 당기순이익이 발생하게 된 상세한 내역을 알고 싶어하기 때문에 오늘날에는 순자산비교법을 사용하지 않고 거래기록법에 의해 손익을 계산하고 있으며, 포괄손익계산서를 작성 공시하여 일정기간 동안에 발생한 수익 및 비용의 주요 항목을 상세히 열거함으로써 기업의 경영성과를 나타내는 당기순이익의 발생원인과 근거를 제시하는 기능을 갖는다.

사례 8

다음은 두 회사의 재무상태에 대한 정보이다. (순이익 이외의 자본변동은 없었다)

날 짜	계 정	A회사	B회사
2016년 12월 31일	자산	45,000	35,000
	부채	23,000	22,000
2017년 12월 31일	자산	48,000	41,000
	부채	①	27,000
2017년 1월 ~ 12월	수익	7,000	3,000
	비용	2,000	②

(요구사항) 1. A회사에 대하여 다음을 답하시오.

(1) 2016년 12월 31일 자본을 구하시오.

(2) 2017년 1월~12월 순이익을 구하시오.

(3) 2017년 12월 31일 자본을 구하시오.

(4) 2017년 12월 31일 부채(①)를 구하시오.

2. B회사의 2017년 비용(②)을 구하시오.

사례 9

다음에서 설명하는 계정과목의 명칭을 설명하시오.

	내 용	계정과목
(1)	무상으로 제공한 금전이나 물건	
(2)	회사의 주주가 출자한 금전이나 현물	
(3)	상품이나 제품을 외상판매시 발생하는 채권	
(4)	원재료나 상품을 매입하고 발행하는 어음	
(5)	은행에서 1년 이내 갚기로 하고 빌린 돈	
(6)	상품판매 촉진을 위해 지급하는 홍보비용	
(7)	회사 직원들의 회식대	
(8)	거래처 조의금이나 축의금	
(9)	상품을 매입하면서 미리 지급하는 계약금	
(10)	사무용으로 사용하는 책상, 컴퓨터, 복사기, 팩스	
(11)	회사의 공장에서 제조하여 판매하는 물품	
(12)	1년 이내에 받기로 하고 빌려 준 돈	
(13)	건물, 토지 등 유형자산을 처분하면서 발생한 이익	
(14)	받을어음의 회수가 불가능하게 될 때 인식하는 비용	
(15)	상품이나 제품 이외의 물품을 외상으로 판매할 때 채권	
(16)	단기적 자금운용 목적이고 시장성있는 주식·채권	
(17)	전기요금, 상하수도요금, 연료비	
(18)	업무 목적으로 사용하는 승용차나 트럭	
(19)	기계장치에 대한 감가상각비의 합계액	
(20)	직원의 지방출장시 교통비, 숙박비, 식비	
(21)	회사차량의 유류비용, 수리비	
(22)	은행수수료, 보증수수료, 기장료,	
(23)	거래관계를 원활하게 하기 위해 사용한 비용	
(24)	외부기관에서 실시하는 교육의 참가, 세미나 참석비용	
(25)	전산사용에 관련된 복사기토너, 프린터잉크	
(26)	문서의 복사비, 명함대금, 업무용사진의 현상비	
(27)	협회 등에 지출하는 가입비, 정기회비	
(28)	건물, 토지 등을 빌리고 그 대가로 지급하는 비용	
(29)	전화료, 인터넷사용료, 우편요금	
(30)	국민연금법에 의하여 회사가 부담하는 비용	

사례 1

(1) 3,000 (2) 7,000 (3) 3,900 (4) 20,500 (5) 8,000

사례 2

자산 합계	900+500+200+350+450=2,400
부채 합계	400+550+300+850=2,100
자본 합계	2,400-2,100=300

사례 3

재 무 상 태 표

(주)조세 2017. 1. 1(현재)

자 산	금 액	부 채 + 자 본	금 액
현 금	200	지 급 어 음	450
보 통 예 금	300	외 상 매 입 금	250
외 상 매 출 금	700	장 기 차 입 금	800
상 품	350	자 본 금	600
임 차 보 증 금	550		
	2,100		2,100

재 무 상 태 표

(주)조세 2017. 12. 31(현재)

자 산	금 액	부 채 + 자 본	금 액
현 금	400	지 급 어 음	100
보 통 예 금	350	외 상 매 입 금	250
외 상 매 출 금	400	장 기 차 입 금	650
상 품	300	자 본 금	600
임 차 보 증 금	300	**이 익 잉 여 금**	**150**
	1,750		1,750

사례 4

(1) 미지급금
(2) 비품
(3) 소모품비
(4) 지급어음
(5) 제품
(6) 임차보증금
(7) 가수금
(8) 특정현금과예금
(9) 산업재산권
(10) 단기차입금
(11) 단기대여금
(12) 감가상각누계액
(13) 차량운반구
(14) 미수금
(15) 단기매매금융자산
(16) 주식발행초과금
(17) 주식발행초과금
(18) 선수금
(19) 외상매출금

사례 5

포괄손익계산서

(주)조세 2017. 1. 1~ 2017. 12. 31

비 용	금 액	수 익	금 액
매출원가	800,000	상품매출	1,200,000
급여	300,000	이자수익	400,000
복리후생비	30,000		
접대비	70,000		
통신비	20,000		
소모품비	15,000		
기부금	10,000		
당기순이익	355,000		
	1,600,000		1,600,000

사례 6

(1)	임직원들의 월급	(급여)
(2)	거래처 선물구입 대금	(접대비)
(3)	건물의 수선 또는 유지를 위해서 지출된 비용	(수선비)
(4)	전화요금이나 우편요금	(통신비)
(5)	매출채권 이외의 채권에 대하여 회수를 포기할 때 인식하는 비용	(기타의 대손상각비)
(6)	건물주가 약정된 기간마다 세입자로부터 받는 수입금액	(임대료)
(7)	회사 직원의 야유회비	(복리후생비)
(8)	회사 제품을 홍보하면서 발생하는 비용	(광고선전비)

(9)	직원의 지방 출장시 숙박비용과 교통비용	(여비교통비)
(10)	원인이 밝혀지지 않은 손실	(잡손실)
(11)	비품, 기계장치 등을 처분하면서 발생한 이익	(유형자산 처분이익)
(12)	상공회의소 회비·협회비	(세금과공과)
(13)	개발비(무형자산) 요건에 충족하지 않는 경상적 발생비용	(경상개발비)
(14)	천재지변 등으로 인하여 발생하는 손실	(재해손실)
(15)	불우이웃돕기 성금	(기부금)
(16)	수도요금이나 전기요금	(수도광열비)
(17)	매출채권의 회수가 불가능하게 될 때 인식하는 비용	(대손상각비)
(18)	업무용 자동차 수리비용	(차량유지비)
(19)	판매하는 상품과 제품 등의 원가	(매출원가)

사례 7

포 괄 손 익 계 산 서

(주)조세 2017.1.1～12.31 단위:원

비 용	금 액	수 익	금 액
매 출 원 가	1,800,000	매 출 액	2,500,000
급 여	950,000	수 입 임 대 료	500,000
이 자 비 용	50,000	잡 이 익	40,000
당기 순이익	240,000		
	3,040,000		3,040,000

사례 08

1. (1) 45,000 − 23,000 = 22,000 (2) 7,000 − 2,000 = 5,000
   (3) 22,000 + 5,000 = 27,000 (4) 48,000 − 27,000 = 21,000
2. 2016년말 자본 + 순이익(수익−비용) = 2017년말 자본
   13,000 + (3,000 − 비용) = 14,000
   비용 = 2,000

사례 09

(1) 기부금 (2) 자본금 (3) 외상매출금 (4) 지급어음 (5) 단기차입금

(6) 광고선전비 (7) 복리후생비 (8) 접대비 (9) 선급금 (10) 비품

(11) 제품 (12) 단기대여금 (13) 유형자산처분이익 (14) 대손상각비 (15) 미수금

(16) 단기매매금융자산 (17) 수도광열비 (18) 차량운반구 (19) 감가상각누계액

(20) 여비교통비 (21) 차량유지비 (22) 지급수수료 (23) 접대비 (24) 교육훈련비

(25) 소모품비 (26) 도서인쇄비 (27) 협회비 (28) 임차료 (29) 통신비 (30) 세금과공과

03 SECTION

회계거래의 측정과 기록

01 회계의 기록대상 - 회계거래

1. 회계거래의 조건

일상에서 부르는 거래는 상인과 고객 사이의 상품의 매매나 서비스의 제공 등이 포함된 활동을 말한다. 이와는 달리 회계에서의 거래는 기업의 재무상태(구체적으로는 자산 · 부채 · 자본, 수익 및 비용 중의 하나 혹은 그 이상)에 영향을 미쳐서 회계상 기록해야 하는 사건을 의미하는 것이다. 단순하게 말로만 계약을 맺은 경우에는 기업의 재무상태에 변동이 없으므로 이러한 거래는 회계상의 거래로 보지 않는다.

회계에서는 제3자와의 외부거래뿐만 아니라 내부거래도 거래로 인식한다. 여기에서 내부거래란 기업 외부의 제3자가 직접적으로 관련되지 않고 기업 내부에서 발생하였으나 재무상태에 영향을 미치는 거래로서, 도난이나 화재로 인한 손실, 소유하고 있는 자산의 활용 등을 예로 들 수 있다. 즉 회계거래로 인식되기 위해서는 기업의 재무상태에 변동을 가져오는 경제적 사건이어야 한다.

한편, 계약의 체결이나 물품의 주문행위 그 자체는 기업의 재무상태인 자산과 부채 또는 자본에 변동을 가져오지 않으므로 회계거래로 취급하지 않는다. 또한 기업의 재무상태와 경영성과에 큰 영향을 미칠 것으로 예상되는 유능한 경영자의 퇴사 또는 경쟁기업의 출현 등도 회계거래로 인식하지 않는다. 왜냐하면, 이러한 사건은 기업의 재무상태에 중대한 영향을 미치는 경제적 사건이지만 그 영향을 화폐단위로 측정하거나 객관적으로 계량화하기가 쉽지 않기 때문이다.

따라서 특정거래가 회계거래로 인식되기 위해서는 그 거래가 기업의 재무상태에 영향을 미칠 뿐 아니라 재무상태의 변동액을 합리적인 방법에 의해 객관적으로 측정할 수 있어야 한다.

<회계거래의 조건>
① 기업의 재무상태에 영향을 미쳐야 한다.
② 화폐단위로 측정하거나 계량화가 가능하여야 한다.

* 자본의 변동이란 수익 또는 비용의 변동을 포함하는 개념이다. 수익이 발생하면 자본이 증가하고, 비용이 발생하면 자본이 감소하기 때문이다.

<회계거래와 비회계거래>
회계거래 : 상품구입, 현금차입, 급여지급, 재해, 도난, 파손, 대손, 가치하락
비회계거래 : 임대차계약, 상품의 주문, 종업원의 채용, 약속

사례 1

다음의 거래를 읽고 회계거래가 되는지의 여부를 판단하시오.

(1) 갑회사에서 상품 1,000,000원을 주문하다.
(2) 을회사와 토지를 100,000,000원에 구입하기로 계약하다.
(3) 화재로 인하여 공장 30,000,000원(장부가액)이 소실되다.
(4) 기말에 기계장치의 가치하락분 5,000,000원만큼 있었다.
(5) 병회사의 파산으로 받을어음 2,000,000원이 회수 불가능하게 되었다.
(6) 급여 1,000,000원을 주기로 하고 홍길동을 채용하다.
(7) 회사의 현금 1,500,000원을 도난당하다.
(8) 주주총회에서 신주를 발행하기 결의하다.
(9) 거래처에 용역을 제공하기로 하고 계약금으로 500,000원을 받다.
(10) 정회사와 토지를 120,000,000원에 외상으로 구입하다.

2. 거래의 이중성과 복식부기

(1) 거래의 이중성

회계상의 거래의 결과 거래의 8요소들 중 반드시 둘 이상이 서로 결합하여 반드시 제공받는 항목과 제공하는 항목이 나타나고 기업의 재무상태에 영향을 미치는 것을 거래의 이중성이라 한다. 예를 들어 거래처에 상품을 500만원에 현금을 받고 팔았다고

하자. 이 경우 기업의 현금의 증가로 자산이 증가하게 되고 동시에 매출의 증가로 수익의 증가라는 두 가지 변화가 발생하게 되는 것이다. 이 때 이들 거래요소들 간의 관계는 매출의 증가라는 원인과 현금의 증가라는 결과로 나누어 두 가지를 모두 기록하는 것이다.

한편 거래의 이중성은 어떠한 회계상의 거래가 발생하더라도 동일한 금액으로 이중기입 하여야 하는 것을 의미하기도 하는데 이를 복식부기의 원리라 한다.

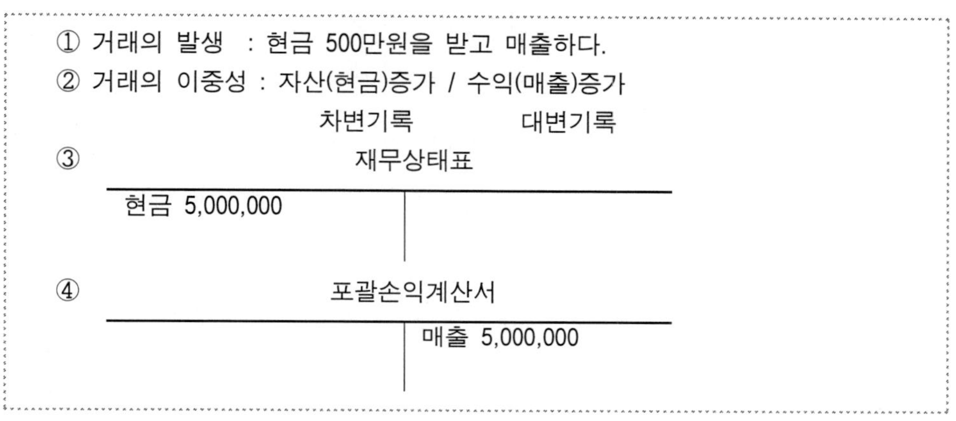
① 거래의 발생 : 현금 500만원을 받고 매출하다.
② 거래의 이중성 : 자산(현금)증가 / 수익(매출)증가
차변기록 대변기록
③ 재무상태표
현금 5,000,000
④ 포괄손익계산서
매출 5,000,000

(2) 단식부기

단식부기는 하나의 거래에 대하여 수입과 지출이라는 한쪽 측면에서만 기록하는 것을 말한다. 거래에 관련된 여러 항목의 유기적인 관계는 무시하고 오로지 한쪽 측면에서만 파악하여 그 변동을 기록하는 것이다. 단식부기는 간편하다는 장점이 있지만 단순히 현금의 입출금이라는 한면만 기록하기 때문에 현금의 수입과 지출, 잔액만을 알 수 있을 뿐, 전체적인 재산보유내역을 한눈에 파악할 수 없다는 단점이 있다.

다음과 같이 가계부의 예를 들어 살펴보면, 단순히 현금의 수입과 지출, 잔액만을 알 수 있다.

일자	적요	수입	지출	잔액
1월 10일	회사에서 월급받음	3,000,000		3,000,000
1월 15일	친구에게 돈 빌림	1,000,000		4,000,000
1월 25일	컴퓨터를 구입함		800,000	3,200,000
1월 31일	통장에 예금함		2,500,000	700,000

(3) 복식부기

복식부기는 하나의 회계상 거래를 단순히 수입과 지출이라는 결과만을 기록하는 것이 아니라 그 원인을 함께 기록하는 방식을 말한다. 즉 복식이란 하나의 거래를 원인과 결과라는 양면으로 기록한다는 것을 말한다.

따라서 복식부기의 채택으로 거래에 관련된 모든 항목을 일정한 원리와 원칙에 따라 조직적으로 빠짐없이 기록하게 된다. 또한 복식부기를 사용하게 되면 거래를 기록하는 과정에서 발생된 오류를 발견할 수 있다는 장점이 있다.

위의 예에서 복식부기방식으로 기록하면 다음과 같다.

1월 10일 현금증가(결과) 3,000,000 / 월급(원인) 3,000,000

1월 15일 현금증가(결과) 1,000,000 / 친구에게 빌린 돈(원인) 1,000,000

1월 25일 컴퓨터 구입(원인) 800,000 / 현금감소(결과) 800,000

1월 31일 통장예금(원인) 2,500,000 / 현금감소(결과) 2,500,000

현재의 재산내역		재산의 밑천	
현금보유액 통장예금 컴퓨터	700,000 2,500,000 800,000	빌린 돈 월급	1,000,000 3,000,000
합 계	4,000,000	합 계	4,000,000

(4) 대차평균의 원리

대차평균의 원리란 거래의 이중성 때문에 거래의 양면을 계정에 기록해 보면 장부의 왼쪽인 차변과 오른쪽인 대변에 기록해야 하는 금액이 동일하게 되는 것을 말한다.

따라서 복식부기를 채택하게 되면 대차평균의 원리로 인하여 차변과 대변의 금액을 비교해서 일치하는지를 확인하면서 자동적으로 오류를 검증할 수 있는 장점을 지니고 있다.

3. 거래의 결합관계

(1) 거래의 8요소

회계거래는 자산의 증가 · 감소, 부채의 증가 · 감소, 자본의 증가 · 감소, 수익의 발생, 비용의 발생의 8가지 요소로 구성된다. 수익 · 비용이 감소(소멸)하는 거래는 실제 거래에서 거의 발생하지 않으므로 재무제표 구성요소 5가지에 대하여 8가지의 거래요소가 도출된다는 것이다. 거래요소의 결합관계는 거래원인과 결과를 설명하는 내용이며, 상호결합되어 회계거래를 구성한다.

(2) 거래요소의 결합관계

복식부기에 따르면 모든 거래는 거래의 이중성에 따라 원인과 결과를 차변요소와 대변요소 양쪽으로 나누어 동일한 금액으로 기록한다고 하였으므로 모든 거래는 이와 같은 거래 8요소의 결합관계에 의해 설명될 수 있다.

① 차변에 기입될 수 있는 것은 자산의 증가와 부채의 감소, 자본의 감소 및 비용의 발생이며 대변에 기입될 수 있는 것은 자산의 감소와 부채의 증가, 자본의 증가 및 수익의 발생뿐이라는 점이다.

② 거래의 이중성으로 차변요소는 대변요소와 결합되어야지 동일한 차변요소와 결합되어서는 안된다는 점이다.

<거래요소의 결합관계>

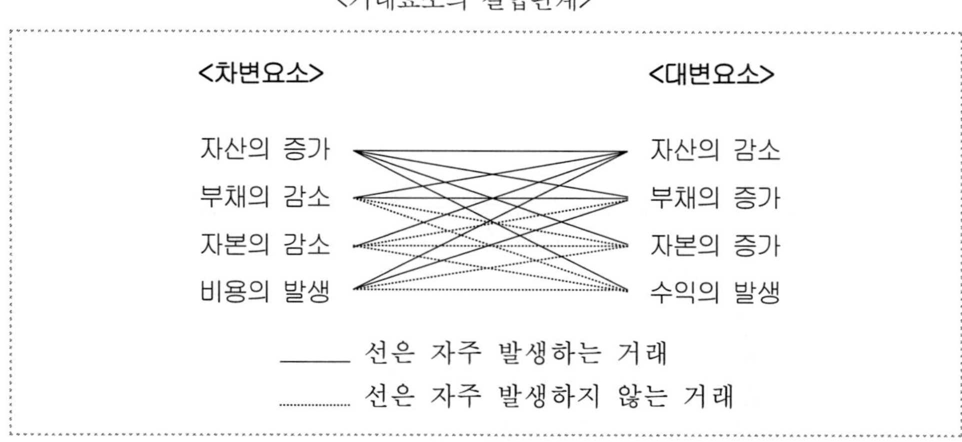

(3) 거래 8요소의 결합사례

① 사례 1 : 현금을 지급하고 건물을 구입하는 거래가 발생하는 경우
- 자산증가(건물), 자산감소(현금)

② 사례 2 : 외상으로 상품을 구입하는 거래가 발생한 경우
- 자산증가(상품), 부채증가(매입채무)

③ 사례 3 : 대여금에 대한 이자수익으로 현금을 받은 거래의 경우

– 자산증가(현금), 수익증가(이자수익)

④ 사례 4 : 임차료 발생액을 현금으로 지급하는 거래의 경우

– 비용증가(임차료), 자산감소(현금)

사례2

다음 계정의 (　　　)안에 증가, 감소, 발생, 소멸을 기입하시오.

선수금		개발비	
(　　　)	(　　　)	(　　　)	(　　　)

자본잉여금		외상매출금	
(　　　)	(　　　)	(　　　)	(　　　)

미지급금		수입임대료	
(　　　)	(　　　)	(　　　)	(　　　)

선급금		지급어음	
(　　　)	(　　　)	(　　　)	(　　　)

지급수수료		이자수익	
(　　　)	(　　　)	(　　　)	(　　　)

외상매입금		단기차입금	
(　　　)	(　　　)	(　　　)	(　　　)

자본금		임차보증금	
(　　　)	(　　　)	(　　　)	(　　　)

제품매출		급여	
(　　　)	(　　　)	(　　　)	(　　　)

대손상각비		비품	
(　　　)	(　　　)	(　　　)	(　　　)

복리후생비		단기매매금융자산	
(　　　)	(　　　)	(　　　)	(　　　)

02 계정

1. 계정과 계정과목

기업에서 발생하는 대부분의 거래는 반복된다. 따라서 이들 반복적으로 수행되는 거래에 대한 기록의 편의를 위해 회계담당자들은 공통적인 특성을 가지는 거래를 구분해서 일정한 그룹으로 만들었는데, 이와 같이 공통적 특성을 중심으로 거래를 분류하여 모아 놓은 것을 계정(account : a/c)이라고 한다.

2. 계정의 양식

계정의 양식에는 표준서식과 연습용 T자 계정양식을 많이 쓰고 있다.

(1) 표준서식

계정별 장부서식은 다음과 같이 일정하며 이 중 보통예금원장 일부를 살펴보자.

보통예금 계정

일 자	적요	차변	대변	잔액
전기이월		37,000		37,000
2017.1.3	(주)선명 제품 #7 외상판매	22,000		59,000
2017.1.8	(주)선명 제품 #7 외상대금회수		32,000	27,000

(2) 연습용 T자 계정양식

학습할 때는 앞 그림의 장부 서식 중 차변과 대변의 위치만 그려 많이 사용한다. 이 모양이 T자를 닮아 보통 T로 그린다. 본서에서도 자주 T를 이용하여 거래를 분석할 것이다.

현 금

차변과목	차변금액	대변과목	대변금액

3. 계정의 종류

계정은 재무상태표 계정과 포괄손익계산서 계정으로 분류한다.

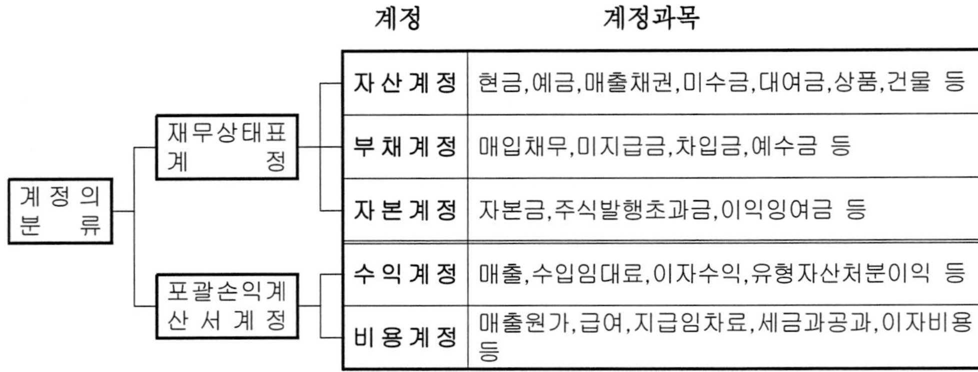

4. 계정의 기입방법(장부기입방법)

(1) 계정 기입의 의의

계정은 원장을 의미하므로 계정기입은 각 계정과목에 해당하는 계정원장에 거래사실을 기입하는 절차이다. 특정시점의 계정잔액이 얼마인지를 알려면 계정잔액이 달라질 때마다 이를 기록해 놓아야한다.

(2) 재무상태표계정의 기입방법

재무상태표 등식(자산=부채+자본)을 기초로 자산과 부채 및 자본을 함께 표시해서 재무상태표를 작성하면 자산의 잔액은 재무상태표의 차변(왼쪽), 부채의 잔액과 자본의 잔액은 재무상태표의 대변(오른쪽)에 나타난다.

자산 = 부채 + 자본

· 자산의 증가는 차변에 감소는 대변에 기입하며 항상 잔액은 차변에 남는다.
· 부채의 증가는 대변에 감소는 차변에 기입하며 항상 잔액은 대변에 남는다.
· 자본의 증가는 대변에 감소는 차변에 기입하며 항상 잔액은 대변에 남는다.

◈ 재무상태표계정의 기입법칙 ◈

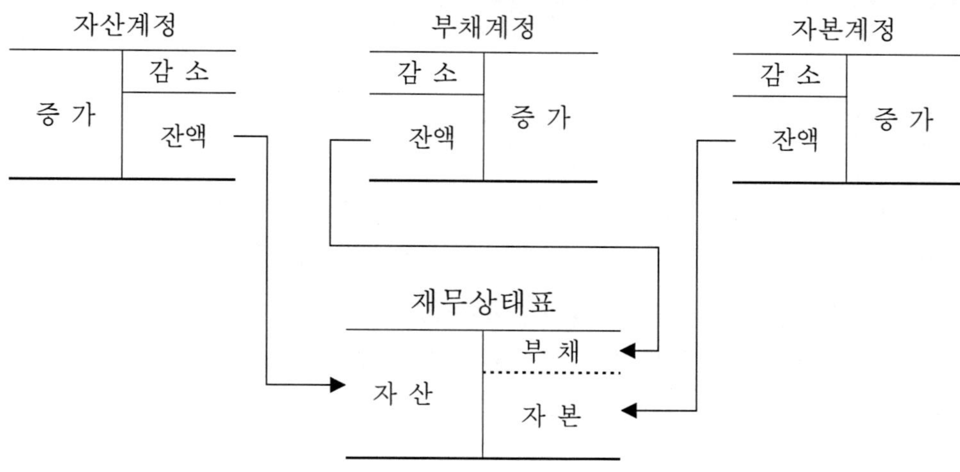

(3) 포괄손익계산서계정의 기입방법

포괄손익계산서 등식(비용+이익=수익)을 기초로 수익과 비용 및 그 차이인 이익을 함께 표시해서 포괄손익계산서를 작성하면 수익의 잔액은 포괄손익계산서의 대변(오른쪽)에 나타나고, 비용의 잔액과 이익은 포괄손익계산서의 차변(왼쪽)에 나타난다.

비용 + 이익 = 수익 · 수익의 발생은 대변에 소멸은 차변에 기입하며 항상 잔액은 대변에 위치한다. · 비용의 발생은 차변에 소멸은 대변에 기입하며 항상 잔액은 차변에 위치한다.

◈ 포괄손익계산서계정의 기입법칙 ◈

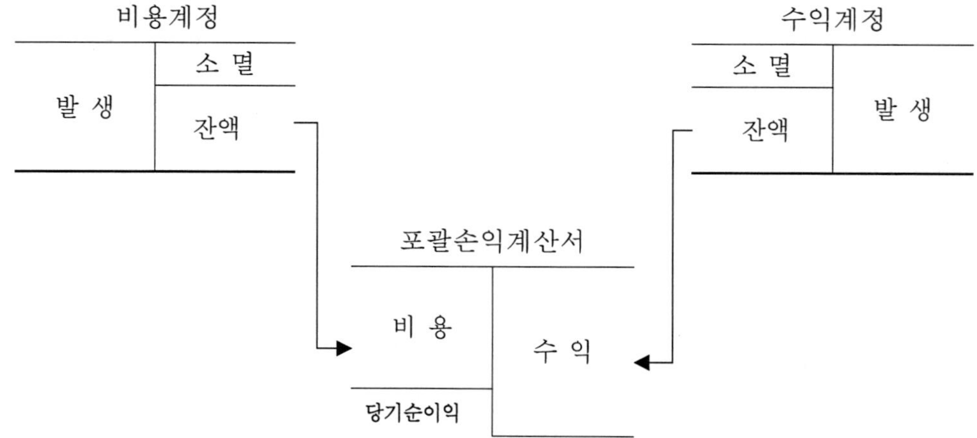

03 분개

1. 분개의 의의

거래가 발생하면 각 계정별 원장에 기입하기 전에 거래의 이중성 원리를 이용하여 기입할 계정과목과 금액을 차변과 대변으로 나누어 표시하는 것을 분개라고 한다.

즉, 분개를 통하여 어느 계정의 어느 쪽에 얼마의 금액을 기록할 것인지를 결정하게 되면 거래발생 즉시 원장의 각 계정에 옮겨 적을 경우 일부계정의 누락이나 오류가 발생할 가능성을 줄이고 거래를 발생순서별로 정리가능하게 된다.

또한, 분개를 통하여 거래가 발생하는 시점마다 기록 · 관리하면 한참 후에도 거래의 내용이나 증빙을 확인 · 검토하기 편리하다.

2. 분개의 고려사항

(1) 분개의 중요성

기업에서 매일매일 발생하는 수많은 거래를 매번 계정에 기록할 필요없이 거래가 발생할 때마다 분개만 해 두었다가 일주일에 한번이나 한달에 한번만 모아둔 분개의 내용들을 한꺼번에 계정에 기록하면 쉽게 계정잔액을 기록할 수 있다.

또한, 분개는 거래를 기록하는 출발로 모든 회계장부의 기초가 되므로 거래의 근거가 되는 증빙서류를 확인하여 작성되어야 한다.

특히 현대 기업은 전산화된 회계시스템을 운용하고 있기 때문에 거래를 올바른 계정과목으로 정확하게 기록(분개)하는 것이 중요하다. 왜냐하면, 분개된 자료를 입력한 이후에는 대부분의 회계처리과정이 전산시스템에서 기계적 · 자동적으로 처리되기 때문에 최초의 입력자료가 정확하지 않으면 최후의 출력자료까지 오류를 발생시키게 되기 때문이다.

(2) 분개의 절차

분개의 법칙 : 자산 + 비용 = 부채 + 자본 + 수익

- 증가 : 자기자리(자기자리는 재무상태표의 자리에서 출발)
- 감소 : 반대자리

① 회계상 거래인지 파악한다.
(재무상태의 변동, 측정가능성)

② 계정과목을 결정한다.
(해당 계정과목의 파악)

③ 거래의 8요소에 따라 해당 계정과목의 차변과 대변을 결정한다.
(거래의 이중성)

④ 계정과목별 발생금액을 결정한다.
(차변금액=대변금액 : 대차평균의 원리)

이와 같은 분개절차를 거치면서 매번 기록되는 거래는 거래의 이중성에 따라 차변에 기입하는 금액과 대변에 기입하는 금액이 항상 일치하게 된다. 또한 거래의 기록은 차변요소와 대변요소의 결합에 의하는데, 반드시 차변 하나와 대변 하나만이 결합하는 것은 아니다. 때로는 차변의 하나 이상이 대변의 하나 이상의 계정과목과 결합하기도 한다.

사례 3

(1) 현금 4,000원을 출자하여 사업을 시작하다.

(2) 현금 1,000원을 6개월 후 갚기로 하고 은행에서 차입하였다.

(3) 상품을 1,000원에 매입하고 대금은 외상으로 하다.

(4) 상품을 2,000원에 매입하고 현금으로 지급하다.

(5) 기계장치를 3,000원에 매입하고 대금은 약속어음으로 지급하다.

(6) 외상매출대금 1,000원을 현금으로 회수하다.

(7) 업무용 책상을 1,000원에 구입하고 대금은 외상으로 하다.

(8) 거래처에 현금 2,000원을 빌려주고 대금은 3개월 후에 받기로 하다.

(9) 은행에서 빌린 차입금 중 500원을 기일전에 현금으로 갚다.

(10) 거래처에 빌려준 대금 전액을 회수하여 당좌예금하다.

	차변과목	금액	대변과목	금액
(1)				
(2)				
(3)				
(4)				
(5)				
(6)				
(7)				
(8)				
(9)				
(10)				
(11)				

사례 4

(1) 8월 직원월급 1,000원을 현금으로 지급하다.

(2) 직원회식비 300원을 현금으로 지급하다.

(3) 은행차입금에 대한 이자 100원을 보통예금계좌에서 이체되다.

(4) 건물을 임대해주고 월세 1,000원을 현금으로 받다.

(5) 사무실을 임차하고 월세 1,000원을 현금으로 지급하다.

(6) 사무실 전기요금 50원이 보통예금계좌에서 이체되다.

(7) 회사 건물에 대한 재산세 300원을 현금으로 지급하다.

(8) 직원의 지방출장경비 200원을 현금으로 지급하다.

(9) 업무와 관련된 도서구입대금 100원을 현금으로 지급하다.

(10) 전화요금과 인터넷 사용료 50원을 현금으로 지급하다.

(11) 영업용 승용차의 주차요금 5원을 현금으로 지급하다.

	차변과목	금액	대변과목	금액
(1)				
(2)				
(3)				
(4)				
(5)				
(6)				
(7)				
(8)				
(9)				
(10)				
(11)				

사례 5

다음의 거래에 대해 결합관계를 설명하고 분개하시오.

(1) 현금 2,000,000원과 건물 600,000원을 출자하고 현금 500,000원을 차입하여 회사를 설립하였다.(차입금은 3년후 상환예정)

(2) 상품 750,000원을 매입하고, 대금 중 350,000원은 현금으로 지급하고 잔액은 나중에 지급하기로 하다.

(3) 이달분 전기요금 35,000원 및 거래처접대비 45,000원을 현금으로 지급하다.

(4) 원가 600,000원의 상품을 1,200,000원에 매출하고, 대금은 외상으로 하다.

(5) 사업을 개시하면서 차입한 자금에 대한 이자 35,000원을 현금으로 지급하다.

(6) 현금 300,000원을 거래처에 9개월간 대여하다.

(7) 이달분 종업원의 월급 150,000원을 현금으로 지급하다.

(8) 업무용 토지 800,000원과 건물 600,000원을 구입하고, 대금은 나중에 지급하기로 하다.

(9) 대여금에 대한 이자 60,000원을 현금으로 받다.

(10) 이달분 전화요금 15,000원을 현금으로 지급하다.

	차변과목	거래요소	금 액	대변과목	거래요소	금 액
(1)	현 금	자산증가		단기차입금	부채증가	
	상 품	자산증가		자 본 금	자본증가	
(2)						
(3)						
(4)						
(5)						
(6)						
(7)						
(8)						
(9)						
(10)						

사례 6

강남회사(도매업과 서비스)의 분개내용이다. 오류를 지적하고 올바르게 수정하시오.

(1)	에어컨 300,000원을 외상으로 구입하다.						
	오류	(차)	에 어 컨	300,000	(대)	외 상 매 입 금	300,000
	수정	(차)			(대)		
(2)	컨설팅 용역 900,000원을 제공하고, 대금은 자기앞수표로 받다.						
	오류	(차)	당 좌 예 금	900,000	(대)	외 상 매 출 금	900,000
	수정	(차)			(대)		
(3)	상품 500,000원을 외상으로 판매하다.						
	오류	(차)	미 수 금	500,000	(대)	상 품	500,000
	수정	(차)			(대)		
(4)	계약금을 타인발행수표 200,000원으로 지급하다.						
	오류	(차)	선 수 수 익	200,000	(대)	수 표	200,000
	수정	(차)			(대)		
(5)	현금 500,000원을 단기간 빌려주고 약속어음을 받다.						
	오류	(차)	받 을 어 음	500,000	(대)	약 속 어 음	500,000
	수정	(차)			(대)		
(6)	회사 당직실에 비치하기 위해 TV 70,000원을 외상으로 구입하다.						
	오류	(차)	상 품	70,000	(대)	외 상 매 입 금	70,000
	수정	(차)			(대)		
(7)	차량의 외상구입대금 200,000원을 당좌어음을 발행하여 갚아주다.						
	오류	(차)	외 상 매 입 금	200,000	(대)	현 금	200,000
	수정	(차)			(대)		
(8)	용역제공계약을 체결하고 대금의 일부인 현금 150,000원을 미리 받다.						
	오류	(차)	선 수 수 익	150,000	(대)	현 금	150,000
	수정	(차)			(대)		
(9)	상품 400,000원을 외상으로 구입하고 어음을 발행하여 주다.						
	오류	(차)	어 음	400,000	(대)	미 지 급 금	400,000
	수정	(차)			(대)		
(10)	사무실을 빌려쓰고 100,000원을 현금으로 지급하다.						
	오류	(차)	현 금	100,000	(대)	임 대 료	100,000
	수정	(차)			(대)		

3. 분개장

(1) 분개장의 정의

분개장이란 분개들을 하나의 서식에 차례대로 기록한 문서를 말하는 것으로 분개장에는 특정기간의 거래로 나타난 모든 분개가 발생한 순서대로 기록되어 있다.

분개장은 발생된 거래가 최초로 기록되는 회계장부이기 때문에 때로는 원시기입장이라고 부른다.

(2) 분개장의 기능

① 각 거래를 발생한 순서대로 기록한다.

② 각 거래의 모든 경제적 효과를 한눈에 볼 수 있게 한다.

③ 오류의 추적 및 검증자료가 된다.

(3) 분개장의 작성

분개장은 작성하는 방법에 따라 병립식과 분할식으로 구분하며, 실무에서는 병립식 분개장을 많이 사용하므로 병립식 분개장에 대해서 살펴보기로 한다.

회계거래에 대해 기업에 미치는 효과를 분석한 후 분개장에다 거래를 기록한다. 분개장에는 ① 거래가 발생한 날짜를 기록하는 란, ② 계정과목과 거래에 대한 설명을 기입하는 란(적요란), ③ 총계정원장에 전기할 때 원면을 기록하는 란, ④ 차변과 대변금액을 각각 기입하는 란을 구비하고 있다.

분개장에 원면을 기록하는 란이 있는 것과 같이 원장에는 분개장의 페이지를 기록하는 분면을 비치하여 전기시 분개장에 기록된 1월 1일 거래를 총계정원장의 현금계정과 자본금 계정에 전기할 때 현금계정의 분면과 자본금 계정의 분면란에 그 거래가 기록된 분개장의 면 번호인 1을 기록한다.

한편 분개장의 '현금' 옆 원면란에는 현금계정의 고유번호인 101을, '자본금' 옆 원면란에는 자본금 계정의 고유번호인 201이 기록된다. 분개장의 원면란과 계정의 분면란을 상호대조함으로써 거래의 추적이나 오류의 발견을 쉽게 할 수 있다.

분 개 장

1면

날짜		적 요	원면	차 변	대 변
1	1	현금	101	5,000,000	
		자본금	301		5,000,000
		(주주가 현금 출자하다)			
2	1	현금	101	1,000,000	
		차입금	201		2,000,000
		(은행으로부터 차입하다)			

위의 분개장의 분개 방법은 이론적인 방법이다. 그러나 위의 방법은 시간이 많이 소요되므로 교육목적으로는 거의 사용되지 않는다. 교육용으로 분개를 표시할 때에는 계정과목과 금액을 차변과 대변으로 구분할 수 있고, 그 분개를 보고 거래를 유추할 수 있으면 충분하다. 위의 1월 1일의 거래를 교육용이나 실습용으로 인정될 수 있는 분개의 표시방법을 몇 가지 예시하면 다음과 같다. (가장 간단한 방법은 아래의 ⑥처럼 차변과 대변을 '/'로 구분하는 방법이다.)

① (차변) 현금 5,000 (대변) 자본금 5,000
② (차) 현금 5,000 (대) 자본금 5,000
③ (Dr.) 현금 5,000 (Cr.) 자본금 5,000
④ (차) 현금 5,000 (대) 자본금 5,000
⑤ 현금 5,000 자본금 5,000
⑥ 현금 5,000 / 자본금 5,000

4. 전표

(1) 전표의 정의

거래의 내용인 분개를 한 장의 종이에 기록한 서식을 전표라 한다. 이 전표는 거래의 요점을 기입하여 기장의 기초가 될 뿐만 아니라, 분과 제도하의 각부 및 각과의 업무 연락 및 책임 소재를 명확히 파악할 수 있다.

만약, 거래가 발생하면 전표에 거래에 대한 분개를 기록하고 전표의 뒷면에는 관련 증빙서류를 부착하는 것이 일반적이다.

(2) 전표의 종류

① 입금전표

입금전표는 붉은색으로 인쇄되어 있는 종이로 현금의 수입거래를 기입하는 전표이다. 입금전표는 현금계정의 차변을 표시하므로 과목란은 상대 계정인 대변과목만을 표시한다.

입 금 전 표 2017 년 4 월 10 일			
과목	외상매출금	항목	한국상사
적 요		금액	
외상매출금 회수		4000000	
합 계		4000000	

② 출금전표

출금전표는 파란색으로 인쇄되어 있는 종이를 이용하며, 현금의 지급거래를 기입하는 전표이다. 출금전표는 현금계정의 대변을 표시하므로 과목란은 상대 계정인 차변 과목만을 표시한다.

출 금 전 표 2017 년 4 월 15 일			
과목	복리후생비	항목	미식식당
적 요		금액	
관리부 직원들 회식비지급		800000	
합 계		800000	

③ 대체전표

대체전표는 검정색으로 인쇄되어 있다. 현금 수수가 수반되지 않은 대체거래를 기입하는 전표이다. 대체거래에는 전부대체거래와 현금의 수지를 일부 수반하는 일부대체거래가 있는데, 이 중 현금거래 부분은 입금전표 또는 출금전표에 기입하고 대체거래 부분만 대체전표에 기입한다.

대 체 전 표 2017 년 4 월 20 일					
(차변)			(대변)		
과 목	적 요	금 액	과 목	적 요	금 액
비 품	영업용책상	500000	미지급금	신영가구	500000
	합 계	500000		합 계	500000

04 총계정원장으로의 전기

1. 총계정원장

(1) 총계정원장의 의의

기업은 수많은 계정을 관리하기 편하도록 하나의 두꺼운 장부에 편철해서 관리하게 되는데 이를 총계정원장 또는 원장이라고 한다.

총계정원장은 모든 영업활동의 결과가 분석·정리되는 장부로서 재무제표 작성의 기초가 되며, 날짜, 적요란, 분면란, 금액란으로 구성되어 있다.

(2) 총계정원장의 유용성

① 매 시점별로 모든 계정과목의 증감과 변동내용을 파악할 수 있다.

② 계정잔액을 모두 보관해서 재무상태와 영업실적을 쉽게 파악할 수 있다.

③ 기말에 재무상태표와 포괄손익계산서 작성에 필요한 기초자료를 제공한다.

(3) 총계정원장의 작성절차

① 거래발생 : 회계상의 거래여부 판단

② 전표작성 : 분개의 내용을 결정해서 판단

③ 분개장 기록 : 전표의 내용을 날짜순으로 기록

④ 전기 : 분개장의 내용을 총계정원장으로 옮김

⑤ 총계정원장 : 모든 계정의 증감기록을 관리

사례 7

다음의 총계정원장에 전기된 내용을 보고 거래일자별 분개내용을 기입하시오.

현 금

8/1 자 본 금	1,000,000	8/4 접 대 비	300,000
8/5 매 출	200,000	8/10 복리후생비	50,000
8/9 매 출	150,000	8/20 제 좌	550,000
8/13 단기차입금	600,000	8/24 미지급금	200,000
8/18 외상매출금	100,000	8/25 급 여	100,000
8/30 자 본 금	500,000		

자 본 금

		8/1 현 금	1,000,000
		8/30 현 금	500,000

비 품

8/2 미지급금	250,000		

미지급금

8/24 현 금	200,000	8/2 비 품	250,000

접 대 비

8/4 현 금	300,000		

매 출

		8/5 현 금	200,000
		8/9 제 좌	300,000

외상매출금

8/9 매 출	150,000	8/18 현 금	100,000

단기차입금

8/20 현 금	500,000	8/13 현 금	600,000

복리후생비

8/10 현 금	50,000		

이 자 비 용

8/20 현 금	50,000		

급 여

8/25 현 금	100,000		

날짜	차변과목	금 액	대변과목	금 액
8월 일				
일				
일				
일				
일				
일				
일				
일				
일				
일				
일				
일				

2. 전기의 정의

전표나 분개장에 기록된 분개의 내용을 각 계정과목별로 분류해서 해당 계정과목에 옮겨 적는 것을 말한다. 앞에서 총계정원장을 공부하면서도 살펴보았지만, 전기를 함으로써 일정기간 동안의 해당 계정의 증가, 감소액을 파악할 수 있고 일정시점에서 해당 계정의 잔액을 알 수 있다.

또한 분개내역을 계정과목별로 해당 계정에 일목요연하게 옮겨 적음으로써 거래내역을 계정과목별로 쉽게 파악할 수도 있다.

그리고 전기는 분개가 발생할 때마다 수행되기도 하지만 일주일마다 혹은 매월마다 이루어지는데 기업에서 발생하는 거래의 빈도나 거래의 복잡성을 고려해서 결정한다.

3. 전기하는 요령

① 분개된 거래내용을 차변과 대변의 각 계정과목별로 해당 계정(T자 양식)을 만든다.

② 분개의 차변과목은 해당계정 차변에 대변과목은 해당계정 대변에 기입한다.
(만약, 거래의 날짜가 있는 경우 날짜를 먼저 기입)

③ 계정과목은 상대계정 과목을 기입한다.

④ 상대 계정과목이 2개 이상이면 제좌라고 기입한다.

4. 거래 발생시 분개와 전기하는 과정

거 래	1월 1일 : 현금 ₩5,000,000을 출자하여 상품매매업을 개업하다.

▼

분 개	(차변) 현 금 5,000,000 (대변) 자 본 금 5,000,000

▼

전 기

현 금 (차변)	현 금 (대변)	자 본 금 (차변)	자 본 금 (대변)
1/1 자본금 5,000,000			1/1 현금 5,000,000

사례 8

다음의 각 거래를 분개하고 각 계정에 전기하시오.

번호	거 래
(1)	현금 ₩2,000,000을 출자하여 직업소개소를 개업하다.
(2)	컴퓨터 ₩500,000을 구입하고 현금을 지급하다.
(3)	현금 ₩800,000을 은행으로부터 차입하다.
(4)	광고를 위해 현금 ₩100,000을 지출하다.
(5)	소개용역을 제공하고 현금 ₩500,000을 받다.
(6)	차입금 중 ₩400,000을 이자 ₩40,000과 함께 현금으로 지급하다.
(7)	소개용역을 제공하고 대금 ₩200,000을 외상으로 하다.
(8)	외상대금 중 ₩100,000을 현금으로 회수하다.
(9)	전기요금 ₩50,000을 현금으로 납부하다.
(10)	건물 임차료 ₩500,000을 현금으로 지급하다.

	차변과목	금 액	대변과목	금 액
(1)				
(2)				
(3)				
(4)				
(5)				
(6)				
(7)				
(8)				
(9)				
(10)				

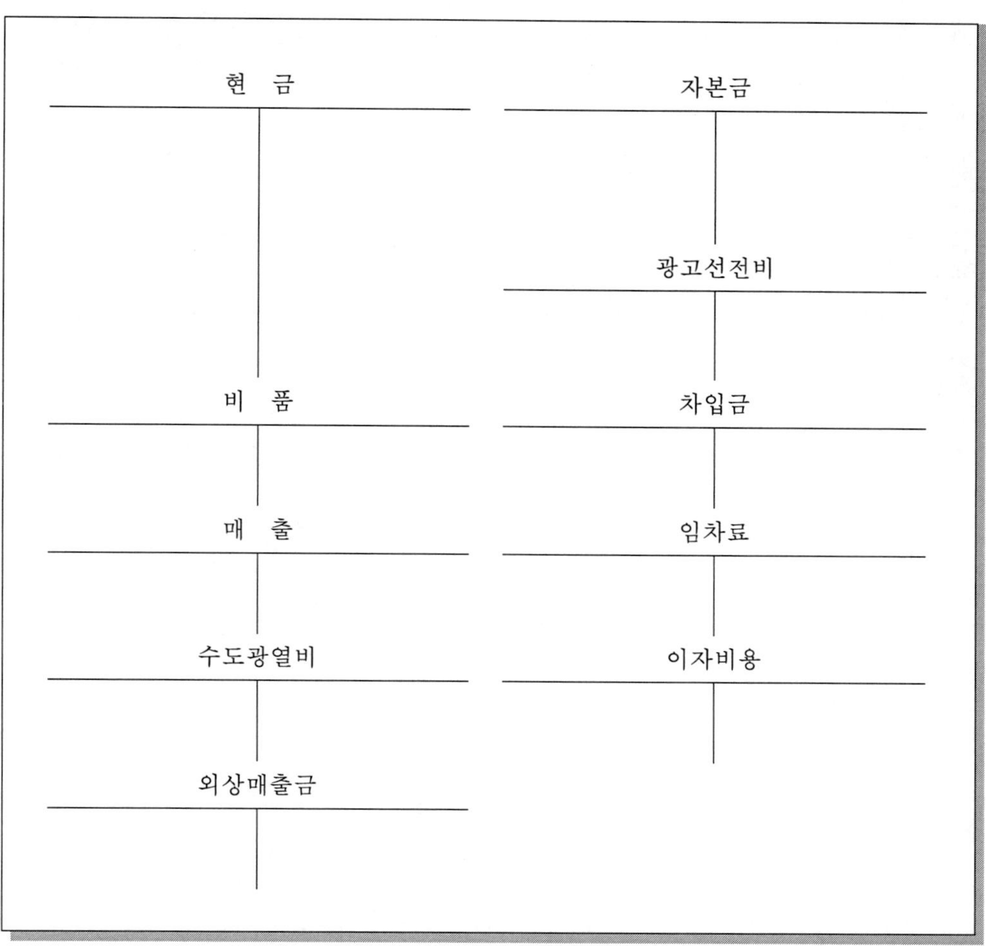
현 금
자본금
광고선전비
비 품
차입금
매 출
임차료
수도광열비
이자비용
외상매출금

사례 1

번호	(1)	(2)	(3)	(4)	(5)	(6)	(7)	(8)	(9)	(10)
여부	x	x	o	o	o	x	o	x	o	o

사례 2

선수금	
(감소)	(증가)

개발비	
(증가)	(감소)

자본잉여금	
(감소)	(증가)

외상매출금	
(증가)	(감소)

미지급금	
(감소)	(증가)

임대료	
(소멸)	(발생)

선급금	
(증가)	(감소)

지급어음	
(감소)	(증가)

지급수수료	
(발생)	(소멸)

이자수익	
(소멸)	(발생)

외상매입금	
(감소)	(증가)

단기차입금	
(감소)	(증가)

자본금	
(감소)	(증가)

임차보증금	
(증가)	(감소)

제품매출	
(소멸)	(발생)

급여	
(발생)	(소멸)

대손상각비	
(발생)	(소멸)

비품	
(증가)	(감소)

복리후생비	
(발생)	(소멸)

단기매매금융자산	
(증가)	(감소)

사례 3

	차변과목	금액	대변과목	금액
(1)	현금	400	자본금	400
(2)	보통예금	1,000	현금	1,000
(3)	상품	1,000	외상매입금	1,000
(4)	상품	2,000	현금	2,000
(5)	상품	3,000	지급어음	2,000
(6)	보통예금	1,000	외상매출금	1,000
(7)	비품	5,000	미지급금	5,000
(8)	차량운반구	10,000	미지급금	10,000
(9)	단기대여금	3,000	현금	3,000
(10)	현금	1,000	차입금	1,000
(11)	차입금	500	현금	500

사례 4

	차변과목	금액	대변과목	금액
(1)	급여	1,000	현금	1,000
(2)	복리후생비	300	현금	300
(3)	이자비용	100	보통예금	100
(4)	현금	1,000	임대료	1,000
(5)	임차료	1,000	현금	1,000
(6)	수도광열비	50	보통예금	50
(7)	세금과공과	300	현금	300
(8)	여비교통비	200	현금	200
(9)	도서인쇄비	100	현금	100
(10)	통신비	50	현금	50
(11)	차량유지비	5	현금	5

사례 5

	차변과목	거래요소	금액	대변과목	거래요소	금액
(1)	현금	자산증가	2,500,000	단기차입금	부채증가	500,000
	상품	자산증가	600,000	자본금	자본증가	2,600,000
(2)	외상매출금	자산증가	1,200,000	매출	수익발생	1,200,000
	매출원가	비용증가	900,000	상품	자산감소	900,000
(3)	수도광열비	비용발생	35,000	현금	자산감소	80,000
	접대비	비용발생	45,000			
(4)	상품	자산증가	750,000	현금	자산감소	350,000
				외상매입금	부채증가	400,000
(5)	이자비용	비용발생	35,000	현금	자산감소	35,000
(6)	단기대여금	자산증가	300,000	현금	자산감소	25,000
(7)	급여	비용발생	150,000	현금	자산감소	150,000
(8)	토지	자산증가	800,000	미지급금	부채증가	1,400,000
	건물	자산증가	600,000			
(9)	현금	자산증가	60,000	이자수익	수익발생	60,000
(10)	통신비	비용발생	15,000	현금	자산감소	15,000

사례 6

	차변과목	금 액	대변과목	금 액
(1)	비 품	300,000	미 지 급 금	300,000
(2)	현 금	90,000	매 출	90,000
(3)	외 상 매 출 금	500,000	매 출	500,000
(4)	선 급 금	200,000	현 금	200,000
(5)	대 여 금	500,000	현 금	500,000
(6)	비 품	700,000	미 지 급 금	700,000
(7)	미 지 급 금	200,000	당 좌 예 금	200,000
(8)	현 금	150,000	선 수 금	150,000
(9)	상 품	400,000	지 급 어 음	400,000
(10)	임 차 료	100,000	현 금	100,000

사례 7

날짜	차변과목	금 액	대변과목	금 액
8월 1일	현 금	1,000,000	자 본 금	1,000,000
2일	비 품	250,000	미 지 급 금	250,000
4일	접 대 비	300,000	현 금	300,000
5일	현 금	200,000	매 출	200,000
9일	현 금 외 상 매 출 금	150,000 150,000	매 출	300,000
10일	복 리 후 생 비	50,000	현 금	50,000
13일	현 금	600,000	단 기 차 입 금	600,000
18일	현 금	100,000	외 상 매 출 금	100,000
20일	차 입 금 이 자 비 용	500,000 50,000	현 금	550,000
24일	미 지 급 금	200,000	현 금	200,000
25일	급 여	100,000	현 금	100,000
30일	현 금	500,000	자 본 금	500,000

사례 8

	차변과목	금 액	대변과목	금 액
(1)	현 금	2,000,000	자 본 금	2,000,000
(2)	비 품	500,000	현 금	500,000
(3)	현 금	800,000	차 입 금	800,000
(4)	광 고 선 전 비	100,000	현 금	100,000
(5)	현 금	500,000	매 출	500,000
(6)	차 입 금 이 자 비 용	400,000 40,000	현 금	440,000
(7)	외 상 매 출 금	200,000	매 출	200,000
(8)	현 금	100,000	외 상 매 출 금	100,000
(9)	수 도 광 열 비	50,000	현 금	50,000
(10)	임 차 료	500,000	현 금	500,000

현 금

차변		대변	
(1) 자본금	2,000,000	(2) 비품	500,000
(3) 차입금	800,000	(4) 광고선전비	100,000
(5) 매출	500,000	(6) 제좌	440,000
(8) 외상매출금	100,000	(9) 수도광열비	50,000
		(10) 임차료	500,000

자본금

차변		대변	
		(1) 현금	2,000,000

광고선전비

차변		대변	
(4) 현금	100,000		

비 품

차변		대변	
(2) 현금	500,000		

차입금

차변		대변	
(6) 현금	400,000	(3) 현금	800,000

매 출

차변		대변	
		(5) 현금	500,000
		(7) 외상매출금	200,000

임차료

차변		대변	
(10) 현금	500,000		

수도광열비

차변		대변	
(9) 현금	50,000		

이자비용

차변		대변	
(6) 현금	40,000		

외상매출금

차변		대변	
(7) 매출	200,000	(8) 현금	100,000

SECTION 04

결산

01 결산의 개요

1. 결산의 의의

결산이란 재무상태표일 현재의 자산 · 부채 · 자본을 평가하여 재무상태를 파악하고 회계기간 동안의 수익 · 비용 · 당기순이익을 확정하여 경영성과를 파악함과 동시에 각 계정을 정리하여 제 장부를 마감하는 절차를 말한다.

기업은 설립 후 청산까지 계속해서 경영활동을 수행하므로 기업의 일정시점의 재무상태와 일정기간의 경영성과를 알기 위해서는 인위적으로 일정기간을 나누어 그 기간의 거래를 보고할 수밖에 없다. 이를 위한 일련의 절차를 결산이라고 하고 일반적으로 1년을 기준으로 결산을 행하므로 매 연말을 보고기간종료일이라 부른다.

2. 결산정리

(1) 결산정리의 의미

결산을 할 때 장부상의 금액과 실제금액이 일치하지 않는 경우를 모두 조사해서 장부상의 금액을 실제의 금액으로 수정하는 절차가 필요하다. 이러한 결산시에 수정하는 절차를 결산정리 또는 결산수정이라 하며 수정해야 할 사항을 결산수정사항이라 한다.

결산정리를 위해서는 분개를 하고 이를 원장에 전기하여야 한다. 결산정리를 위한 분개를 정리분개 또는 수정분개라 하고, 이를 원장에 전기하는 것을 정리기입 또는 수정기입이라 한다.

결산정리 = 수정분개 + 전기

(2) 결산정리의 필요성

연중에 거래는 분개와 전기를 통해 분개장과 원장에 기록되어 있으므로 이러한 기록을 토대로 재무제표를 만들어 낼 수 있다.

그러나 다음과 같은 이유에서 이러한 기중의 거래기록만으로는 기업의 제대로 된 재산상태와 이익을 나타낼 수 없다. 따라서 연말에 이러한 재산의 변동을 파악하여 추가로 거래기록을 수정하는 결산정리가 필요하다.

① 재고자산(매출원가) : 실지재고조사법 적용시 매출원가 분개를 하지 아니하였으므로 매입한 상품전액이 기말재고자산으로 남아 있어 매출원가에 반영되지 아니하였다.

② 비유동자산(감가상각비) : 비유동자산의 경우 사용함에 따라 가치가 감소하나 장부상으로는 구입시 취득원가로 계상되어 있으므로 이러한 가치감소분을 반영하지 아니하였다.

③ 유가증권 : 보유하고 있는 유가증권의 시장가격은 변동하므로 기말의 시가와 취득시 기록한 장부상 금액과 차이가 있다.

④ 선급비용 : 기중에 지급한 비용 중 그 기간이 다음연도까지 미치는 경우 장부상으론 올해 비용으로 모두 처리함에 따라 올해 비용이 과대계상되었다.

⑤ 선수수익 : 기중에 수취한 수익 중 그 기간이 다음연도까지 미치는 경우 일부 금액은 다음연도의 수익에 해당함에도 수취시 올해 수익으로 모두 처리함에 따라 수익이 과대하게 계상되었다.

⑥ 미지급비용 : 당기의 비용임에도 실제 현금 지급시점이 다음연도인 경우 올해 비용으로 처리하지 않음에 따라 올해 수익이 과소 계상되었다.

⑦ 미수수익 : 당기의 수익임에도 실제 현금 수취시점이 다음연도인 경우 올해 수익으로 처리하지 않음에 따라 올해 수익이 과소 계상되었다.

3. 자산 및 부채에 관한 결산정리

(1) 현금시재

입출금이 빈번히 일어나는 현금의 특성상 장부에서의 기입누락, 계산상의 착오 또는 보관상의 부주의 등으로 실지 현금잔액과 장부상 현금잔액의 차액이 자주 발생하는데 이 경우 그 원인을 밝힐 때까지 일시적으로 현금과부족이라는 계정으로 처리한다. 만약 결산시까지 그 원인을 밝힐 수 없는 경우 잡이익 또는 잡손실로 회계처리한다.

		차 변	대 변
기중	실제액 < 장부잔액	현금과부족	현금
	실제액 > 장부잔액	현금	현금과부족
기말	실제액 < 장부잔액	잡손실	현금과부족 (현금)
	실제액 > 장부잔액	현금과부족 (현금)	잡이익

☞ 현금 미보유 미사용 정책이 바람직하며, 금융거래 증가로 카드관리, 계좌관리가 중요하다.

사례1

다음 일자별 회계처리를 하시오.

① 9월 30일 현재 현금 실제잔액은 200,000원이었으나 장부상으로는 500,000원이었다.

② 12월 31일 보고기간종료일까지 9월 급여에 대하여 200,000원 현금지급하였으나 장부상 누락한 것이 발견되고 나머지는 원인을 알 수 없었다.

차변과목	금액	대변과목	금액

(2) 유가증권

단기매매금융자산을 기중에 취득한 경우 시가(공정가액)가 변동하므로 결산시 시가를 파악하여 취득원가와 시가의 차이를 수정하여야 한다. 이때 시가의 상승은 기타수익인 단기매매금융자산평가이익으로 시가의 하락은 기타비용인 단기매매금융자산평가손실로 회계처리한다.

한편, 매도가능금융자산은 기말에 공정가액으로 평가하고 장부가액과의 차액을 평가이익 또는 평가손실로 하여 재무상태표계정인 기타포괄손익누계액으로 계상한 후 매도시점에서 처분손익에 가감처리한다.

		차 변	대 변
단기매매 금융자산	장부가액 < 공정가액	단기매매금융자산	단기매매금융자산평가이익
	장부가액 > 공정가액	단기매매금융자산평가손실	단기매매금융자산
매도가능 금융자산	장부가액 < 공정가액	매도가능금융자산	매도가능금융자산평가이익 (기타포괄손익누계액)
	장부가액 > 공정가액	매도가능금융자산평가손실 (기타포괄손익누계액)	매도가능금융자산

사례2

1. 보고기간종료일 현재 단기매매금융자산 53,200,000원의 내역은 다음과 같다. 단기매매금융자산의 평가와 관련된 분개는 주식종류별 평가차익과 평가차손을 서로 상계하여 회계처리를 하시오.

구 분	취득일	주식수(주)	주당취득가액(원)	주당공정가액(원)
삼미전자(주)보통주	10월 12일	2,000	8,000	8,800
공성물산(주)보통주	11월 13일	1,000	7,200	7,100
철산유통(주)보통주	12월 3일	3,000	10,000	12,000

차변과목	금액	대변과목	금액

2. 10월 11일 취득한 상장법인 (주)조세 주식의 12월 31일 보고기간종료일 현재 1주당 시가가 130,000원으로 평가된다. 취득당시 주식 100주를 10,000,000원에 취득하였고, 주식이 매도가능금융자산으로 분류되는 경우 결산일의 회계처리를 하시오.

차변과목	금액	대변과목	금액

(3) 매출채권 : 대손충당금의 기록

대손충당금(+, -) = 매출채권 × 대손추정율(%) - B/S상의 대손충당금잔액

회사가 보유하고 있는 채권은 거래처의 파산 · 폐업 · 행방불명 등을 원인으로 일부가 회수되지 못할 수 있다. 이렇게 채권의 일부를 회수하지 못하는 것을 대손이라고 하며, 이 경우 이러한 대손발생액은 손실이므로 대손상각비로 비용처리한다.

그리고 결산시점에 미회수된 매출채권잔액에 대하여 추정한 미래현금흐름의 현재가치에 기초한 금액을 대손충당금이란 계정으로 설정한다. 한편, 대손충당금은 자산의 평가계정으로 재무상태표상 매출채권에서 차감하는 형식으로 표시한다.

대손충당금 금액	차 변	대 변
(+)	대손상각비	대손충당금
(-)	대손충당금	대손충당금환입

사례 3

매출채권의 장부상 잔액은 외상매출금 286,940,000원 이고, 대손충당금잔액은 외상매출금은 890,000이라고 가정할 때 미회수된 외상매출금을 분석한 결과 1,000,000원이 매우 불확실하다. 따라서 차기 이후에 회수될 수 있는 금액은 285,940,000원이다.

구분	차변과목	금액	대변과목	금액
외상매출금				

(4) 재고자산

매출원가를 산정하고 기말에 재고자산의 감모손실과 평가손실을 계상한다.

① 매출원가의 산정

판매시마다 상품의 매출원가를 파악해서 기록한다는 것은 현실적으로 상당히 어렵고 매일같이 재무상태표와 포괄손익계산서를 작성할 필요가 없기 때문에 실무에서는 판매시는 판매가만 장부에 기록한 후 매출원가는 계산하지 않고 월말이나 연말과 같이 필

요할 때 구할 수 있도록 기록하는 방식을 사용한다.

그리고 이렇게 판매하는 상품의 원가인 매출원가를 판매시 일일이 기록하는 방법을 계속기록법이라고 하고, 판매시에는 판매가만 기록한 후 기말에 창고의 실지재고수량을 파악하여 매출원가를 따로 계산하는 방법을 실지재고조사법이라고 한다.

상품의 판매시에 매출원가를 기록하지 않으면 상품계정은 매입한 상품액만을 차변에 기록했을뿐 판매한 상품원가가 감소되어 있지 않고, 또한 판매한 상품의 원가가 비용으로 기록되지 않았기 때문에 결산시에 이를 수정하기 위한 수정분개를 해야 한다.

그러나 일반적으로 실무에서는 적용의 편의를 위해 다음과 같은 분개를 한다.

		차 변	대 변
기중		상품	매입채무
기말	기 초 상 품	매출원가	상품
	당 기 매 입	매출원가	상품
	기 말 상 품	상품	매출원가

② 감모손실과 평가손실

기말에 재고자산의 감모를 발생원인에 따라 정상적으로 발생하는 감모손실과 비정상적으로 발생하는 감모손실로 구분한다. 그리고 한국채택국제회계기준에서는 정상적으로 발생하는 감모손실과 비정상적으로 발생하는 감모손실은 비용으로 처리한다.

또한 기말에 재고자산을 원가와 시가 중 낮은 금액으로 평가하는 저가법을 적용함으로써 재고자산평가손실이 발생한다.

한국채택국제회계기준에서는 재고자산의 시가가 장부가액 이하로 하락하여 발생한 평가손실은 재고자산의 차감계정으로 표시한다.

		차 변	대 변
재고자산감모손실	정상감모	매출원가	재고자산
	비정상감모	재고자산감모손실	재고자산
재고자산평가손실	시가 < 원가	매출원가	재고자산평가충당금 (평가계정)
	시가 > 원가	재고자산평가충당금환입	매출원가

사례 4

당해연도말 원재료 실사결과 파손, 도난에 의한 재고자산감모가액이 12,000,000원이고 이중 원가성이 있는 것이 60%라고 가정한다. 재고자산감모손실에 대한 회계처리를 하시오.

차변과목	금액	대변과목	금액

(5) 비유동자산 : 감가상각비의 기록

기중에 유형자산을 취득하게 되는 경우 취득시는 구입가격으로 장부에 기록하지만, 영업활동에 사용함에 따라 자산의 가치는 감소하게 되므로 기말의 자산가치는 구입가격과 일치하지 않게 된다.

따라서 이러한 차이를 감가상각누계액이란 계정을 이용하여 장부에 반영하는 것이 감가상각이다. 자산의 가치감소는 연중에도 계속하여 발생하지만, 연중에는 기록하지 않고 연말에 1년 동안 가치감소분을 한꺼번에 처리하는 것이 일반적이다.

한편, 감가상각누계액은 자산의 평가계정으로서 재무상태표상 유형자산의 취득원가에서 차감하는 형식으로 표시한다.

이러한 논리는 무형자산에도 동일하게 적용하나 감가상각누계액을 사용하지 않고 해당자산에서 직접차감하며, 감가상각이라는 용어대신 상각이라는 용어를 사용하는 것이 다르다.

	차 변	대 변
유형자산	감가상각비	감가상각누계액
무형자산	무형자산상각비	해당자산

사례 5

2017년 결산일에 기계장치의 감가상각비에 대하여 정액법과 정률법(상각률 0.451)으로 회계처리를 하시오. 잔존가액은 1,000,000원이다.

계정과목	품 명	취득일	취득가액	전기말 감가상각 누계액	상각 방법	내용 연수	업종 코드	용도
기계장치	절삭기	2016.4.01	30,000,000	10,147,500	정률법	5	33	생산설비

구분	차변과목	금액	대변과목	금액
정액법				
정률법				

(6) 가지급금 및 가수금

가지급금은 현금을 지급하였으나 계정과목이나 금액이 확정되지 않은 경우 임시로 설정하는 과목이다. 반면, 가수금은 현금을 수령하였으나 계정과목이나 금액이 확정되지 않은 경우 임시로 설정하는 계정이다.

예를 들어 가지급금이란 출장 전에 여비를 대략적으로 계산하여 지급하는 경우 추후 출장을 다녀온 후 정산할 때까지 지급액을 임시로 처리하는 계정이다.

그리고 가수금은 출장사원이 아직 돌아오지 않은 상태에서 내용 불명의 금액이 송금되어 오는 경우 그 내역이 밝혀질 때까지 일시적으로 처리하기 위해 사용하는 계정이다.

> TIP - 법인세법상 가지급금과 가수금
> 법인세법에서는 "특수관계자에 대한 대여금"을 가지급금이라 한다. 법인세법상 가지급금에 해당되는 경우 세법상 여러 불이익을 당하게 되므로 특수관계자에 대한 대여금이 발생할 경우에는 반드시 적절한 계정과목을 사용하여 기업회계상 가지급금과 별도로 구분표시하도록 한다.

	차 변	대 변
가지급금	해당자산(대여금)	가지급금
가수금	가수금	해당부채(차입금)

사례 6

다음 거래에 대하여 일자별 회계처리를 하시오.

① 9월 20일에 김일동의 부산출장시 여비를 현금으로 200,000원을 지급하다.

② 9월 25일에 출장 중인 김일동으로부터 내용불명의 현금 300,000원이 보통예금에 입금되다.

③ 9월 30일에 출장을 마치고 돌아온 김일동으로부터 지급한 출장비에 대하여 정산한 결과 현금 50,000원을 회수하였다. 또한 출장중에 입금된 금액은 외상매출금의 회수라는 사실을 보고 받다.

차변과목	금액	대변과목	금액

(7) 부가가치세대급금 및 부가가치세예수금

회사가 매출시 거래상대방으로부터 징수한 부가가치세액으로 공급받는 자를 대신하여 세무서에 납부하여야 하는 채무이다. 즉, 부가가치세 매출세액을 부가세예수금이라고 하며, 그 유형은 일반 상거래에서의 매출, 비유동자산의 매각시 계상된다.

<table>
<tr><th colspan="2"></th><th>차 변</th><th>대 변</th></tr>
<tr><td colspan="2" rowspan="2">기중</td><td>매출채권</td><td>부가가치세예수금</td></tr>
<tr><td>부가가치세대급금</td><td>매입채무</td></tr>
<tr><td rowspan="2">기말</td><td>부가세예수금
>부가세대급금</td><td>부가가치세예수금</td><td>부가가치세대급금
미지급금</td></tr>
<tr><td>부가세예수금
<부가세대급금</td><td>부가가치세예수금
미수금</td><td>부가가치세대급금</td></tr>
</table>

사례 7

결산일 현재 부가세대급금이 500,000원, 부가세예수금이 700,000원이라고 할 때 회계처리를 하시오.

차변과목	금액	대변과목	금액

(8) 외화자산과 외화부채

화폐성 외화자산과 화폐성 외화부채가 보고기간종료일 현재 존재할 경우에 보고기간종료일 현재의 환율에 의하여 외화자산과 외화부채를 재무상태표에 원화로 표시하는 환산을 하여야 한다.

이 때 환율의 차이가 나는게 보통인데 보고기간종료일에 환율변동으로 인하여 외화자산, 외화부채를 환산할 경우에 생기는 손익을 '외화환산손익'이라고 한다. 이 경우 외화환산손실은 영업외비용에 외화환산이익은 영업외수익으로 포함시킨다.

한편 외화자산의 회수 또는 외화부채의 상환시 환율의 변동으로 인해 손실이나 이익이 발생하게 되는데 이것을 '외환차손' 또는 '외환차익'이라고 한다. 외환차손은 영업외비용에 외환차익은 영업외수익에 포함시키고 있다.

사례 8

당사의 화폐성 외화자산은 다음과 같고, 2017년 12월 31일 보고기간종료일의 환율은 1$당 1,500원이다. 각 일자별 회계처리를 하라.

계정과목	발생일	발생일 현재 환율
미수금(믿음상사)($5,000)	10월 22일	1,430원
장기차입금(신한은행)($10,000)	11월 02일	1,450원

2018년 2월 16일에 장기차입금 전액을 현금 상환하였다.(환율은 1$ 당 1,600원)

차변과목	금액	대변과목	금액

(10) 유동성대체

비유동부채 중 재무상태표일로부터 1년 또는 영업주기 이내에 상환될 채무를 말한다. 따라서 처음부터 상환기간이 1년 이내인 단기차입금과는 다르다. 또한 유동성장기부채는 기중에 발생하는 것이 아니며 기말결산시에만 상환기간에 따라 비유동부채에서 대체되는 것뿐이다.

사례 9

국민은행로부터 당기이전에 차입한 장기차입금이 결산일 현재 1년내 상환기일이 도래하는 1억원에 대한 회계처리를 하시오.

차변과목	금액	대변과목	금액

(12) 선납세금와 법인세비용

법인세는 기업의 포괄손익계산서를 작성한 후 법인세차감전순이익에 법인세율을 적용하여 산출한다. 하지만 법인세는 직전사업연도의 약 1/2에 해당하는 부분을 예납하거나 은행의 예금 등에서 이자소득이 발생하게 되면 소득에 대하여 원천징수를 당하게 되는데 법인은 이러한 원천징수분도 법인세로 인식한다. 이러한 예납분은 선납세금계정으로 정리한 후 법인세추산액에서 차감하여 회계처리한다.

	차 변	대 변
법인세	법인세 등	선납세금 미지급법인세

사례10

당기 법인세 추산액은 50,000,000원이며 당기중 이자 원천납부세액 700,000원, 수시부과세액 3,000,000원, 중간예납세액 1,500,000원이라고 가정하고 분개하라.

차변과목	금액	대변과목	금액

4. 손익에 관한 결산정리

손익의 결산정리가 필요한 것은 회계기간을 인위적으로 나누어 각 기간의 경영성과를 보고하고 이미 기록한 수익 · 비용이 당기에 인식하여야 할 금액과 일치하지 않는 경우 이를 조정하여야 한다. 수익 · 비용은 발생주의로 인식하여야 하지만 회계기간 중 현금주의로 기록하였다가 결산기말 손익의 결산정리를 통해 발생주의로 수정한다.

결산수정분개 사항		포괄손익계산서		재무상태표	
과 목	개 념	비 용	수 익	자 산	부 채
선급비용	현금을 미리 지급한 비용	감소		증가 (선급비용)	

선수수익	현금을 미리 받은 수익		감소		증가 (선수수익)
미지급비용	현금을 지급하지 않은 비용	증가			증가 (미지급비용)
미수수익	현금을 수령하지 못한 수익		증가	증가 (미수수익)	

(1) 선급비용(비용의 이연) – 선급임차료, 선급보험료, 선급이자

회계기간 중 이미 계상한 비용에 차기 이후의 비용이 포함되어 있는 경우, 이를 당해 비용에서 차감하고 선급비용이라는 자산으로 계상한다. 따라서 선급비용이란 당기에 지급한 비용중 차기에 해당하는 비용을 미리 지급했다는 의미이다.

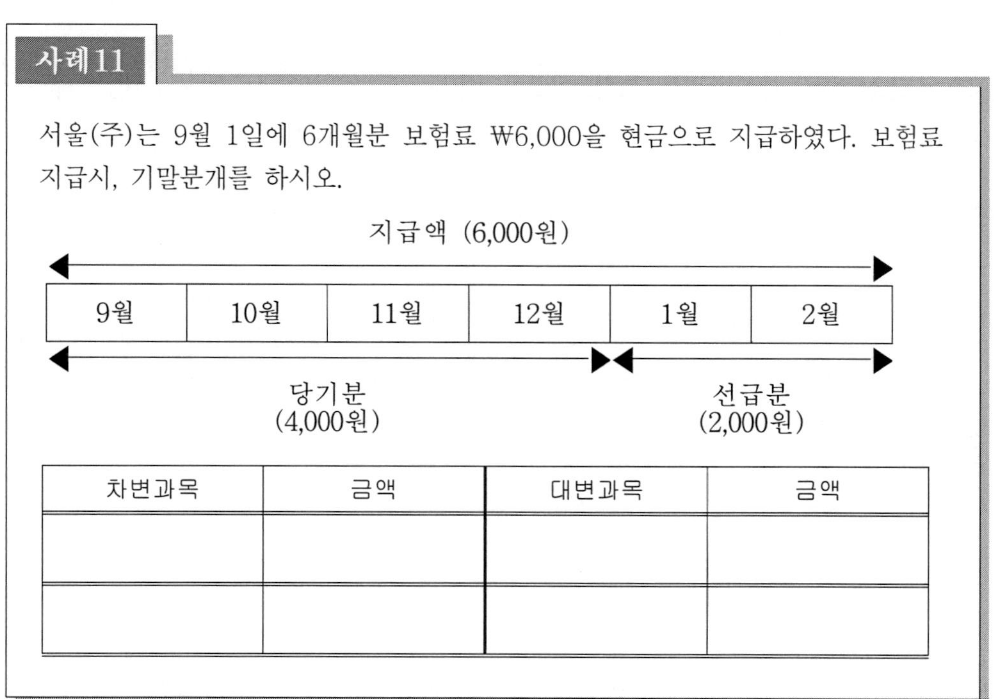

사례11

서울(주)는 9월 1일에 6개월분 보험료 ₩6,000을 현금으로 지급하였다. 보험료 지급시, 기말분개를 하시오.

차변과목	금액	대변과목	금액

(2) 선수수익 – 선수임대료, 선수수수료, 선수이자

회계기간 중 이미 계상한 수익 중 차기 이후의 수익이 포함되어 있는 경우, 이를 당해 수익에서 차감하고 선수수익이라는 부채로 계상한다. 선수수익은 선급비용과 상대적인 개념이라 할 수 있다. 따라서 선수수익이란 당기에 수취한 수익 중 차기에 해당하는 수익을 미리 받았다는 의미이다.

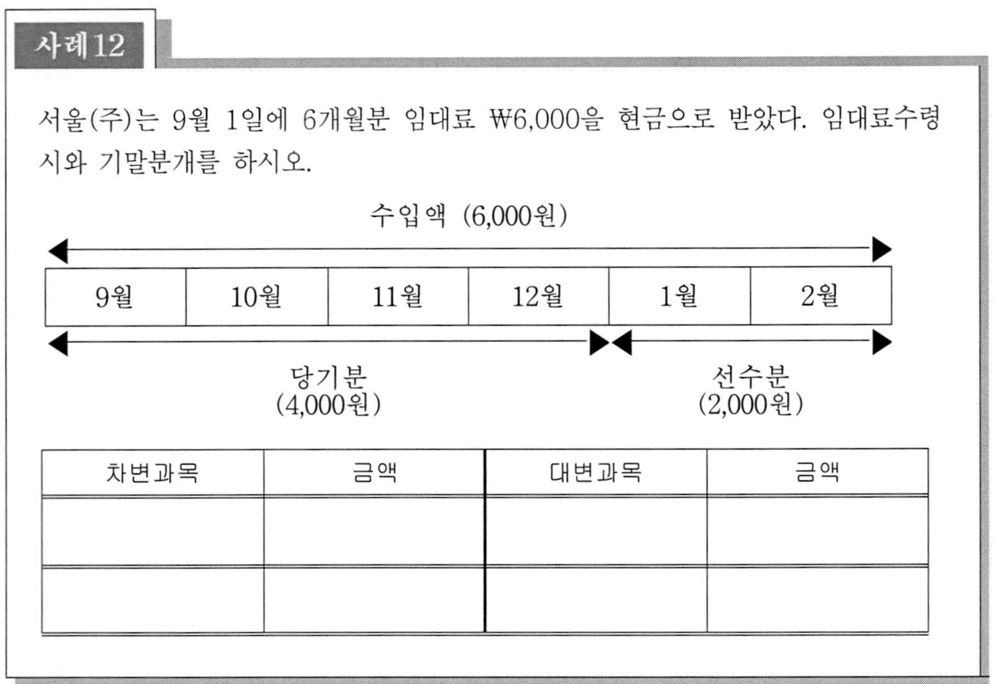

사례12

서울(주)는 9월 1일에 6개월분 임대료 ₩6,000을 현금으로 받았다. 임대료수령 시와 기말분개를 하시오.

차변과목	금액	대변과목	금액

(3) 미수수익(수익의 예상) – 미수임대료, 미수수수료, 미수이자

차기 이후에 현금으로 받을 수익 중 당기분을 수익으로 인식하고 미수수익이라는 자산을 계상한다. 따라서 미수수익이란 당기 수익이나 아직 현금을 받지 못한 채권이므로 자산으로 처리한다는 의미이다.

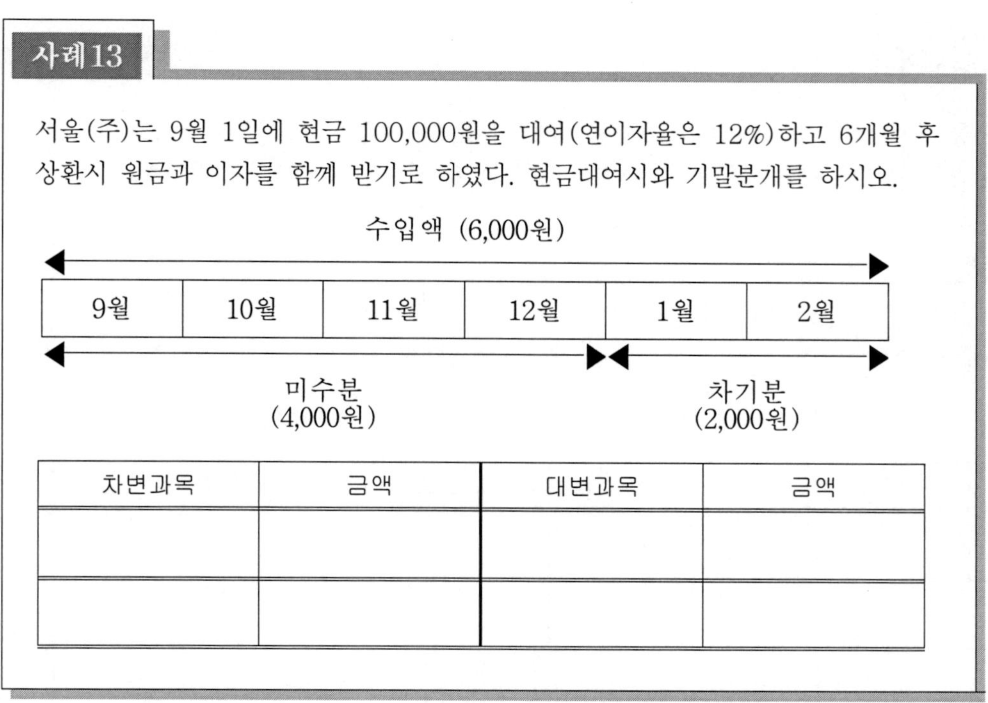

사례13

서울(주)는 9월 1일에 현금 100,000원을 대여(연이자율은 12%)하고 6개월 후 상환시 원금과 이자를 함께 받기로 하였다. 현금대여시와 기말분개를 하시오.

차변과목	금액	대변과목	금액

(4) 미지급비용(비용의 예상) – 미지급임차료, 미지급수수료, 미지급이자

차기 이후에 현금으로 지급할 비용 중 당기분을 비용으로 인식하고 미지급비용이라는 부채를 계상한다. 따라서 당기비용이나 아직 현금을 지급하지 못하였으로 부채로 처리한다는 의미이다.

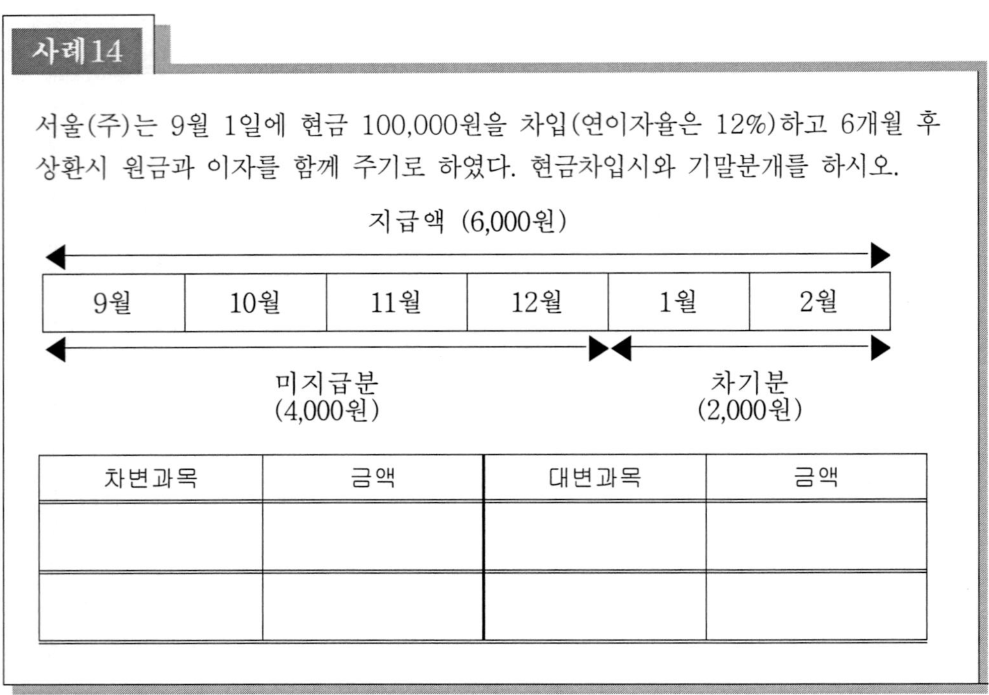

사례14

서울(주)는 9월 1일에 현금 100,000원을 차입(연이자율은 12%)하고 6개월 후 상환시 원금과 이자를 함께 주기로 하였다. 현금차입시와 기말분개를 하시오.

차변과목	금액	대변과목	금액

(5) 소모품

소모품은 현금지출시에 자산으로 처리하였다가 소비되는 시점에 소비된 금액을 비용으로 인식하는 것이 원칙이다. 즉, 회계기간 중 현금지출시점에만 회계처리하고 결산시 미사용금액을 파악하여 소모품비와 소모품잔액을 결정하는 것이다.

또한, 소모품은 자산으로 분류하여 관리할 만큼 중요한 금액이 아니고 보유기간이 매우 짧으므로 구입시 비용으로 처리하였다가 결산시 미사용금액을 파악하여 자산으로 계상하는 회계처리를 할 수도 있다. 기업회계 실무에서는 이 방법을 채택하고 있다.

다음과 같은 식을 이용하여 소모품비를 구한다.

기초재고 + 당기매입 - 기말재고 = 소모품비

사례15

서울(주)는 9월 1일에 소모품 ₩6,000을 구입하고 대금은 현금으로 지급하다. 12월 31일 보고기간종료일에 재고실사를 실시한 결과 소모품 ₩2,000이 남아있었다. 두가지 방법, 즉 현금지출시 자산으로 계상하는 방법과 비용으로 계상하는 방법을 사용하여 기중과 기말분개를 하시오.

차변과목	금액	대변과목	금액

02 시산표

1. 시산표의 의의

시산표란 일정시점에 각 계정의 총액이나 잔액을 모아 놓은 표로서 거래의 분개와 총계정원장에 전기를 통한 장부기록의 정확성을 검증하는 계정집계표를 의미하는 동시에 모든 계정이 하나의 표에 요약·집계되므로 거래를 한눈에 파악할 수 있다.

시산표등식 : 기말자산+총비용=기말부채+기초자본+총수익

2. 시산표의 유용성

① 분개장에서 총계정원장의 전기가 정확하게 이루어졌는가를 검증한다.

② 회계기간 동안의 거래의 총액을 파악할 수 있다.

③ 개괄적인 재산상태나 경영성과를 파악하여 재무상태표와 포괄손익계산서를 작성하기 위한 기초 자료가 된다.

3. 시산표의 한계점과 오류정정

(1) 오류의 발견

시산표는 모든 것을 전부 확인할 수 없는 몇 가지 요인이 있다. 예를 들어 분개를 이중으로 하거나, 분개의 차대를 바꿔서 분개를 하며, 아예 분개를 누락하는 경우와 분개에서 계정으로 전기하는 과정상의 오류 등은 시산표에서 찾아내기가 매우 어렵다. 오류의 발견순서는 장부 작성순서의 역순으로서, 시산표→전기→분개의 순서로 장부를 다음과 같이 찾을 수 있다.

① 시산표의 차변과 대변의 합계액을 검산한다

② 총계정원장의 각 계정 합계액이 시산표에 올바르게 전기되었는가를 확인한다.

③ 총계정원장의 각 계정의 대변합계액과 차변합계액 또는 잔액을 검산한다.

④ 분개장에서 총계정원장으로 전기가 정확하게 이루어졌는가를 확인한다.

⑤ 분개장의 기입에 오류가 있는지 확인한다.

(2) 발견할 수 없는 오류

그런데 위의 절차에 의해서도 발견할 수 없는 오류가 있을 수 있는데 이것을 시산표의 한계점이라 한다.

① 거래 전체의 분개가 누락되거나 전기가 탈락된 경우

② 거래를 이중으로 분개하였거나 대변과 차변 양쪽에 이중으로 전기한 경우

③ 대변과 차변 양쪽에 같은 금액을 틀리게 분개하거나 전기한 경우

④ 다른 계정과목에 잘못 전기한 경우

⑤ 오류가 우연히 상계된 경우

(3) 오류의 정정

① 전기의 오류 : 원장의 기록이 잘못되었을 때는 해당 계정계좌에 직접 기입하여 수정

② 계정과목혼동 : 대체분개에 의하여 틀린 기입액을 정확한 계정에 대체

③ 금액의 착오 : 금액부족액은 추가분개하여 가산하고 금액초과액은 반대분개하여 차감

④ 분개의 누락 : 누락된 거래를 추가분개

⑤ 분개의 중복 : 이중기입거래를 반대분개

사례 16

(주)조세은 2017년의 결산을 위해 수정전시산표를 작성하였는데 차변합계와 대변합계가 일치하지 않았다. 오류의 원인을 찾아 정확한 시산표를 작성하라.

수정전시산표

(주)조세 2017년 12월 31일 현재 (단위 : 원)

현 금	50,000	소 모 품 비	150,000
매 출 채 권	170,000	차 입 금	50,000
단 기 대 여 금	30,000	임 차 료	200,000
자 본 금	200,000	이 익 잉 여 금	160,000
미 지 급 금	40,000	매 출	300,000
임 차 보 증 금	80,000		
급 여	70,000		
합 계	640,000	합 계	810,000

4. 시산표의 유형

(1) 합계시산표

총계정원장의 각 계정 차변합계와 대변합계를 집계하여 작성하는 시산표로 분개장의 합계액과 일치한다.

① 영업기간의 거래 총액을 알 수 있다.

② 분개장에서 원장으로의 전기된 내용의 오류를 검증한다.

합계시산표(분할식)

차변합계	원면	계정과목	대변합계

합계시산표(병립식)

계정과목	원면	차변합계	대변합계

(2) 잔액시산표

총계정원장의 각 계정의 차변합계와 대변합계를 비교하여 나머지 잔액만을 집계하여 작성하는 시산표이다.

① 기업의 대체적인 재정상태와 경영성과를 알 수 있다

② 시산표 등식을 도출할 수 있다.

> 시산표등식 : 기말자산+총비용=기말부채+기초자본+총수익

잔액시산표(분할식)

차 변	원면	계정과목	대 변

(3) 합계잔액시산표

총계정원장의 각 계정의 차변합계와 대변합계 그리고 잔액을 모두 집계하여 작성하는 시산표이다.

① 합계시산표 + 잔액시산표 = 합계잔액시산표

② 차변과 대변의 합계금액이 일치하는 것과 마찬가지로 잔액의 합계도 일치한다.

③ 재무상태표와 포괄손익계산서에 표시될 각 계정과목의 잔액뿐만 아니라 거래규모도 동시에 파악할 수 있다. 기업실무에서는 합계잔액시산표를 주로 사용한다.

④ 합계시산표의 경우에도 잔액을 계산할 수 있으나 시산표상 잔액을 직접 표시하는 것이 편리하기 때문이다.

합계잔액시산표(분할식)

차 변		원면	계정과목	대 변	
잔액	합계			합계	잔액

다음의 총계정원장에 대한 정보를 이용하여 (주)조세의 합계잔액시산표를 작성하시오.

현 금

차변	금액	대변	금액
매 출	2,000	임차료	1,200
차입금	3,000	비 품	2,500
자본금	4,000	이자비용	1,000
비 품	1,000		

비 품

차변	금액	대변	금액
현 금	2,500	현 금	1,000
미지급금	2,000		

임차료

차변	금액	대변	금액
현 금	1,200		

매 출

차변	금액	대변	금액
		현 금	2,000

미지급금

차변	금액	대변	금액
		비 품	2,000

차입금

차변	금액	대변	금액
		현 금	3,000

자본금

차변	금액	대변	금액
		현 금	4,000

이자비용

차변	금액	대변	금액
현 금	1,000		

5. 일계표 및 월계표

(1) 일계표 및 월계표의 개념

시산표는 필요에 따라 매일, 매월말 또는 회계연도말에 작성되는데 매일 작성되는 시산표를 일계표, 매월말에 작성되는 시산표를 월계표라고 한다.

일계표는 하루에 발생한 모든 거래를 계정과목별로 총액을 파악하기 위하여 작성하는 집계표이다. 하루 동안의 거래는 전표에 기록되어 있으므로 전표를 기준으로 계정과목별로 전표를 집계하면 일계표를 작성할 수 있으며 월계표의 경우에도 일계표의 양식과 동일하게 작성하는데 한 달간의 일계표를 고스란히 합계를 내어 작성할 수 있다.

(2) 일계표 및 월계표의 작성방법

① 차변의 현금란에는 계정별로 출금전표의 금액을 기입한다.

② 대변의 현금란에는 계정별로 입금전표의 금액을 기입한다.

③ 차변의 대체란에는 계정별로 대체전표 차변의 금액을 기입하고 대변의 대체란에는 계정별로 대체전표 대변의 금액을 기재한다.

④ 금일소계 : 각 란의 금액을 합계하여 금일소계란에 기재한다.

⑤ 전일잔고 및 금일잔고 : 전일잔고란에는 전일현금잔액을 기록하고 d. 금일잔고란에는 [a. 전일잔고 + b. 일계표대변의 현금소계 - c. 일계표차변의 현금소계]를 계산하여 기록한다. 그리고 마지막으로 합계를 계산하여 합계에 기록한다.

<u>일(월)계표</u>

계	대체	현금	계정과목	현금	대체	계
7,000	7,000		상품			
			외상매입금		7,000	7,000
			매출	10,000		10,000
5,000	5,000		복리후생비			
12,000	7,000	(c) 5,000	금일소계	(b) 10,000	7,000	17,000
9,000		(d) 9,000	금일(월)잔고/전일(월)잔고	(a) 4,000		4,000
21,000	7,000	14,000	합계	14,000	7,000	21,000

금일잔고(d) = 전일잔고(a) + 대변현금소계(b) - 차변현금소계(c)
9,000 = 4,000 + 10,000 - 5,000

사례18

다음의 8월 23일의 거래에 대하여 일계표를 작성하라. (단, 전일 8월 22일의 현금 잔고는 100,000원이다.)

(1) 한결상회에 상품을 10,000원에 판매하고 대금은 현금으로 받다.

(2) 임차료 3,000원을 보통예금에서 이체하다.

(3) 통신비 1,000원을 현금으로 지급하다.

(4) 백두상사에서 상품 5,000원을 외상으로 구입하다.

(5) 직원 김두일에게 출장비 1,500원을 현금으로 지급하다.

(6) 비품 2,000원을 현금으로 구입하다.

계	대체	현금	계정과목	현금	대체	계
			보통예금			
			상품			
			비품			
			외상매입금			
			매출			
			통신비			
			여비교통비			
			임차료			
			금일소계			
			금일(월)잔고/전일(월)잔고			
			합계			

03 장부마감

1. 장부마감의 필요성

장부의 마감이란 1회계기간에 대한 장부의 기록인 분개와 전기 등을 완료하여 장부의 형식을 당기와 차기로 인위적으로 구분하는 절차를 말한다. 실무적으로 사용하고 있는 분개장과 원장 등의 장부에 발생된 거래를 회계기간에 관계없이 연속해서 기록하게 되면 어느 시점까지의 기록이 당기의 재무제표에 반영되어야 하고, 어느 시점부터의 기록이 차기의 재무제표에 반영되어야 하는지를 구분하기가 쉽지 않다. 따라서 당기에 분개한 것과 차기에 분개한 것 그리고 당기에 전기한 것과 차기에 전기한 것을 명확하게 구분함으로써 당기의 재무제표와 차기의 재무제표를 명확하게 구분하여 작성하기 위해서는 장부의 형식을 당기의 장부와 차기의 장부로 인위적으로 구분하는 절차가 필요하다.

2. 포괄손익계산서계정의 마감

포괄손익계산서는 당기 동안의 경영성과만을 나타내 주는 재무제표이지 전기나 차기의 경영성과를 나타내는 재무제표는 아니다. 따라서 포괄손익계산서계정은 당기의 경영성과를 측정하기 위해 설정하였다가 순이익을 확인한 뒤 소멸시키는 임시계정이다. 당기 경영활동만을 반영해야 하며 차기의 경영활동에 영향을 미쳐서는 안되므로 포괄손익계산서계정들은 어느 한 회계기간이 종료되면 계정잔액이 모두 영(0)으로 되어야 하고 차기의 경영활동에 의한 경영성과를 측정하기 위한 기록은 영(0)에서 출발해야 한다.

즉 당기의 수익 · 비용이 차기의 수익 · 비용에 포함되지 않도록 회계기말에 잔액을 영(0)으로 만드는 마감분개가 필요하다. 그래야만 다음 회계기간의 수익과 비용은 새로 만든 수익과 비용계정(잔액이 없는 계정을 뜻함)에 기입되어 다음 회계기간의 경영성과를 파악할 수 있기 때문이다.

마감분개를 위해 장부의 마감단계에서만 일시적으로 나타나는 집합손익이라는 임시계정을 사용한다. 모든 수익계정과 비용계정의 잔액을 집합손익계정으로 대체하면 회계기간 중에 기록된 수익계정과 비용계정의 잔액은 모두 영(0)이 되고 집합손익계정의 차변과 대변을 일치시키는 금액은 당기순이익 또는 당기순손실이 된다.

집합손익계정은 이익잉여금으로 대체되면서 다른 수익 · 비용과 마찬가지로 집합손익계정의 잔액을 영(0)으로 만드는 마감절차를 거치게 된다. 따라서 이와 같은 마감절차의 결과 임시계정인 집합손익을 포함한 모든 손익계정들이 재무상태표 상의 이익잉여금으로 요약되는 것이다.

(1) 수익계정의 마감

마감분개를 하여 수익계정의 잔액을 영(0)으로 만들기 위해서는 수익계정의 잔액과 동일한 금액을 차변에 기입하고 동 금액을 집합손익계정의 대변에 기입한다.

(차) 수익(수익소멸)	xxx	(대) 집합손익	xxx

(2) 비용계정의 마감

마감분개를 하여 비용계정의 잔액을 영(0)으로 만들기 위해서는 비용계정의 잔액과 동일한 금액을 대변에 기입하고 동 금액을 집합손익계정의 차변에 기입한다.

(차) 집합손익	xxx	(대) 비용(비용소멸)	xxx

(3) 집합손익계정의 마감

수익과 비용계정들을 마감하기 위해서 집합손익계정을 사용하여 마감분개를 행한 후 이를 각 계정에 전기하면 수익과 비용계정들의 잔액은 모두 0이 된다. 집합손익계정의 차변에는 당기에 발생한 모든 비용이 기록되고 대변에는 수익이 기록되게 된다. 이때 집합손익계정의 잔액을 산출하게 되면 결국 당기의 수익에서 당기의 비용을 차감한 당기순이익이 산출된다.

집합손익계정의 수익합계가 비용합계보다 크면, 즉 대변금액이 차변금액보다 크면 대변잔액이 발생하고 당기순이익이 산출되어 이익잉여금을 증가시키는 결과를 가져온다. 반대로 비용합계가 수익합계보다 크면 당기순손실이 산출되어 이익잉여금을 감소킨다. 따라서 임시계정인 집합손익계정을 영(0)으로 만들기 위해 차변과 대변의 차이를 구하고 이를 이익잉여금으로 대체하게 된다.

① 당기순이익이 나타나는 경우(집합손익이 대변잔액)

집합손익(순이익) xxx	(대) 이익잉여금(자본증가) xxx

② 당기순손실이 나타나는 경우(집합손익이 차변잔액)

(차) 이익잉여금(자본감소) xxx (대) 집합손익(순손실) xxx

■ 손익계정의 마감과정

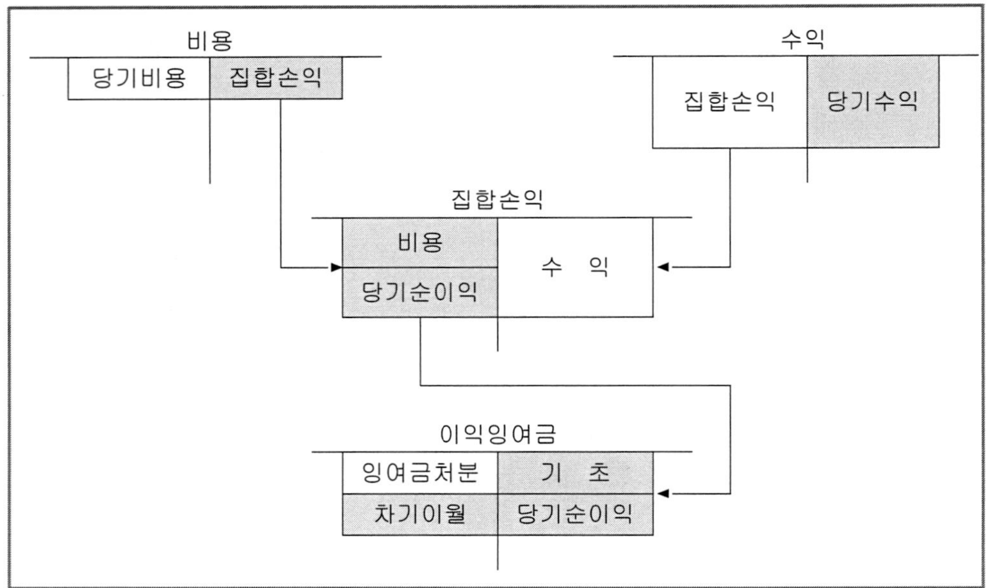

3. 재무상태표계정의 마감

재무상태표계정들은 포괄손익계산서계정들과는 달리 해당 기간에 유효할 뿐만이 아니라 다음 회계기간에도 계속적으로 유효하므로 한 회계기간이 종료된다 해도 잔액을 0으로 만들지 않고 차기로 이월시켜 다음기의 기초잔액이 되도록 한다.

즉 재무상태표계정 마감은 자산 · 부채 · 자본의 당기 변동내역과 차기 변동내역을 구분하며, 자산 · 부채 · 자본의 기말잔액을 다음 회계기간의 기초잔액으로 이월하는 절차이다. 이 절차는 각 계정의 당기말 잔액을 차기의 기초잔액으로 단순히 이월시키는 것이므로 분개없이 해당 계정원장 내에서 이루어진다.

(1) 잔액만큼 차기이월로 기입

각 계정의 차변과 대변합계를 비교하여 금액이 적은 쪽에 차액을 기입하고 차기이월로 표시하여 차변과 대변의 합계를 일치시킨다. 차기이월로 기입할 때 자산계정은 대변에, 부채와 자본계정은 차변에 각각 기입한다.

(2) 반대편에 전기이월로 기입

차기이월의 반대편에 동일한 금액을 표시하고 전기이월로 표시하여 차기의 장부기입을 개시한다. 결국 자산의 전기이월잔액은 차변에 표시되고 부채와 자본의 전기이월잔액은 대변에 표시된다.

■ 재무상태표계정의 마감

자		산	
증가금액	×××	감소금액	×××
		차기이월	×××
계	×××	계	×××
전기이월	×××		

부		채	
감소금액	×××	증가금액	×××
차기이월	×××		
계	×××	계	×××
		전기이월	×××

자		본	
감소금액	×××	증가금액	×××
차기이월	×××		
계	×××	계	×××
		전기이월	×××

사례19

다음은 (주)조세의 수정후시산표중 포괄손익계산서계정을 나타낸 것이다.

수정후시산표(부분)

(주)조세 2017년 12월 31일 현재 (단위 : 원)

차 변	계정과목	대 변
	이익잉여금	30,000
	매출	200,000
140,000	매출원가	
11,000	급여	
10,000	임차료	
9,000	접대비	
8,000	기부금	
	임대료	12,000

<요구사항>

포괄손익계산서를 마감하기 위한 마감분개를 하고 해당계정에 전기하여 각 계정을 마감하시오.

(1) 마감분개

① 수익계정의 마감분개

차변과목	금 액	대변과목	금 액

② 비용계정의 마감분개

차변과목	금 액	대변과목	금 액

③ 집합손익계정의 마감분개

차변과목	금 액	대변과목	금 액

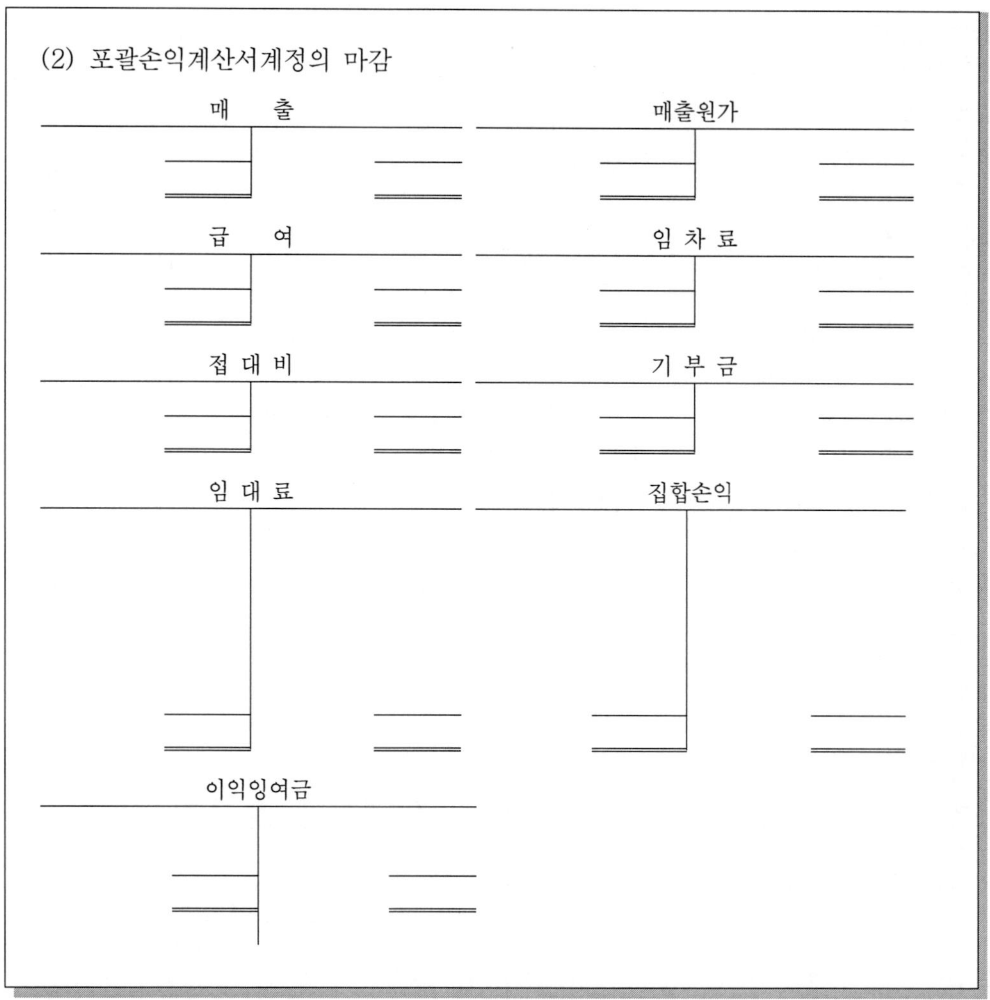
(2) 포괄손익계산서계정의 마감
매　　출
매출원가
급　　여
임 차 료
접 대 비
기 부 금
임 대 료
집합손익
이익잉여금

사례20

다음 (주)조세의 2017년 거래를 분개하고 총계정원장에 전기하여 합계잔액시산표를 작성하여라. 그리고 재무상태표와 포괄손익계산서를 작성하시오.

12/ 1일 현금 ₩500,000을 출자하여 영업을 시작하다.
5일 영업용 비품 ₩40,000을 현금으로 매입하다.
8일 상품 ₩350,000을 매입하고, 대금 중 ₩150,000을 현금지급하고 잔액은 외상으로 하다.
12일 원가 ₩200,000의 상품을 ₩260,000에 현금으로 매출하다.
15일 외상매입금 ₩200,000을 현금으로 지급하다.
20일 상품 ₩180,000을 외상으로 매입하다.
23일 원가 ₩80,000의 상품을 ₩140,000에 외상으로 매출하다.
25일 당월분 직원월급 ₩20,000을 현금으로 지급하다.
27일 직원야근식대 ₩10,000을 현금으로 지급하다.
31알 사무실 월세 ₩40,000을 현금으로 지급하다.

(1) 분개

날짜	차변과목	금액	대변과목	금액
1일				
5일				
8일				
12일				
15일				
20일				
23일				
25일				
27일				

(2) 전기

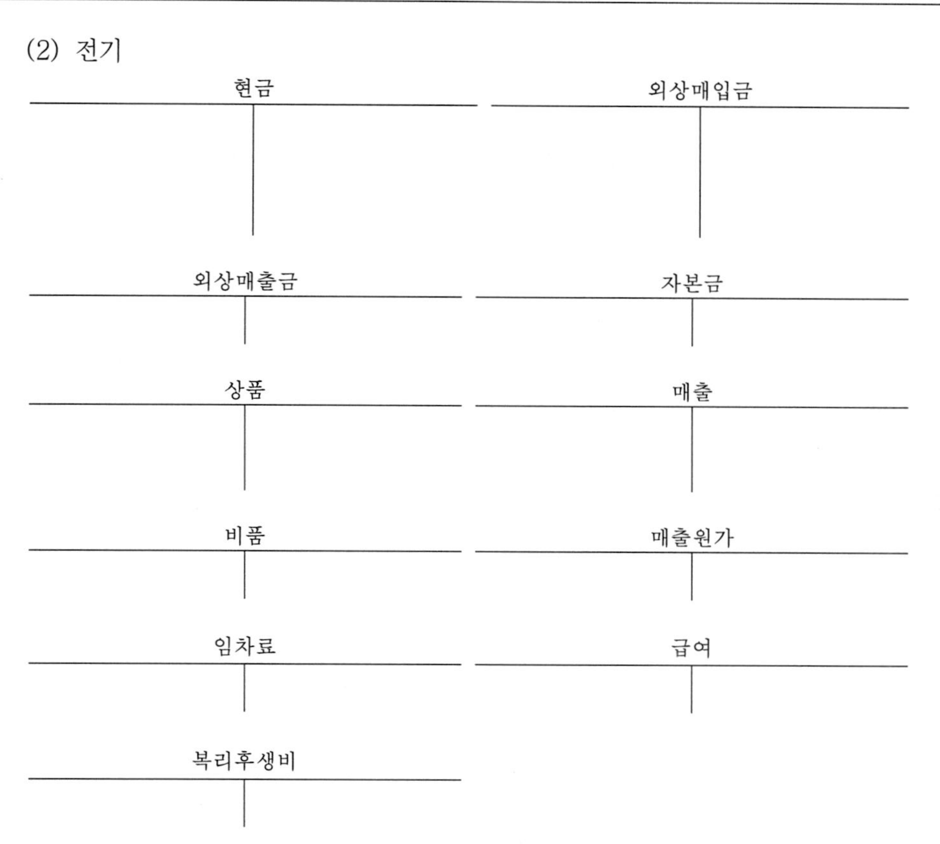

(3) 시산표(합계잔액시산표)의 작성

수정전시산표

차 변		계정과목	대 변	
잔 액	합 계		합 계	잔 액
		현　　금		
		외상매출금		
		상　　품		
		비품		
		외상매입금		
		자본금		
		매출		
		매출원가		
		(지급)임차료		
		급여		
		복리후생비		
		합　　계		

(4) 재무상태표의 작성

<u>재무상태표</u>

(주)조세　　　　　　2017년 12월 31일 현재

자 산 :	부 채 :
	자 본 :
합 계	합 계

(5) 포괄손익계산서의 작성

<u>포괄손익계산서</u>

(주)조세　　　　　　2017년 1월 1일 ~ 2017년 12월 31일

비 용 :	수 익 :
(당기순)이익 :	
합 계	합 계

사례해설

사례 1

날짜	차변과목	금액	대변과목	금액
9월 30일	현 금 과 부 족	300,000	현 금	300,000
12월 31일	급 여	200,000	현 금 과 부 족	300,000
	잡 손 실	100,000		

사례 2

(차) 단기매매금융자산 7,500,000원 (대) 단기매매금융자산평가이익 7,500,000원

- 장부가액 = 16,000,000원 + 7,200,000원 + 30,000,000원 = 53,200,000원
- 공정가액 = 17,600,000원 + 7,100,000원 + 36,000,000원 = 60,700,000원
- 단기매매금융자산평가이익 = 60,700,000원 − 53,200,000원 = 7,500,000원

(차) 매도가능금융자산 3,000,000원 (대) 매도가능금융자산평가이익 3,000,000원
(기타포괄손익누계액)

사례 3

(차) 대손상각비 110,000 (대) 대손충당금 110,000

사례 4

(차) 재고자산감모손실 4,800,000 (대) 원재료 4,800,000
(타계정대체)

원가성이 없는 비정상적인 재고감모부분을 재고자산감모손실로 처리한다.

사례 5

구분	차변과목	금액	대변과목	금액
정액법	감가상각비	5,800,000	감가상각누계액	5,800,000
정률법	감가상각비	8,953,477	감가상각누계액	8,953,477

정액법 : (30,000,000−1,000,000)÷5=5,800,000

정률법 : (30,000,000−10,147,500)×0.451=8,953,477

사례 6

날짜	차변과목	금액	대변과목	금액
9월 20일	가 지 급 금	200,000	현 금	200,000
9월 25일	현 금	300,000	가 수 금	300,000
9월 30일	현 금 여 비 교 통 비	50,000 150,000	가 지 급 금	200,000
	가 수 금	300,000	외 상 매 출 금	300,000

사례 7

(차)부가세예수금 700,000 (대)부가세대급금 500,000

미 지 급 금 200,000

사례 8

보고기간종료일

(차) 미 수 금(믿음상사) 350,000원 (대) 외화환산이익 350,000원

(차) 외화환산손실 1,750,000원 (대) 장기차입금(신한은행) 1,750,000원

미수금 외화환산이익 : $5,000 × (1,500원 − 1,430원) = 350,000원

장기차입금 외화환산손실 : $35,000 × (1,500원 − 1,450원) = 1,750,000원

2/16 (차) 장기차입금 14,500,000원 (대) 현금 16,000,000원

외환차손 1,500,000원

사례 9

(차) 장기차입금 100,000,000원 (대) 유동성장기부채 100,000,000원

(국민은행) (국민은행)

사례 10

(차) 법인세등 50,000,000원 (대) 선납세금 5,200,000원

미지급세금 44,800,000원

사례 11

9월 1일 (차) 보 험 료 6,000 (대) 현 금 6,000

12월 31일 (차) 선급비용 2,000 (대) 보 험 료 2,000

사례 12

9월 1일 (차) 현 금 6,000 (대) 임 대 료 6,000

12월 31일 (차) 임대료수익 2,000 (대) 선수수익 2,000

사례 13

9월 1일 (차) 단기대여금 100,000 (대) 현 금 100,000

12월 31일 (차) 미수수익 4,000 (대) 이자수익 4,000

사례 14

9월 1일 (차) 현 금 100,000 (대) 단기차입금 100,000

12월 31일 (차) 이자비용 4,000 (대) 미지급이자 4,000

사례 15

9월 1일 자산계상방법 : (차) 소모품 6,000 (대) 현금 6,000

비용계상방법 : (차) 소모품비 6,000 (대) 현금 6,000

12월 31일 자산계상방법 : (차) 소모품비 4,000 (대) 소모품 4,000

비용계상방법 : (차) 소모품 2,000 (대) 소모품비 2,000

사례 16

오류사항은 자본금, 미지급금, 소모품비, 임차료 항목이다.

수정전시산표

(주)조세 2017년 12월 31일 현재 (단위 : 원)

현 금	50,000	미 지 급 금	40,000
매 출 채 권	170,000	차 입 금	50,000
단 기 대 여 금	30,000	자 본 금	200,000
임 차 보 증 금	80,000		
임 차 료	200,000	이 익 잉 여 금	160,000
소 모 품 비	150,000	매 출	300,000
급 여	70,000		
합 계	750,000	합 계	750,000

사례 17

합계잔액시산표

(주)조세

차변 잔액	차변 합계	원면	계정과목	대변 합계	대변 잔액
5,300	10,000	1	현금	4,700	
3,500	4,500	2	비품	1,000	
		3	미지급금	2,000	2,000
		4	차입금	3,000	3,000
		5	자본금	4,000	4,000
		6	매출	2,000	2,000
1,200	1,200	7	임차료		
1,000	1,000	8	이자비용		
11,000	16,700			16,700	11,000

사례 18

계	대체	현금	계정과목	현금	대체	계
			보통예금		3,000	3,000
5,000	5,000		상품			
2,000		2,000	비품			
			외상매입금		5,000	5,000
			매출	10,000		10,000
1,000		1,000	통신비			
1,500		1,500	여비교통비			
3,000	3,000		임차료			
12,500	8,000	4,500	금일소계	10,000	8,000	18,000
105,500		105,500	금일(월)잔고/전일(월)잔고	100,000		100,000
118,000	8,000	110,000	합계	110,000	8,000	118,000

사례 19

(1) 마감분개

① 수익계정의 마감분개

차변과목	금액	대변과목	금액
매출	200,000	집합손익	200,000
임대료	12,000	집합손익	12,000

② 비용계정의 마감분개

차변과목	금 액	대변과목	금 액
집 합 손 익	140,000	매 출 원 가	140,000
집 합 손 익	11,000	급 여	11,000
집 합 손 익	10,000	임 차 료	10,000
집 합 손 익	9,000	접 대 비	9,000
집 합 손 익	8,000	기 부 금	8,000

③ 집합손익계정의 마감분개

차변과목	금 액	대변과목	금 액
집 합 손 익	34,000	이 익 잉 여 금	34,000

(2) 포괄손익계산서계정의 마감

매 출

①	200,000		200,000
	200,000		200,000

매출원가

	140,000	③	140,000
	140,000		140,000

급 여

	11,000	④	11,000
	11,000		11,000

임 차 료

	10,000	⑤	10,000
	10,000		10,000

접 대 비

	9,000	⑥	9,000
	9,000		9,000

기 부 금

	8,000	⑦	8,000
	8,000		8,000

임 대 료

②	12,000		12,000
	12,000		12,000

집합손익

③매출원가	140,000	①매출	200,000
④급여	11,000	②임대료	12,000
⑤임차료	10,000		
⑥보험료	9,000		
⑦이자비용	8,000		
⑧이익잉여금	34,000		
	212,000		212,000

이익잉여금

		전기이월	30,000
차기이월	64,000	⑧집합손익	34,000
	64,000		64,000
		전기이월	64,000

사례 20

(1) 분개

날짜	차변과목	금액	대변과목	금액
1일	현 금	500,000	자 본 금	500,000
5일	비 품	40,000	현 금	40,000
8일	상 품	350,000	현 금 외 상 매 입 금	150,000 200,000
12일	현 금 매 출 원 가	260,000 200,000	매 출 상 품	260,000 200,000
15일	외 상 매 입 금	200,000	현 금	200,000
20일	상 품	180,000	외 상 매 입 금	180,000
23일	외 상 매 출 금 매 출 원 가	140,000 80,000	매 출 상 품	140,000 80,000
25일	급 여	20,000	현 금	20,000
27일	복 리 후 생 비	10,000	현 금	10,000
31일	(지급)임 차 료	40,000	현 금	40,000

(2) 전기

현금

차변		대변	
12/ 1 자본금	500,000	12/ 5 비품	40,000
12/12 매출	260,000	12/ 8 상품	150,000
		12/15 외상매입금	200,000
		12/25 급여	20,000
		12/27 복리후생비	10,000
		12/31 임차료	40,000

외상매입금

차변		대변	
12/15 현금	200,000	12/8 상품	200,000

외상매출금

차변		대변	
12/23 매출	140,000		

자본금

차변		대변	
		12/1 현금	500,000

상품

차변		대변	
12/ 8 제좌	350,000	12/12 매출원가	200,000
12/20 외상매입금	180,000	12/23 매출원가	80,000

매출

차변		대변	
		12/12 현금	260,000
		12/23 외상매출금	140,000

비품

차변		대변	
12/ 5 현금	40,000		

매출원가

차변		대변	
12/12 상품	200,000		
12/23 상품	80,000		

임차료

차변		대변	
12/31 현금	40,000		

급여

차변		대변	
12/25 현금	20,000		

복리후생비	
12/27 현금 10,000	

(3) 시산표(합계잔액시산표)의 작성

수정전시산표

차 변		계정과목	대 변	
잔 액	합 계		합 계	잔 액
300,000	760,000	현 금	460,000	
140,000	140,000	외상매출금	-	
250,000	530,000	상 품	280,000	
	40,000	비품	-	
	200,000	외상매입금	380,000	180,000
	-	자본금	500,000	500,000
	-	매출	400,000	400,000
280,000	280,000	매출원가		
40,000	40,000	(지급)임차료		
20,000	20,000	급여		
10,000	10,000	복리후생비		
1,080,000	2,020,000	합 계	2,020,000	1,080,000

(4) 재무상태표의 작성

재무상태표

(주)조세 2017년 12월 31일 현재

자 산		부 채	
현 금	300,000	외 상 매 입 금	180,000
외 상 매 출 금	140,000		
상 품	250,000		
비 품	40,000		
		자 본	
		자 본 금	500,000
		이 익 잉 여 금	50,000
합 계	730,000	합 계	730,000

(5) 포괄손익계산서의 작성

포괄손익계산서

(주)조세 2017년 1월 1일 ~ 2017년 12월 31일

비 용		수 익	
매 출 원 가	280,000	매 출	400,000
(지급)임차료	40,000		
급 여	20,000		
복 리 후 생 비	10,000		
(당기순)이익	50,000		
합 계	400,000	합 계	400,000

02

계정과목론

SECTION 01

유동자산(1) -현금및현금성자산

01 금융상품의 의의

한국채택국제회계기준에서는 금융자산과 금융부채를 합쳐서 금융상품이라고 한다. 현금, 다른 기업의 지분상품(예:주식), 거래상대방에게서 현금 등을 수취할 계약상 권리를 금융자산으로 정의하고, 거래상대방에게 현금 등을 인도하기로 한 계약상 의무를 금융부채라고 정의하고 있다.

따라서 금융자산 및 금융부채의 정의를 만족하기 위해서는 계약당사자간에 현금 등을 주고 받는 계약이 성립되어 있어야 한다.

한편 계약당사자간에 계약은 성립되어 있으나 현금을 주고 받는 것이 아니거나, 현금을 주고 받더라도 계약당사자간의 계약이 없다면 이는 비금융상품에 해당한다. 금융상품과 비금융상품의 예는 다음 표와 같다.

구분	자산계정의 예	부채계정의 예
금융상품	현금및현금성자산, 매출채권, 미수금, 대여금, 다른 기업의 지분증권 또는 채무증권 등	매입채무, 미지급금, 차입금, 사채 등
비금융상품	선급금, 미수수익, 재고자산, 유형자산, 무형자산 등	선수금, 선수수익, 미지급법인세, 충당부채 등

현금은 교환의 수단이므로 그 자체가 금융자산이며, 재무제표에 모든 거래를 인식하고 측정하는 기준이 된다. 또한 금융회사 등에 대한 예치금(당좌예금, 정기예금 등)은 당해 금융회사에서 현금을 인출하거나 예치된 잔액에 대하여 채권을 수취인으로 하는 수표 등을 발행할 수 있는 계약상 권리를 나타내므로 금융자산이다.

따라서 현금및현금성자산은 금융자산의 한 종류이며 현금및현금성자산을 제외한 금융자산은 다음과 같이 4가지 범주로 분류할 수 있다.

<금융자산의 분류>

1. 대여금 및 수취채권
2. 당기손익인식금융자산(단기매매금융자산, 당기손익인식지정금융자산)
3. 매도가능금융자산
4. 만기보유금융자산

[금융상품의 종류][1]

금융상품의 종류	정의	재무상태표 표시방법	포괄포괄손익계산서 인식방법
현금 및 현금성자산		유동자산	
대여금 및 수취채권		유동자산 또는 비유동자산으로 상각후 원가로 평가	이자수익을 당기손익으로 처리
당기손익인식 금융자산	단기매매금융자산	유동자산으로 공정가치로 평가	보유손익을 당기손익으로 처리
	당기인식손익지정 금융자산		
매도가능금융자산		유동자산 또는 비유동자산으로 공정가치로 평가	보유손익은 당기손익 대신 기타포괄손익으로 처리
만기보유금융자산		유동자산 또는 비유동자산으로 상각후 원가로 평가	보유손익을 당기손익으로 처리

위 금융상품 중에서 당기인식손익금융상품과 매도가능금융자산은 매 회계기말에 공정가치로 평가한다. 공정가치란 활성화된 자본시장에서 거래되는 가격을 말한다.

이에 반하여 만기보유금융자산이나 대여금 및 수취채권은 상각후원가로 평가하여 재무제표에 표시한다. 상각후원가란 해당자산의 명목가액과 현재가가치 다를 경우에 그 차이를 유효이자율법으로 조정한 원가를 말한다.

1) IFRS회계원리 이효익외 3인공저 p283

02 의의

유동자산은 보고기간 후 1년 또는 정상적인 영업주기 이내에 현금화되거나 영업활동에 사용될 자산을 말한다. 유동자산은 유동성 정도에 따라서 구분되어지는데, 여기서 유동성이란 현금으로의 전환가능성을 의미하는데 매출채권이 일반적으로 재고자산에 비하여 현금으로 전환가능성이 훨씬 높다.

재무상태표

(주)조세　　2017년 12월 31일　　(단위 : 원)

Ⅰ. 유동자산	Ⅰ. 유동부채
현금및현금성자산	Ⅱ. 비유동부채
단기금융자산	
	Ⅰ. 자본금
	Ⅱ. 자본잉여금
Ⅱ. 비유동자산	Ⅲ. 자본조정
(1) 투자자산	Ⅳ. 기타포괄손익누계액
(2) 유형자산	Ⅴ. 이익잉여금
(3) 무형자산	
(4) 기타비유동자산	

위 금융상품 중에서 당기인식손익금융상품과 매도가능금융자산은 매 회계기말에 공정가치로 평가한다. 공정가치란 활성화된 자본시장에서 거래되는 가격을 말한다.

이에 반하여 만기보유금융자산이나 대여금 및 수취채권은 상각후원가로 평가하여 재무제표에 표시한다. 상각후원가란 해당자산의 명목가액과 현재가가치 다를 경우에 그 차이를 유효이자율법으로 조정한 원가를 말한다.

03 현금 및 현금성자산

1. 현금

현금은 통화인 지폐와 동전 및 타인발행수표, 자기앞수표, 송금수표, 여행자수표, 가계수표, 우편환증서, 대체저금환급증서, 만기도래선일자수표, 지급기일이 도래하는 공사채의 이자표, 배당금지급통지서, 국고지급통지서, 만기가 된 약속어음 및 환어음, 일람출급어음 같은 통화대용증권을 포함한다. 또한 당좌예금과 보통예금 같은 요구불예금도 포함시킨다.

현금	= 현금 + 현금성자산
	= (통화 + 통화대용증권 + 요구불예금) + 현금성자산

☞ *선일자수표*

선일자수표란 수표의 발행일자 이전에 실제 발행된 수표를 말한다. 이러한 선일자수표는 수표에 기재된 발행일자에 은행에 제시하여 현금화가 가능하므로 받을어음(또는 미수금)으로 처리하게 된다.

실무맛보기 … [1-1]

보통예금통장에서 현금 500,000원을 인출하였다.

차변	현 금	500,000	대변	보 통 예 금	500,000

실무맛보기 … [1-2]

상품 외상매입대금 1,000,000원을 보통예금에서 계좌이체하여 결제하였다. 이때 송금수수료 1,000원이 발생하였다.

차변	외 상 매 입 금	1,000,000	대변	보 통 예 금	1,001,000
	지 급 수 수 료	1,000			

3. 당좌예금

현금은 도난, 분실 등의 위험이 존재하므로 기업에서는 대부분의 현금을 은행에

입금시켜놓고 필요시마다 어음이나 수표를 발행하여 지급하는 것이 일반적이다. 이를 위해 은행과 당좌거래약정을 체결하여 은행에 현금을 입금시켜 놓고 대금지급의 필요시마다 예금의 범위내에서 수표 또는 어음을 발행하여 은행이 대금을 지급할 수 있도록 하는 예금이다. 당좌예금은 기업의 상거래 편의를 도모하기 위한 것으로 입출금이 자유로운 대신에 이자는 거의 없다.

[당좌거래의 흐름]

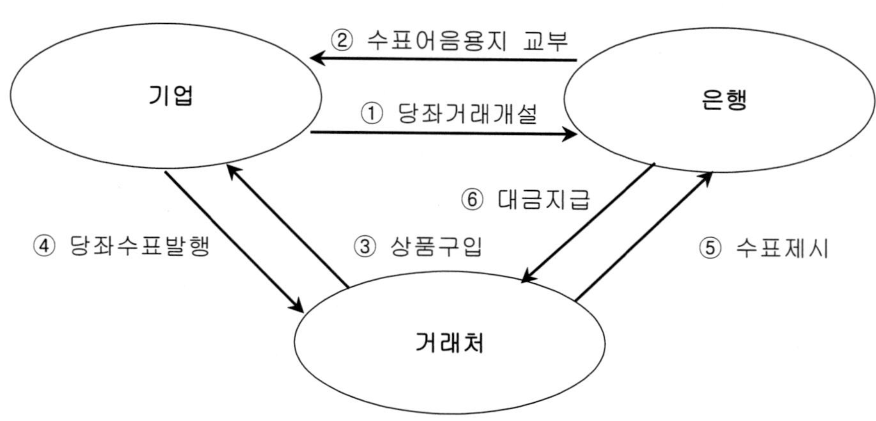

> ☞ 당좌차월
> 당좌차월이란 당좌예금잔액을 초과하여 지급된 금액으로서 기업이 은행과 당좌차월에 관한 약정을 하고 당좌예금잔액이 없더라도 일정한 한도 내에서 수표나 어음을 발행하여 사용할 수 있다. 즉, 당좌예금잔액이 없더라도 약정된 한도 내에서는 수표를 발행할 수 있는 것을 의미한다. 이러한 당좌차월은 (-)당좌예금이므로 결산시에 서로 다른 은행의 당좌예금잔액과 상계해서는 안되며 반드시 단기차입금계정(유동부채)로 회계처리하여야 한다.

실무맛보기 … [1-3]

1. 상품 매입대금 1,000,000원을 당좌수표로 결제하였다. 당좌예금의 잔액은 700,000원이다.

차변			대변		
차변	상품(매입)	1,000,000	대변	당좌예금	700,000
				당좌차월	300,000

2. 상품판매대금 600,000원이 당좌예금으로 입금되었다.

차변			대변		
차변	당좌차월	300,000	대변	외상매출금	600,000
	당좌예금	300,000			

3. 결산시 당좌차월이 300,000원인 경우 회계처리를 하시오.

차변	당 좌 차 월	300,000	대변	단 기 차 입 금	300,000

4. 현금성자산

현금성자산이란 큰 거래비용 없이 현금으로 전환이 용이하고 이자율 변동에 따른 가치변동의 위험이 중요하지 않은 금융상품으로서 취득당시 만기일(또는 상환일)이 3개월 이내에 도래하는 다음과 같은 증권을 예로 들 수 있다. 단, 주식 등 지분증권은 제외한다.

① 취득당시 만기가 3개월 이내에 도래하는 채권 - 공·사채 등
② 취득당시 3개월 이내의 환매조건인 환매채
③ 취득당시 상환일까지의 기간이 3개월 이내인 상환 우선주
④ 초단기 수익증권(MMF를 포함한다.)

☞ **회계상 현금이 아닌 것**
① 선일자수표는 발행일자 이전까지는 어음으로 보아 매출채권으로 회계처리한다.
② 급여가불증은 단기대여금(종업원)으로 회계처리한다.
③ 우표, 수입인지 등은 구입시점에 선급비용으로, 사용시점에 소모품비로 회계처리한다.
④ 부도수표, 부도어음은 현금화가 어려우므로 기타비유동자산으로 회계처리한다.

5. 소액현금제도

(1) 현금의 내부통제

현금이란 유동성이 큰 자산으로 빈번히 유입되고 유출되기 때문에 도난·분실·횡령가능성이 높다. 따라서 기업은 현금에 대한 내부통제제도를 구축해야 하는데 필수적인 사항은 다음과 같다.

① 현금유출, 현금유입의 승인
② 현금출납장 등 문서화 작성
③ 과도한 유휴현금의 보유를 방지
④ 현금수납기능과 현금출납기능을 이원화
⑤ 정기적인 현금계정잔액과 보유시재액 대조

기업이 현금의 통제를 위해 활용하는 제도는 ① 장부상 현금잔액과 현금시재액의 비교 ② 소액현금제도 및 ③ 은행계정조정표의 작성의 세 가지이다.

(2) 소액현금제도

기업은 일반적으로 현금이 도난 또는 보관의 어려움으로 인해 결제수단으로서 수표를 사용하는데 경우에 따라서는 수표로 지급하는 것이 비효율적인 경우가 있다. 예를 들면 회사의 각 부서에는 잡다한 소모품을 사거나 일상적인 직원의 교통비를 필요할 때마다 경리부의 출납을 통하여 지급받는다면 매우 번거로울 뿐만 아니라 일일이 관리하기 힘들다. 이러한 경우에 대비해서 실무에서는 소액현금제도가 이용되고 있다.

소액현금제도란 일정한 범위 내에서 소액현금을 먼저 지출한 다음 일정기간 후에 사용액만큼을 보충해 주는 제도로서 정액자금전도제와 수시보충제(부정액자금전도제)로 구분되는데 실무상 정액자금전도제를 많이 사용하고 있다.

1) 정액자금전도제

소액현금을 먼저 설정하고 일정기간이 지난 후에 지출한 금액을 보고 받아서 다시 지출액만큼을 보통예금계정에서 현금을 인출하여 보충해주는 제도이다.

① 정액자금전도시

(차) 소액현금	XXX	(대) 보통예금	XXX

② 소액현금지출시

소액자금을 지출한 경우에 회계처리는 없으며 영수증 등 지출에 관한 증빙서류를 준비해야 하고 증빙서류에는 지출일자, 용도, 금액에 대한 정보가 있어야 하고 실무적으로 소액현금출납장을 통해 관리를 한다.

③ 소액현금보충시

(차) 통신비	XXX	(대) 보통예금	XXX
여비교통비	XXX		
소모품비	XXX		

(차) 소액현금	XXX	(대) 보통예금	XXX

* 일정기간 지출한 소액현금만큼만 보통예금계정에서 인출한다.

④ 결산일

결산일 현재 소액현금잔액은 현금및현금성자산에 포함시켜 재무상태표에 반영하여야 한다.

(차) 현금및현금성자산	XXX	(대) 소액현금	XXX

2) 부정액자금전도제

정액자금전도제와 달리 부정기적으로 소액현금이 부족할 때마다 지출한 금액이 아닌 일정한 금액을 보충하는 제도이다.

① 소액자금전도시

(차) 소액현금	XXX	(대) 보통예금	XXX

② 소액현금지출시

(차) 통신비	XXX	(대) 소액현금	XXX
여비교통비	XXX		
소모품비	XXX		

③ 소액현금보충시

(차) 소액현금	XXX	(대) 보통예금	XXX

* 지출한 금액이 아닌 일정한 금액을 보통예금에서 인출한다.

④ 결산일

결산일 현재 소액현금잔액은 현금및현금성자산에 포함시켜 재무상태표에 반영하여야 한다.

(차) 현금및현금성자산	XXX	(대) 소액현금	XXX

04 단기금융자산

1. 의의

금융상품은 금융기관이 취급하는 정형화된 금융상품으로서 기업이 자금운용목적으로 취득한 것을 말한다. 금융상품 중에서 재무상태표일 현재 기한이 1년 이내에 도래하는 것은 단기금융자산으로 분류하고 기한이 1년 이후에 도래하는 것은 장기금융자산으로 분류한다.

2. 단기예금계정

금융기관이 취급하는 정기예금, 정기적금, 사용이 제한되어 있는 예금으로 만기가 1년 이내에 도래하는 자산계정이다.

(1) 정기예금

이자수익을 목적으로 금융기관에 금전 등을 일정 기간 동안 예치한 예금으로 저축성 예금을 말한다.

① 정기적금 입금시

(차)	정 기 적 금	XXX	(대)	보 통 예 금	XXX

② 정기적금 만기(1년)도래시

(차)	보 통 예 금	XXX	(대)	정 기 적 금	XXX
	선 납 세 금	XXX		이 자 수 익	XXX

* 법인이 이자를 수령하는 경우 법인세(14%)와 지방소득세(1.4%)를 원천징수하며 원천징수당한 법인세는 선납세금으로 처리한다.

실무맛보기 … [1-4]

1년만기 정기예금 1,000,000원을 가입하고 보통예금 통장에서 이체해주었다.

차변	정 기 예 금	1,000,000	대변	보 통 예 금	1,000,000

실무맛보기 … [1-5]

1년만기 정기예금이 만기가 되어 원금 1,000,000원을 다시 1년 만기 정기예금으로 재차 예금하고, 이자 50,000원 중에서 원천징수세액(15.4%) 7,700원을 차감한 42,300원은 보통예금에 입금되었다.

차변			대변		
	정 기 예 금 (신)	1,000,000		정 기 예 금 (구)	1,000,000
	보 통 예 금	42,300		이 자 수 익주2)	50,000
	선 납 세 금주1)	7,700			

주1) : 이자소득세 원천징수액 7,700원은 법인세 납부시 이미 납부한 세금으로 공제받을 수 있기 때문에 선납세금으로 처리한 후 법인세신고시 공제한다.

주2) : 은행에서 예금에 대한 이자를 지급할 때 원천징수세액을 차감하고 지급하며, 기

장할 때 원천징수세액을 포함한 이자총액을 이자수익으로 처리해야 한다.

(2) 정기적금

금융기관에 일정기간을 정해놓고 일정금액을 적립하여 예치하고 만기일에 계약금액을 수령하는 예금으로 저축성 예금을 말한다.

① 정기적금 입금시

(차) 정 기 적 금	XXX	(대) 보 통 예 금	XXX

② 정기적금 만기(1년)도래시

(차) 보 통 예 금	XXX	(대) 정 기 적 금	XXX
선 납 세 금	XXX	이 자 수 익	XXX

③ 정기적금의 유동성대체

(차) 정기적금(유동자산)	XXX	(대) 정기적금(투자자산)	XXX

(3) 사용이 제한되어 있는 예금

사채상환 목적의 감채기금예금, 담보제공된 양건예금, 당좌개설보증금 등 사용이 제한된 예금이다. 이러한 인출이 제한된 예금이라 하더라도 1년 이내의 기간에 만기가 도래하는 것은 단기금융자산으로, 1년 이상의 것은 장기금융자산으로 분류하며 이를 각각 주석에 설명하도록 규정하고 있다.

실무 TIP 용어정의

① 양건예금이란 기업이 금융기관으로부터 대출받는 조건으로 일정한 금액을 예치하고 대출금의 상환시점까지 인출하지 못하도록 하는 예금이다. 실무에서는 양건예금을 꺾기예금이라고도 한다.

② 당좌개설보증금이란 은행과 당좌거래 계약 체결시에 일정금액을 보증금 성격으로 예치한 금액을 의미한다.

(4) 기타 정형화된 금융상품

기타 금융상품으로서 양도성예금증서(CD), 어음관리구좌(CMA), 금전신탁(MMF), 환매채(RP) 등이 있다. 거래가 빈번한 예금은 관리상 별도의 계정과목으로 하고 거래가 빈번하지 않은 예금은 제예금과목 또는 기타예금과목 등 적절히 정하여 회계처리한다.

① 양도성예금증서(CD : Certificates of Deposit) : 정기예금에 대하여 은행이 발행하는 무기명 잔고증명서이다. 은행은 예금의 만기일에 예금증서 소지인에게 원금 및 약정이자를 지급한다. 이 증서는 예금의 만기일 이전에 유동시장에서 거래할 수 있는 금융상품이다.

② 기업어음(CP : Commercial Paper) : 기업이 단기적인 자금조달을 위해 발행하는 어음을 말하는데 금융기관이 기업으로부터 수수료를 받고 양도하는 어음을 말한다.

③ 어음관리구좌(CMA : Cash Management Account) : 금융기관이 소액투자가들로부터 수탁받아 어음이나 단기채권, 양도성 예금증서 등에 투자하여 수익을 올린 후 일정한 수수료를 제외한 금액을 지급하는 상품이다.

④ 환매조건부채권(RP : repurchase agreements) : 금융기관이 보유하고 있는 채권을 담보로 제공하고 투자자 등의 돈을 받아 다시 채권에 투자하는 형식의 금융상품이다. 금융기관은 투자자에게 일정기간이 경과한 후에 이자와 원금을 지급한다.

⑤ MMF : 투자신탁회사가 고객들의 자금을 모아 펀드를 구성한 다음 기업어음(CP) · 양도성예금증서(CD) · 콜 등 주로 단기금융자산에 운용하여 얻은 수익을 고객에게 배분하는 초단기 금융상품 이다.

⑥ 금전신탁 : 고객의 일시적인 여유자금을 은행이 위탁받아 유가증권 등에 운용해서 그 실적을 배당해 준다.

☞ MMF 또는 BMF는 기준가격이 공시되므로 수익증권과 함께 유가증권이다. 따라서 예금과목보다는 유가증권으로 처리하는 것이 원칙이다. 그러나 큰 거래비용 없이 현금으로 전환이 용이하고 이자율 변동에 따른 가치변동의 위험이 중요하지 않은 금융상품으로서 취득 당시 만기일이 3개월 이내인 것은 예금과목으로 처리하여도 된다.

4. 재무상태표 공시방법

현금 및 금융상품 관련 계정의 공시방법은 다음과 같이 정리된다.

구분		공시내용
유동자산	현금 및 현금성자산	현금(통화와 통화대용증권) 요구불예금(당좌예금, 보통예금) 현금성자산(취득당시 만기가 3개월 이내인 채무증권 및 단기금융자산)
	단기금융자산	금융기관이 취급하는 정기예금, 정기적금, 사용이 제한되어 있는 예금 및 기타 정형화된 금융상품 등으로 만기가 1년 이내에 도래하는 금융상품
비유동자산	장기금융자산	금융기관이 취급하는 정기예금, 정기적금, 사용이 제한되어 있는 예금 및 기타 정형화된 금융상품 등으로 만기가 1년 이후에 도래하는 금융상품

보론 은행계정조정표

1. 의의

회사는 당좌예금을 이용하여 현금의 입출을 관리한다. 회사의 당좌예금 장부상 잔액과 은행측 당좌예금 잔액이 기록시점의 차이 및 양자의 오류 등으로 인하여 불일치하는 경우가 있는데, 불일치 원인을 조사하여 이를 조정하는 표를 은행계정조정표라 한다.

이 제도를 통하여 회사는 매월말 회사의 장부상 잔액과 은행측 잔액이 상이할 경우 그 원인을 알 수 있고, 당좌예금의 입금 및 출금에 대한 내부통제를 적절히 할 수 있는 장점이 있다.

2. 잔액불일치 원인 및 조정방법

(1) 은행측 잔액에는 기록되었으나 회사측 잔액에 반영되지 않는 항목

은행측 당좌예금잔액에는 반영이 되어 있지만 회사측 장부잔액에는 반영되어 있지 않은 항목으로 은행계정조정표를 작성하여 회사의 장부에 수정분개를 통해서 반영해야 한다.

① 미통지예금

거래처에서 송금한 금액이 회사측 당좌예금잔액에 반영되어 있지 않아서 회사측 장부잔액에 가산해야 하는 항목

② 추심어음

만기가 도래한 어음을 추심하여 은행이 회사의 당좌예금잔액에 입금처리하였으나 회사에 아직 통보가 되지 않아서 회사측 장부잔액에 가산해야 하는 항목

③ 부도어음

회사가 은행에 추심의뢰한 어음이 부도가 되어 은행의 당좌예금계정에서는 차감하였으나 회사는 그 사실을 통보받지 못한 경우에 회사측 장부잔액에서 차감해야 하는 항목

④ 은행수수료 및 이자비용

은행이 어음추심에 대한 수수료를 은행측 당좌예금잔액에서 차감하였으나 회사에 그 사실을 통보받지 못한 경우에 회사측 장부잔액에서 차감해야 하는 항목

(2) 회사측 잔액에는 기록되었으나 은행측 잔액에 반영되지 않는 항목

① 은행미기입예금

회사에서 입금처리하였으나 은행에서 기입되지 않은 경우에 은행측 장부잔액에 가산해야 하는 항목

② 기발행미인출(미지급)수표

회사에서 당좌수표를 발행하면서 회사의 당좌예금잔액에서 차감하였으나 수표소지인이 수표를 은행에 인출하지 않은 경우에 은행측 장부잔액에서 차감해야 하는 항목

실무맛보기 … [1-6]

(주)조세의 2017년 12월 31일 다음 자료를 이용해서 은행계정조정표를 작성하시오.

(1) 은행예금잔액증명서상의 잔액 ₩ 28,500

(주)조세의 당좌예금계정 장부잔액 32,000

(2) 은행의 예금잔액증명서에는 반영되어 있으나

(주)조세의 장부에 반영되지 않은 금액

예금이자 2,000

부도수표 14,000

(3) (주)조세에 통보되지 않은 매출채권 추심액 7,500

(4) (주)조세가 2016년 12월 31일 입금했으나

은행에서는 2017년 1월 2일 입금처리된 금액 15,000

(5) 기발행미인출수표 16,000

은행계정조정표를 작성한 후 회사측 잔액 수정사항에 대해서 수정분개를 해야 한다.

차변	부도수표	14,000	대변	당좌예금	14,000
차변	당좌예금	7,500	대변	매출채권	7,500
차변	당좌예금	2,000	대변	이자수익	2,000

SECTION 02

유동자산(2)-수취채권

01 수취채권의 의의

1. 의의

수취채권이란 기업이 고객에게 재화나 용역 등을 외상으로 판매하고 미래에 현금을 수취할 수 있는 권리 또는 자금을 대여하고 그 대가로 차용증서나 어음을 수취하는 경우 이러한 채권을 말한다. 이러한 수취채권은 매출채권과 기타채권으로 구분된다.

재무상태표

(주)조세 2017년 12월 31일 (단위 : 원)

자산	부채 및 자본
Ⅰ. 유동자산	Ⅰ. 유동부채
현금 및 현금성자산	
단기금융자산	Ⅱ. 비유동부채
매출채권	
기타채권	
	Ⅰ. 자본금
Ⅱ. 비유동자산	Ⅱ. 자본잉여금
(1) 투자자산	Ⅲ. 자본조정
(2) 유형자산	Ⅳ. 기타포괄손익누계액
(3) 무형자산	Ⅴ. 이익잉여금
(4) 기타비유동자산	

(1) 매출채권

매출채권은 일반적 상거래(해당회사의 사업목적을 위한 경상적 영업활동에서 발생하는 거래)에서 발생한 채권을 말하는데 여기서 일반적 상거래라 함은 당해 회사의 사업목적을 위한 정상적 영업활동에서 발생한 거래를 말한다.

[매출시]		
외상매출한 경우	(차) 외상매출금 ×××	(대) 매 출 ×××
어음을 수령한 경우	(차) 받을어음 ×××	(대) 매 출 ×××

(2) 기타채권

기타채권이란 일반적 상거래 외에서 발생한 채권을 말하는데 미수금, 미수수익, 단기대여금, 선급금, 선급비용 등이 여기에 해당한다. 예를 들면 기업에서 사용하던 건물을 처분하고 그 대금을 수령하지 못한 경우 기타채권(미수금)이 발생하게 된다.

(3) 재무상태표상 표시

수취채권은 일반적으로 재무상태표일로부터 1년 이내에 회수되는 경우에 유동자산으로 재무상태표일로부터 1년 이후에 회수되는 경우에는 비유동자산으로 분류된다. 또한 비유동자산으로 분류된 장기성매출채권의 회수일이 재무상태표일로부터 1년 이내에 도래하는 경우에는 유동자산으로 대체하여야 하는데 이를 유동성대체라 일컫는다.

실무맛보기 … [2-1]

1. 제품 20,000원(부가세 별도)을 거래처에 외상으로 판매하였다.

차변	외 상 매 출 금	22,000	대변	제 품 매 출	20,000
				부 가 세 예 수 금	2,000

2. 거래처에서 외상매출대금 22,000원을 보통예금통장으로 입금하였다.

차변	보 통 예 금	22,000	대변	외 상 매 출 금	22,000

02 매출채권의 인식

1. 매출에누리 · 매출환입

매출에누리란 판매한 재고자산의 파손· 결함 등의 이유로 가격을 깎아주는 것을 말하며, 매출환입이란 판매된 재고자산이 반품되는 것을 말한다. 매출에누리와 매출환입은 매출액의 차감계정이며, 포괄손익계산서에 계상되는 매출액은 총매출액에서 이를 차감한 순매출액을 의미한다.

[매출에누리 · 환입 발생시]			
(차) 매출에누리(또는 매출)	×××	(대) 매출채권	×××
(차) 매출환입(또는 매출)	×××	(대) 매출채권	×××

2. 매출할인

매출할인이란 매출채권의 신속한 회수를 위하여 일정기한 내에 외상매출대금을 지급하면 일정액을 할인해 주는 것을 말한다.

[매출할인 발생시]			
(차) 현금	×××	(대) 매출채권	×××
매출할인	×××		

■ 2/10 , n/30

10일 이내 대금을 결제시에는 2%를 할인해주고, 그 이후에는 할인은 없으며 신용공여기한 30일 이내에 대금 전액을 결제하는 조건을 의미한다.

실무 TIP [실무상 회계처리방법]

실무적으로 매출환입, 매출에누리, 매출할인이 발생시에는 해당 매출액을 감소시키면서 부가가치세도 취소하여야 하며 또한 (-)수정세금계산서를 발급하여야 한다.

[매출환입·에누리 발생시]			
(차) 매출에누리와 환입(또는매출)	×××	(대) 매출채권	×××
부가세예수금	×××		

실무맛보기 … [2-2]

1. ㈜조세는 상품 2,000,000원(부가세 별도)를 거래처에 외상으로 판매하였다.

차변	외상매출금	2,200,000	대변	제품매출	2,000,000
				부가세예수금	200,000

2. 거래처에서 매출대금을 조기 지급하여 매출할인 15,000원(부가세 별도)을 인식하고 (-)수정세금계산서를 발급해주었다. 매출할인을 차감한 외상매출액을 송금받았다.

차변	매출(매출할인)	15,000	대변	외상매출금	16,500
	부가세예수금	1,500			

* 매출할인은 매출의 차감계정이므로 발생시 매출액을 감액해도 되나, '매출할인'라는 임시계정을 사용하였다가 결산시 누적된 금액을 아래와 같이 매출액과 상계처리하면 효율적이다.

(차) 매출 ××× (대) 매출할인(또는 매출에누리,매출환입) ×××

03 어음의 회계처리

1. 어음의 의의

어음은 환어음과 약속어음이 있다. 환어음이란 어음의 발행인이 지명인(지급인)에게 일정한 기일에, 일정한 장소에서, 일정한 금액을 무조건 지급해 줄 것을 위탁하는 증서이다.

약속어음이란 어음의 발행인이 일정금액을 수취인에게 약정된 일자에 지급하기로 약속한 증서를 말한다. 따라서 약속어음을 발행하면 발행인은 채무자가 되고 수취인은 채권자가 된다.

구 분	어음발행인과 수취인	비고
환어음	채권자가 발행하여 최종 채무자에게 전달(인수)	수출입거래에 주로 사용
약속어음	채무자가 발행하여 채권자에게 발급	국내거래에 주로 사용

2. 약속어음의 흐름도

조세일보 주식회사는 x1년 1월 1일 (주)태동에게 상품을 2,000,000원에 판매하고 대금은 (주)태동이 발행한 약속어음을 수령하였다. 만기일은 x1년 5월 31일이다. 약속어음과 약속어음의 흐름도를 살펴보면 다음과 같다.

<u>약속어음</u>

자가 10202613

조세일보 주식회사 귀하

금 2,000,000 원 정

위의 금액을 귀하 또는 귀하의 지시인에게 이 약속어음과 상환하여 지급하겠습니다.

지급기일 : x1년 5월 31일　　발행일 : x1년 1월 1일

지 급 지 : 서울특별시　　발행지 : (주) 태동

지급장소 : 하나은행 구의동지점　　발행인 : 대표이사 이태동

어음소지인은 어음만기일에 자기의 거래은행에 어음대금을 받아달라고 추심(推尋)의뢰하거나 발행은행에 가서 어음을 제시하여 지급받을 수 있다. 추심의뢰를 받은 거래은행은 발행인의 거래은행으로 추심한다. 어음금액을 지급할 은행은 어음원본을 회수하고 발행인의 당좌예금계좌에서 인출하여 지급한다. 이 때 어음 발행인의 당좌계좌에 예금금액이 예치되어 있지 않거나 당좌차월로 사용할 금액이 없다면 부도처리 할 것이다.

* 부도를 확인하는 방법 중에는 금융결제원 홈페이지에서 '당좌거래정지정보'를 검색해보는 방법도 있다.

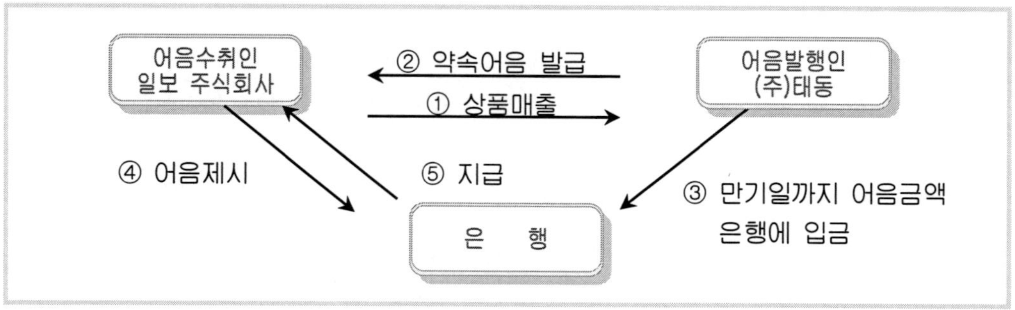

3. 어음의 수령

기업이 고객에게 재화나 용역 등을 제공한 대가로 약속어음을 받는 경우 받을어음에 해당한다. 다만, 실무적으로 외상매출금과 받을어음 계정을 별도로 관리하는

경우가 많지만 재무상태표상 공시할 때에는 유동자산인 매출채권계정에 표시하게 된다.

한편, 기업이 어음을 수령하였다 해서 무조건 받을어음 계정으로 처리하면 안된다. 왜냐하면 기업이 비품이나 건물을 처분하면서 어음을 수령하는 경우에는 받을어음이 아닌 미수금으로 처리해야하고, 금전을 대여해 주고 어음을 수령한 경우에는 대여금으로 처리해야 하기 때문이다.

실무맛보기 … [2-3]

1. 상품 30,000원(부가가치세 별도)을 거래처에 판매하고 3개월 만기 어음을 받았다.

차변			대변		
차변	받을어음	33,000	대변	상품매출	30,000
				부가세예수금	3,000

2. 받을어음 중 만기가 된 받을어음 33,000원을 거래은행에서 추심하고 추심수수료 300원을 공제한 32,700원이 보통예금통장으로 입금되었다.

차변			대변		
차변	보통예금	32,700	대변	받을어음	33,000
	지급수수료	300			

4. 어음의 할인

기업은 받을어음이 만기일이 되기까지는 상당한 시일이 소요되므로 유동성 문제로 인하여 자금이 부족하는 경우가 있다. 이 경우 기업은 받을어음의 만기일 이전에 금융기관에 일정한 이자와 수수료를 공제한 잔액을 받을 수 있는데 이를 어음의 할인이라 한다.

한국채택국제회계기준에서는 매출채권 등을 양도하거나 할인한 경우, 그 채권에 대한 권리와 의무가 양도인과 분리되어 실질적으로 이전되는 경우에는 매출채권에서 직접 차감하고(매각거래), 그 이외의 경우에는 그 채권을 담보제공한 것으로(차입거래)보도록 규정하고 있다. 다음의 요건을 충족하는 경우에는 매각거래로 본다.

① 금융자산 양도 후 그 양도자산에 대한 권리를 행사할 수 없어야 한다.

② 금융자산 양도 후에 효율적인 통제권을 행사할 수 없어야 한다.

③ 양수한 금융자산을 처분(양도 및 담보제공)할 자유로운 권리를 갖고 있어야 한다.

(1) 매각거래

양도시점에서 매출채권의 장부가액과 처분가액의 차액을 당기손익에 반영한다.

(차) 현　　　　　금　×××　(대) 매 출 채 권　×××
　　매출채권처분손실　×××　　　이 자 수 익　×××

실무맛보기 … [2-4]

받을어음 30,000,000원을 은행에서 할인받았다. (할인율 : 12%, 할인기간 : 121일) 할인료 1,193,424원을 공제한 28,806,576원이 보통예금통장으로 입금되었다.

차변	보 통 예 금	28,806,576	대변	받 을 어 음	30,000,000
	매출채권처분손실	1,193,424			

* 할인료 = 어음의 만기가치(무이자부 어음은 액면가액)× 할인율 × 할인기간
　　= 30,000,000 × 0.12 × 121/365 = 1,193,424원

(2) 차입거래

① 할인일

(차) 현　　　　　금　×××　(대) 단 기 차 입 금　×××
　　이 자 비 용　×××　　　이 자 수 익　×××

② 만기일

(차) 단 기 차 입 금　×××　(대) 매 출 채 권　×××

5. 어음의 배서양도

어음의 배서란 어음의 소지인이 만기일 전에 어음의 뒷면에 양도 의사를 표시하고 어음상의 권리를 양수인에게 이전하는 것을 말한다. 예를 들어 상품의 매입대금 또는 외상매입금의 지급을 위하여 소유하고 있는 어음을 배서하여 양도하는 것이 일반적인 경우이다.

(차) 외 상 매 입 금　×××　(대) 받 을 어 음　×××

실무맛보기 … [2-5]

x1년 11월 1일 '병'으로부터 받은 x1년 12월 31일이 지급일인 어음 5,000,000원을 배서하여 상품구입대금으로 지급하였다.

차변	상　　　품	5,000,000	대변	받 을 어 음	5,000,000

6. 어음의 부도

어음수취인이 만기일에 어음을 추심의뢰하였으나 어음발행인의 지급불능 또는 지급거절으로 인하여 부도가 발생할 수 있다. 이 경우 받을어음과 별도로 부도어음의 계정과목으로하여 비유동자산 중 기타의 비유동자산으로 분류한다. 그리고 결산시점에서 부도어음의 회수가능성을 추정하여 대손에 반영하면 된다

04 매출채권의 대손과 평가

1. 대손회계의 의의

기업이 매출액을 증가시키는 방법으로 신용매출을 이용하는데 거래처가 파산 등으로 인하여 현금으로 회수할 수 없는 상태를 대손이라 하며 대손상각비과목으로 비용처리하게 된다. 이러한 대손상각비를 회계처리방법에는 직접차감법과 충당금설정법이 있다.

구분		
직접상각법	회수불능시 대손처리된 채권을 매출채권에서 직접차감	
충당금설정법	매출채권잔액비율법 : 모든 채권의 대손추정율이 동일하다는 가정하에 대손추정액을 계산하는 방법	매출채권잔액 × 대손추정률 = 대손충당금설정액
	연령분석법 : 매출채권 잔액을 구성하고 있는 각각의 개별 채권에 대하여 경과일수를 구하고 경과일수별로 회수가능성을 검토하여 각각 대손율을 추정하는 방법	매출채권잔액 × 상이한 대손추정률= 대손충당금설정액

2. 직접상각법

직접차감법이란 매출채권이 결산일 현재 회수불능으로 판명되었을때 매출채권을 감소시키면서 대손상각비를 인식하는 방법이다. 따라서 가장 손쉬운 방법이지만 수익을 기록한 연도와 대손을 인식한 연도가 일치하지 않아서 매출채권이 대손액만큼 과대표시되는 문제점이 있다. 또한 매출채권을 순실현가능가치로 평가할 수 없다. 왜냐하면 대손발생시마다 매출채권을 차감하므로 기말매출채권잔액이 과대표시될 수 있기 때문이다.

구 분	회계처리			
결산시	회계처리 없음			
실제 대손발생시	(차) 대손상각비	×××	(대) 매출채권	×××

3. 충당금설정법

충당금설정법이란 회계연도 말에서 미래에 회수불가능할 것으로 추정되는 금액을 대손상각비로 인식하고 이를 대손충당금으로 설정하는 방법이다. 이 방법은 ① 발생주의에 따라 수익을 인식하는 시점에 관련된 비용을 인식함으로써 수익비용대응원칙에 충실하고, ② 매출채권을 회수가능한 금액으로 평가하므로 매출채권의 과대계상을 방지하여 매출채권을 적정하게 평가하는 장점이 있다.

구 분	회계처리			
결산시	(차) 대손상각비	×××	(대) 대손충당금	×××
실제 대손발생시	(차) 대손충당금	×××	(대) 매출채권	×××

(1) 결산시 회계처리

대손충당금은 매년 결산일에 반복적으로 설정한다.

1) 대손추정액 > 대손충당금 잔액

결산일 현재 미회수된 매출채권잔액에 대하여 추정한 미래현금흐름의 현재가치에 기초하여 대손추정액을 계산하고 대손추정직전의 대손충당금과 비교하여 대손추정액이 큰 경우에는 다음과 같이 회계처리한다.

(차) 대손상각비	×××	(대) 대손충당금	×××

2) 대손추정액 < 대손충당금 잔액

결산일 현재 미회수된 매출채권잔액에 대하여 추정한 미래현금흐름의 현재가치에 기초하여 대손추정액을 계산하고 대손추정직전의 대손충당금과 비교하여 대손추정액이 작은 경우에는 다음과 같이 회계처리한다.

(차) 대손충당금	×××	(대) 대손충당금환입 (기타수익)	×××

실무맛보기 … [2-6]

1. ㈜조세은 제조업체로 회계담당자는 대손충당금설정대상 채권 500,000,000원을 분석한 결과 5,000,000원이 회수가능성이 매우 불확실하며 따라서 차기 이후에 회수될 수 있는 금액은 495,000,000원으로 추정하였다. (대손충당금잔액 : 2,000,000원)

차변	대 손 상 각 비	3,000,000	대변	대 손 충 당 금	3,000,000

① 대손추정액 5,000,000

② 장부상 대손충당금 2,000,000

③ 대손충당금설정액 3,000,000

* 기준에서는 대손추산액을 명목가액(500,000,000)과 현재가치(495,000,000)을 회수될 수 없는 것을 추정하여 대손충당금을 차액인 5,000,000원을 설정하게 된다.

2. ㈜조세은 제조업체로 회계담당자는 대손충당금설정대상 채권 300,000,000원을 분석한 결과 3,000,000원이 회수가능성이 매우 불확실하며 따라서 차기 이후에 회수될수 있는 금액은 297,000,000원으로 추정하였다. (대손충당금잔액 : 4,000,000원)

차변	대 손 충 당 금	1,000,000	대변	대 손 충 당 금 환 입	1,000,000

① 대손추정액 3,000,000

② 장부상 대손충당금 4,000,000

③ 대손충당금환입액 1,000,000

* 한국채택국제회계기준에서는 대손추산액을 명목가액(300,000,000)과 현재가치(297,000,000)을 회수될 수 없는 것을 추정하여 대손충당금을 차액인 3,000,000원을 설정하게 된다.

(2) 대손의 발생시 회계처리

대손이 발생한 경우에는 이미 설정되어 있는 대손충당금과 상계하여 처리하고 대손충당금 잔액이 부족한 경우에는 대손상각비로 계상한다. 다만, 실무상 대손충당금 계정잔액과 관계없이 대손금액을 무조건 대손충당금과 상계하고 결산 시점에 대손충당금 계정의 잔액을 조정하는 방법도 가능하다.

1) 대손충당금 잔액이 대손발생액보다 큰 경우

(차) 대 손 충 당 금 ××× (대) 매 출 채 권 ×××

2) 대손충당금 잔액이 대손발생액보다 부족한 경우

(차) 대 손 충 당 금 ××× (대) 매 출 채 권 ×××
대 손 상 각 비 ×××

* 대손충당금 잔액 초과분

실무맛보기 … [2-7]

1. 외상매출한 금액 중에 2,000,000원이 회수불가능하게 되었다. 단, 대손발생일 현재 대손충당금 잔액은 1,500,000원이다.

차변	대 손 충 당 금	1,500,000	대변	외 상 매 출 금	2,000,000
	대 손 상 각 비	500,000			

2. 외상매출한 금액 중에 1,000,000원이 회수불가능하게 되었다. 단, 대손발생일 현재 대손충당금 잔액은 1,500,000원이다.

차변	대 손 충 당 금	1,000,000	대변	외 상 매 출 금	1,000,000

(3) 대손의 회수시 회계처리

대손처리한 매출채권이 회수된 경우에는 다음과 같이 구분하여 회계처리하게 된다.

1) 전기에 대손된 채권의 회수인 경우

전기에 대손확정된 채권이 회수된 경우에는 전기에 대손처리에 관한 회계처리와 무관하게 대손충당금만 증가시키고, 매출채권에 관한 회계처리를 한다.

(차) 현 금 ××× (대) 대 손 충 당 금 ×××

2) 당기에 대손된 채권의 회수인 경우

당기에 대손된 채권의 경우에는 매출채권을 회수하는 분개와 대손발생시 분개를 취소하면 된다. 즉, 대손발생시 대손충당금을 차감하였다면 대손충당금을 증가시키고, 대손충당금이 부족하여 대손상각비를 인식하였다면 대손상각비를 상계시키면 된다. 그리고 매출채권 회수에 관한 회계처리를 한다.

취소	(차) 매 출 채 권	×××	(대) 대 손 충 당 금 (대 손 상 각 비)	××× ×××
회수	(차) 현 금	×××	(대) 매 출 채 권	×××

실무맛보기 … [2-8]

1. 전기에 대손처리한 외상매출금 중 3,000,000원을 회수되었다.

차변	현 금	3,000,000	대변	대 손 충 당 금	3,000,000

2. ㈜조세은 당기에 대손처리한 외상매출금 2,000,000원을 현금으로 회수하였다.

   단, 당기 대손발생일 현재 대손충당금잔액은 1,500,000원이었다.

차변	현 금	2,000,000	대변	대 손 충 당 금	1,500,000
				대 손 상 각 비	500,000

(4) 재무제표 표시방법

재무상태표에 결산일 현재 총채권 잔액 중 회수가 불가능할 것으로 예상되는 금액(대손충당금 잔액)을 차감하여 표시함으로써 결산일의 회수 가능한 매출채권 잔액을 표시한다.

한편 매출채권과 관련된 대손비용은 대손상각비라는 관리비의 한 항목로 보고하고, 기타채권(미수금, 대여금 등)과 관련된 대손비용은 기타비용으로 보고한다.

05 기타의 단기성 채권

1. 미수금

일반적인 상거래 이외에서 발생한 단기의 채권을 말하는데 예를 들면 토지, 건물 등을 처분하고 대금을 수령하지 못한 경우에 미수금계정에 기록하게 된다.

실무맛보기 … [2-9]

기계장치를 1,200원에 팔고 대금은 다음달에 받기로 했다.

기계장치의 장부가액은 1,000원이었다.

차변	미 수 금	1,200	대변	기 계 장 치	1,000
				유 형 자 산 처 분 이 익	200

2. 미수수익

당기에 발생된 수익 중 현금회수기일이 아직 도래하지 않은 경우이다. 이에는 이자수익, 수입임대료 등이 해당된다.

【 매출채권 · 미수금 · 미수수익의 구분 】

계 정 과 목	내 용	사 례
외상매출금, 받을어음	일반적 영업매출의 미회수액	상품·제품매출, 용역수입 등
미 수 금	일반적 영업매출 이외의 미수채권	중고차량매각 등
미수수익	일반적 영업매출 이외의 수익거래로서 대금회수기일이 도래하지 아니한 미수채권	수입임대료 수입이자등

실무맛보기 … [2-10]

1. A법인은 사용 중인 사무실의 일부를 임대하였다. 임대료는 매월 말일자로 500,000원씩 받기로 하였는데 결산일 현재 (x2년 12월 31일) 3개월분이 입금되지 아니하였다.

· x2년 12월 31일

차변	미 수 금	1,500,000	대변	수 입 임 대 료	1,500,000

* 확정된 채권이므로 미수수익이 아니고 미수금 계정으로 한다.

* 외상매출금과의 차이

만약 A법인이 금융업 또는 부동산임대업을 사업목적으로 하는 회사라면 미수된 이자 또는 미수임대료는 일반적 상거래에서 발생한 채권이므로 이 경우 미수수익이 아니라 외상매출금으로 계상하여야 한다.

2. A법인은 사용 중인 사무실의 일부를 임대하였다. 임대료는 매월 20일 600,000원씩 받기로 하였다.(임대료는 후불이다)

차변	미 수 수 익	200,000	대변	수 입 임 대 료	200,000

* 임대료는 발생하고 있으나 대금회수 약정일은 도래하지 아니하였으므로 확정채권은 아니다. 이 경우 미수수익 계정으로 한다.

3. 선급금

상품 및 원재료 등을 매입하기로 하고, 상품 등을 인도받기 전에 계약금 등을 미리 지급한 금액을 말한다. 선급금은 이후에 상품 등을 수령하게 되면 대변에 기입하여 소멸된다.

실무맛보기 … [2-11]

1. 10월 1일 A회사는 B회사로부터 상품을 3,000원에 매입하기로 계약하고 계약금으로 300원을 당좌수표로 지급하였다.

차변	선 급 금	300	대변	당 좌 예 금	300

2. 10월 15일 B회사로부터 위 계약내용의 물건이 매입되었다. 대금은 3개월 후에 지급하기로 하였다.

차변	상 품	3,000	대변	선 급 금	300
				외 상 매 입 금	2,700

4. 부가세대급금

재화 또는 용역을 구입하면서 부담한 부가가치세를 부가세대급금이라 한다. 이는 원칙적으로 매출세액에서 공제(또는 환급)되는 일종의 채권으로서 자산으로 구분하였다가 재화 또는 용역을 판매할 때 징수한 부가세예수금과 상계처리하게 된다.

(1) 공제되는 매입세액의 경우

(차) 원 재 료 ××× (대) 보 통 예 금 ×××
부 가 세 대 급 금 ×××

(2) 공제되지 않는 매입세액의 경우

개별소비세과세대상승용차의 구입과 유지에 관련한 매입부가가치세는 매입세액 공제가 안되므로 원가 또는 비용으로 다음과 같이 회계처리한다.

(차) 차량유지비(vat포함) ××× (대) 보 통 예 금 ×××

접대비 등의 지출에 관련된 부가세매입세액도 공제되지 않으나 손금으로 산입되므로 당해 거래의 부대비용으로 처리한다.

(차) 접 대 비 (v a t 포 함) ××× (대) 보 통 예 금 ×××

실무 TIP - 공제되지 않는 매입세액 회계처리방법

구분	계정과목
1. 개별소비세과세대상승용차의 구입・유지・임차에 관한 매입세액	① 구입과 관련된 매입세액은 차량운반구 ② 차량유지와 관련된 매입세액은 차량유지비 ③ 차량 렌탈과 관련한 매입세액은 임차료
2. 면세사업관련 매입세액	공급가액의 회계처리과목과 같은 과목으로 처리 (예, 건물, 차량운반구, 원재료, 소모품비 등)
3. 접대비 및 이와 유사한 비용에 대한 매입세액	접대비
4. 토지관련 매입세액	토지
5. 위 1~4외의 사유로 추징당하는 매입세액	세금과 공과금으로 회계처리

실무맛보기 … [2-12]

1. 상품 10,000원(부가세 별도)를 구입하고 대금은 나중에 지급하기로 하였다.

차변	상 품	10,000	대변	외 상 매 입 금	11,000
	부 가 세 대 급 금	1,000			

2. 회사업무용 승용자동차(2,000cc)의 타이어교체비용, 차량도색비로 220,000(부가세 포함)을 지출하고, 세금계산서를 수취하였다.

차변	차 량 유 지 비	220,000	대변	현 금	220,000

* 개별소비세과세대상 소형승용차의 구입·유지와 관련된 부가세매입세액은 공제되지는 않지만, 차량유지비에 포함되어 손금(비용)으로 인정된다.

3. 거래처에게 선물할 물품을 현금 100,000원(부가세 별도)에 구입하였다.

차변	접 대 비	110,000	대변	현 금	110,000

* 접대비 등의 지출에 관련된 부가세매입세액은 공제되지 않으나 접대비 지출 한도 내에서 비용인정이 가능하므로 부가가치세도 접대비로 계상하여야 한다.

5. 가지급금

현금의 지급은 있었으나 이것을 처리할 계정과목이나 금액이 확정되지 않아 그 내용이 확정될 때까지 일시적으로 처리하는 임시계정이다. 가지급금 계정은 대표적인 미결산계정으로 반드시 결산일까지는 적절한 계정과목으로 대체해야 한다. 실무상 가지급금의 대표적인 예는 출장비와 같이 업무상 경비를 선지급한 경우이다.

실무 TIP - 가지급금과 전도금의 구별

전도금은 업무와 관련하여 그 지출금액이 확정되어 있지 아니한 상태에서 당해 기업이 업무관련경비를 미리 지급할 경우에 사용되는 일종의 가계정이다.

실무에서는 업무와 관련한 지출은 전도금으로 업무와 관련 없이 대표이사 등에게 지급하는 금액은 가지급금으로 처리한다.

실무맛보기 … [2-13]

1. 홍길동이 출장을 가면서 6월 10일에 경리부에서 출장여비를 600원를 받아갔다.

차변	가 지 급 금	600	대변	현 금	600

2. 홍길동이 6월 30일 출장에서 돌아와 지출내역을 경리부에서 정산해보니 다음과 같았다. (여비교통비 : 335원 , 접대비 : 200원 , 남은 현금 : 65원)

차변	여 비 교 통 비	335	대변	가 지 급 금	600
	접 대 비	200			
	현 금	65			

6. 선급비용

현금지출은 이루어졌지만 그 지출의 효과는 차기이후에 발생하는 경우로서 당기의 비용으로 처리할 수 없는 지출을 의미한다. 예를 들면, 선급이자, 선급보험료, 선급수수료 등이 있다.

선급비용을 처리하는 방법에는 ① 자산으로 처리하였다가 비용으로 수정하는 방법과 ② 비용으로 처리하였다가 결산시에 자산으로 수정하는 방법이 있다.

7. 단기대여금

대여금이란 금전소비대차계약에 의해서 거래상대방에게 차용증서를 받고 금전을 대여한 경우로서 만기가 재무상태표일로부터 1년 이내에 도래하는 경우에 사용하는 계정과목이다. 일반적으로 기업이 종업원, 주주, 임원에게 급여를 선불로 지급하는 경우가 대표적인 예이다.

실무맛보기 … [2-14]

(1) 김과장에게 주택구입자금으로 6개월 후에 회수하기로 하고 10,000원을 대여해주었다.

차변	단 기 대 여 금	10,000	대변	보 통 예 금	10,000

(2) 6개월 후에 김과장에게 주택구입자금으로 대여해준 10,000원과 이자 200원을 현금으로 받았다.

차변	현 금	10,200	대변	단 기 대 여 금	10,000
				이 자 수 익	200

8. 선납세금(선급법인세)

세법에 의하여 부담할 각종 세금 중에서 미리 지급한 것을 처리하는 계정으로서 법인세 중간예납액, 이자소득이나 배당소득에 대한 원천징수액 등이 해당한다. 원천징수 대상소득을 지급받을 경우에는 반드시 동 세금에 대한 선납세금(선급법인세)을 인식해야 하며, 선납세금(선급법인세)은 법인세 납부시 납부할 세금에서 기납부세액으로서 공제받아야 한다.

(1) 보통예금 이자수취시

(차)	보 통 예 금	×××	(대) 이 자 수 익	×××
	선 납 세 금	×××		

(2) 법인세 중간예납세액 납부시

(차) 선 납 세 금 ×××   (대) 보 통 예 금 ×××

(3) 결산시

(차) 법 인 세 비 용 ×××   (대) 미 지 급 법 인 세 ×××
선 납 세 금 ×××

실무맛보기 … [2-15]

1. 8월 31일 법인세중간예납세액으로 20,000원을 보통예금에서 인출하여 납부하였다.

차변	선 납 세 금	20,000	대변	보 통 예 금	20,000

2. 결산시 법인세로 30,000원을 계상하였다.(선납세금이 2,000원이 있음)

차변	법 인 세 비 용	30,000	대변	미 지 급 세 금	28,000
				선 납 세 금	2,000

03 SECTION

유동자산(3)-재고자산

01 재고자산 의의

1. 의의

한국채택국제회계기준에서 재고자산은 정상적인 영업활동과정에서 판매를 위하여 보유 중이거나 생산 중에 있는 자산 또는 생산이나 용역 제공에 사용될 원재료나 소모품을 말한다.

2. 분류

재고자산의 분류는 회사의 정상적인 영업과정이 무엇인가에 따라서 다르게 분류되는데 예를 들어 부동산매매업을 영위하는 회사가 판매목적으로 보유하고 있는 토지와 건물은 재고자산으로 분류하며, 일반제조업을 영위하는 회사가 보유하는 토지 및 건물은 유형자산으로 분류하고, 투자의 목적으로 보유하고 있는 토지는 투자자산(투자부동산)으로 분류한다.

① 상품 : 기업이 판매를 목적으로 외부에서 매입한 모든 물품을 말한다.

② 제품 : 기업이 판매를 목적으로 자가제조·가공한 생산품을 말한다.

③ 반제품 : 기업이 자가제조한 중간제품과 부분품 등을 말하며, 또한 반제품은 현재 상태로 판매가능한 재공품을 말한다.

④ 재공품 : 제품 또는 반제품의 제조를 위하여 생산과정 중에 있는 미완성의 생산물을 말한다.(재공품은 반제품을 포함한다.)

⑤ 원재료 : 제품생산에 투입할 목적으로 구입한 원료, 재료 등을 포함한다.

⑥ 저장품 : 사무용 소모품, 소모성공구기구·비품, 수선용 부품 등이 있다.(재고자산에 포함되는 공구 및 비품은 당기 생산과정에 소비 또는 투입될 품목에 한하며, 한 회계기간 이상 사용할 것으로 예상되는 품목이면 비유동자산

으로 분류한다.)

⑦ 기타의 재고자산 : 위에 속하지 아니하는 재고자산을 말한다.

재무상태표

(주)조세 2017년 12월 31일 (단위 : 원)

Ⅰ. 유동자산	Ⅰ. 유동부채
재고자산	Ⅱ. 비유동부채
① 상품	
② 제품	
③ 반제품	
④ 재공품	
⑤ 원재료	Ⅰ. 자본금
⑥ 저장품	Ⅱ. 자본잉여금
⑦ 기타의 재고자산	Ⅲ. 자본조정
	Ⅳ. 기타포괄손익누계액
Ⅱ. 비유동자산	Ⅴ. 이익잉여금
(1) 투자자산	
(2) 유형자산	
(3) 무형자산	
(4) 기타비유동자산	

02 재고자산 취득원가의 결정

재고자산의 취득원가는 매입가액 또는 제조원가(전환원가)에 정상적으로 발생한 부대비용("기타원가")을 가산하고 매입과 관련된 매입할인, 매입에누리 및 환출액 등을 차감한 금액이다.

여기서 기타원가란 재고자산을 현재의 장소에 현재의 상태로 이르게 하는데 발생한 원가를 말하는 것으로서, 기타원가의 예로는 운송보험료, 매입운임, 하역비, 매입 관련 세금과공과 등이 있다.

한편 재고자산 보유에 따른 비용(보관비용 등)은 발생시 비용으로 처리하여야 하며 원칙적으로 취득원가를 구성하지 않는다.

1. 매입원가

재고자산의 매입원가는 매입가격에 수입관세와 제세금(과세당국으로부터 추후 환급받을 수 있는 금액은 제외), 매입운임, 하역료 그리고 완제품, 원재료 및 용역의 취득과정에 직접 관련된 기타 원가를 가산한 금액이다. 매입할인, 리베이트 및 기타 유사한 항목은 매입원가를 결정할 때 차감한다.

매입원가 = 매입가액 + 취득부대비용(기타원가) - (매입할인 + 매입에누리 + 매입환출)

* 상품매입이 아닌 상품판매와 관련한 제비용은 판매비와 관리비로 구분하여야함을 주의하여야 한다.

☞ 매입운임의 처리

① 선적지 인도기준 : 선적시점에서 소유권이 매입자에게 이전되므로 매입운임은 매입자가 부담하므로 매입자의 취득원가에 포함한다.

② 도착지 인도기준 : 도착시점에서 소유권이 매입자에게 이전되므로 매입운임은 판매자가 부담하므로 판매자의 운반비계정으로 처리한다.

2. 전환원가 (=제조원가)

재고자산의 전환원가는 직접재료원가, 직접노무원가 등 생산량과 직접 관련된 원가와 원재료를 완제품으로 전환하는데 발생하는 고정 및 변동 제조간접원가의 체계적인 배부액을 포함한다.

① 고정제조간접원가는 공장 건물이나 기계장치의 감가상각비와 수선유지비 및 공장 관리비처럼 생산량과는 상관없이 비교적 일정한 수준을 유지하는 간접 제조원가를 말한다.

② 변동제조간접원가는 간접재료원가나 간접노무원가처럼 생산량에 따라 직접적으로 또는 거의 직접적으로 변동하는 간접 제조원가를 말한다.

3. 기타원가

기타 원가는 재고자산을 현재의 장소에 현재의 상태로 이르게 하는 데 발생한 범위 내에서만 취득원가에 포함된다. 예를 들어 특정한 고객을 위한 비제조간접원가 또는 제품 디자인원가를 재고자산의 원가에 포함하는 것이 적절할 수도 있다.

4. 취득원가에 포함할 수 없는 항목

재고자산 원가에 포함할 수 없으며 발생기간의 비용으로 인식하여야 하는 원가의 예는 다음과 같다.

① 재료원가, 노무원가 및 기타의 제조원가 중 비정상적으로 낭비된 부분

② 추가 생산단계에 투입하기 전에 보관이 필요한 경우 외의 보관비용

③ 재고자산을 현재의 장소에 현재의 상태로 이르게 하는 데 기여하지 않은 관리간접원가

④ 판매원가

실무맛보기 … [3-1]

1. 거래처로부터 단가 5,000원짜리 상품을 500개를 외상으로 구입하였으며, 해당 상품의 구입과 관련하여 운송비 500,000원을 현금으로 지급하였다.

차변			대변		
차변	상 품	3,000,000	대변	외 상 매 입 금	2,500,000
				현 금	500,000

2. 상기 거래와 관련하여 제품 구입대금을 조기 결제하여 거래처로부터 200,000원의 할인을 받았다.

차변			대변		
차변	외 상 매 입 금	2,500,000	대변	매 입 할 인	200,000
				현 금	2,300,000

5. 용역제공기업

용역제공기업이 재고자산을 가지고 있다면, 이를 제조원가로 측정한다. 이러한 원가는 주로 감독자를 포함한 용역제공에 직접 관여된 인력에 대한 노무원가 및 기타원가와 관련된 간접원가로 구성된다.

반면에 판매와 일반관리 인력과 관련된 노무원가 및 기타원가는 재고자산의 취득원가에 포함하지 않고 발생한 기간의 비용으로 인식한다.

일반적으로 용역제공기업이 가격을 산정할 때 고려하는 이윤이나 용역과 직접 관련이 없는 간접원가는 재고자산의 취득원가에 포함하지 아니한다.

6. 생물자산에서 수확한 농림어업 수확물의 취득원가

생물자산에서 수확한 농림어업 수확물로 구성된 재고자산은 순공정가치로 측정하여 수확시점에 최초로 인식하며 그 금액이 해당 재고자산의 취득원가이다.

7. 장기연불조건

재고자산을 후불조건으로 취득할 수도 있다. 계약이 실질적으로 금융요소를 포함하고 있다면, 해당 금융요소(예: 정상신용조건의 매입가격과 실제 지급액 간의 차이)는 금융이 이루어지는 기간 동안 이자비용으로 인식한다.

03 재고자산의 원가배분

재고자산의 원가배분이란 상품계정의 기초재고액과 당기매입액을 더한 금액 즉 판매가능재고금액을 판매분은 매출원가로 배분하고 미판매된 분은 기말재고금액으로 배분하는 과정이다.

여기서 판매가능재고금액은 수량에 단가를 곱하여 계산하게 되며, 기말재고액도 보유하고 있는 수량에 단가를 곱하여 계산하게 된다. 또한 수량을 결정하는 방법에는 계속기록법과 실지재고조사법이 있으며 단가를 산정하는 방법에는 개별법, 선입선출법, 평균법 등이 있다.

[재고자산의 이론체계]

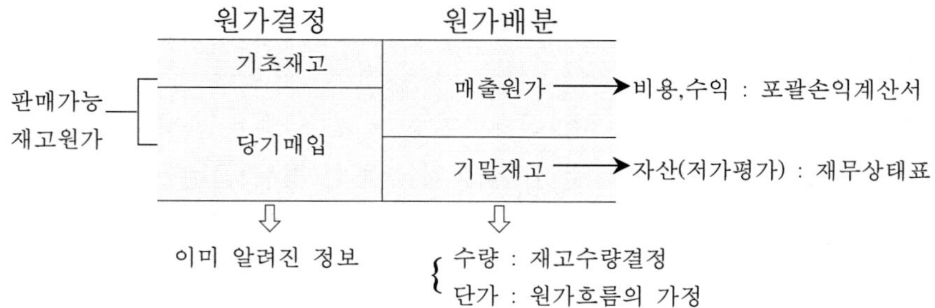

1. 재고자산의 수량결정

재고자산의 수량을 결정하는 방법에는 계속기록법과 실지재고조사법으로 구분된다.

(1) 계속기록법

계속기록법은 재고자산의 매입하거나 매출할 때마다 수량을 계속하여 기록하여 재고자산의 증가 또는 감소를 기록하는 방법이다. 다음과 같이 계속기록법은 기초재고수량과 당기매입수량의 합에서 장부상으로 파악된 당기판매수량을 차감함으로써 기말재고수량을 파악하는 방법이다.

기초재고수량 + 당기매입수량 - 당기판매수량 = 기말재고수량

수량이 파악되면 적절한 단가를 적용하여 당기 매출원가를 산정하고, 이를 근거로 기말재고금액을 파악한다.

구분	회계처리			
상품매입시	(차) 상품	×××	(대) 현금 등	×××
상품매출시	(차) 매출채권 매출원가	××× ×××	(대) 매출 상품	××× ×××
결산시	회계처리없음			

(2) 실지재고조사법

실지재고조사법은 결산시점에 실제로 남아있는 기말재고자산(미판매분)의 수량을 측정하여 파악하는 방법이다. 다음과 같이 실지재고조사법은 기초재고수량과 당기매입수량의 합에서 실사를 통해 파악한 기말재고수량을 차감하여 당기판매수량을 파악하는 방법이다.

기초재고수량 + 당기매입수량 - 기말재고수량 = 당기판매수량

수량이 파악되면 적절한 단가를 적용하여 기말재고금액을 산정하고, 이를 근거로 당기 매출원가를 결정한다. 결산시점까지 판매한 상품의 원가에 대해서는 기록을 하지 않고 결산시점에서 수정분개를 통하여 매출원가를 한번에 계산한다.

구분	회계처리			
상품매입시	(차) 매입	×××	(대) 매입채무 등	×××
상품매출시	(차) 매출채권 (매출원가기록하지 않음)	×××	(대) 매출	×××
결산시*	(차) 매출원가 매출원가 (기말)상품	××× ××× ×××	(대) (기초)상품 매입 매출원가	××× ××× ×××

* 결산시 수정분개는 기초재고액과 당기매입재고액을 판매된 상품으로 간주하여 매출원가로 대체하고, 미판매된 것으로 파악된 기말재고액만큼 매출원가를 감소시킨다.

(3) 계속기록법과 실지재고조사법 병행(병행법)

계속기록법과 실지재고자산법 각각은 장부상 기말재고수량과 실사를 통한 기말재고수량에 차이가 발생할 경우 이를 정확히 산출하기 어려운 단점을 가지고 있다.

따라서 계속기록법과 실지재고조사법을 병행하여 재고자산을 매입하거나 매출할 때마다 수량을 계속하여 기록한 장부상 수량과 기말에 실사를 하여 실제수량을 구한후 그 차이 및 그 원인(감모손실)을 파악한다.

즉, 병행법은 실지재고조사법을 근간으로 하되 감모손실 등을 파악할 수 있도록 기중에 재고자산의 입·출고수량을 계속기록하는 방법이다.

구분	회계처리			
상품매입시	(차) 상품(매입)	×××	(대) 매입채무 등	×××
상품매출시	(차) 매출채권	×××	(대) 매출	×××
결산시	(차) 매출원가 매출원가 (기말)상품 재고자산감모손실	××× ××× ××× ×××	(대) (기초)상품 상품(매입) 매출원가 상품	××× ××× ××× ×××

실무맛보기 … [3-2]

(주)조세의 2017년의 상품에 대한 자료는 다음과 같다. 당기 매출액은 300,000원이다.

적요	수량	원가
기초재고	500	200
당기매입	1,000	200

기중에 계속기록법에 의한 판매수량은 750개 였으며, 실지재고조사법에 의한 기말재고수량은 700개였다. 또한 당기 중에 감모손실 된 제품은 50개였고 비정상인 것으로 판정되었다.

1. 계속기록법에 의한 회계처리

(1) 기말재고수량

<재고자산>

기초재고수량	500	판매수량	750
당기매입수량	1,000	기말재고수량	750
	1,500		1,500

계속기록법에 따른 판매수량 : 500+1,000 - 750 = 750

(2) 회계처리

구분	회계처리			
상품매입시	(차) 상품	200,000	(대) 매입채무	200,000
상품매출시	(차) 매출채권	300,000	(대) 매출	300,000
	매출원가	150,000	상품	150,000
재무제표	재무상태표상 기말재고자산금액: 750개×200원= 150,000원			
	포괄손익계산서상 매출원가: 750개×200원= 150,000원			

2. 실지재고조사법에 의한 회계처리

(1) 기말판매수량

<재고자산>

기초재고수량	500	판매수량	800
당기매입수량	1000	기말재고수량	700
	1,500		1,500

실지재고조사법에 따른 기말판매 수량 : 500+1,000 -700 = 800

(2) 회계처리

구분	회계처리			
상품매입시	(차) 매입	200,000	(대) 매입채무 등	200,000
상품매출시	(차) 매출채권 등	300,000	(대) 매출	300,000
결산시	(차) 매출원가 매출원가 (기말)상품	100,000 200,000 140,000	(대) (기초)상품 매입 매출원가	100,000 200,000 140,000
재무제표	재무상태표상 기말재고자산금액: 700개×200원= 140,000원 포괄손익계산서상 매출원가: 800개×200원= 160,000원			

3. 병행법에 의한 회계처리

(1) 기말재고수량

<재고자산>

기초재고수량	500	판매수량	750
		비정상감모수량	50
당기매입수량	1,000	기말재고수량	700
	1,500		1,500

혼합법에 따른 기말재고 수량 : 500+1,000 −750−50 =700

(2) 회계처리

구분	회계처리			
상품매입시	(차) 상품	200,000	(대) 매입채무 등	200,000
상품매출시	(차) 매출채권 등	300,000	(대) 매출	300,000
결산시	(차) 매출원가 매출원가 (기말)상품 재고자산감모손실	100,000 200,000 140,000 10,000	(대) (기초)상품 매입 매출원가 상품	100,000 200,000 140,000 10,000
재무제표	재무상태표상 기말재고자산금액: 700개×200원= 140,000원 포괄손익계산서상 매출원가: 750개×200원= 150,000원 영업외비용: 50개×200원= 10,000원			

2. 재고자산의 원가흐름의 가정

동일한 재고자산을 매입시마다 매입단가가 상이한 경우에는 기말재고자산 전체에 대해 일괄적인 단위당 원가를 적용할 수 없다. 따라서 재고자산의 원가흐름에 대해 별도의 가정이 필요하게 된다.

한국채택국제회계기준에서는 통상적으로 상호 교환될 수 없는 재고자산항목의 원가와 특정 프로젝트별로 생산되고 분리되는 재화 또는 용역의 원가는 개별법을 적용하되, 성격과 용도 면에서 유사한 재고자산에는 동일한 단위원가 결정방법을 적용하여야 하며, 성격이나 용도 면에서 차이가 있는 재고자산에는 서로 다른 단위원가 결정방법을 적용할 수 있다.

수 량 결 정 / 원가흐름가정	계속기록법	실지재고조사법
선입선출법	계속기록법하의 선입선출법	실지재고조사법하의 선입선출법
가중평균법	이동평균법	총평균법

(1) 개별법

개별법은 식별되는 재고자산별로 특정한 원가를 부과하는 방법이다. 즉 각각의 재고자산에 가격표 등의 번호표를 붙여 재고로 있는 것과 매출된 것을 구분하여 재고관리를 하는 것을 말한다. 이 방법은 외부 매입이나 자가제조를 불문하고, 특정 프로젝트를 위해 분리된 항목에 적절한 방법이다.

개별법은 실제 재고자산의 물리적 흐름과 원가흐름이 일치하여 실제수익과 실제원가가 대응된다는 장점이 있고 기말재고금액이 실제원가로 보고되므로 수익과 비용의 대응이 적절하게 이루어진다.

(2) 선입선출법(FIFO first-in first out method)

선입선출법은 먼저 매입 또는 생산된 재고자산이 먼저 판매되고 결과적으로 기말에 재고로 남아 있는 항목은 가장 최근에 매입 또는 생산된 항목이라고 가정하는 방법이다. 원가흐름의 가정으로 선입선출법을 적용하는 경우의 기말재고자산 금액은 계속기록법에 의한 금액과 실지재고조사법에 의한 금액이 일치한다. 선입선출법은 매입순서대로 판매된다는 가정이므로 실제물량흐름과 일치하여 적용이 쉽다.

(3) 가중평균법

가중평균법은 기초 재고자산과 회계기간 중에 매입 또는 생산된 재고자산의 원가를 가중평균하여 재고항목의 단위원가를 결정하는 방법이다. 이 경우 평균은 기업의 상황에 따라 주기적으로 계산하거나 매입 또는 생산할 때마다 계산할 수 있다.

1) 총평균법(기말단가 기록법)

총평균법은 일정기간 동안의 상품의 총매입액을 총매입수량으로 나누어서 평균단가를 산출하는 방법으로 상품매출시에는 수량만 기입하고 기말에 가서 단가를 기입한다. 총평균법은 계산이 간단하며 매입단가의 차이를 완화시킬 수 있는 방법이나 기말이 되어야 단가산정이 되므로 장부처리가 늦어지는 단점이 있다.

$$\text{단가} = \frac{\text{기초재고액} + \text{당기매입액}}{\text{기초재고수량} + \text{당기매입수량}}$$

2) 이동평균법(계속단가 기록법)

이동평균법은 상품을 신규로 구입할 때마다 그 직전의 상품재고가격과의 합계액을 그 합계수량으로 나누어 상품의 단가를 산출하는 방법이다. 매입할 때마다 평균단가를 산출해야 하므로 단수가 생기는 단점이 있다.

$$\text{단가} = \frac{\text{매입직전재고가액} + \text{매입가액}}{\text{매입직전재고수량} + \text{매입수량}}$$

(4) 원가흐름의 가정과 당기순이익 및 현금흐름의 크기 비교

물가가 지속적으로 상승하고, 재고청산이 없는 경우에 원가흐름의 가정에 따른 기말재고자산, 당기순이익 및 현금흐름 등의 크기는 다음과 같다.

구분		인플레이션하에서
기말재고액		선입선출법 > 이동평균법 > 총평균법
매출원가		선입선출법 < 이동평균법 < 총평균법
당기순이익		선입선출법 > 이동평균법 > 총평균법
법인세비용		선입선출법 > 이동평균법 > 총평균법
현금흐름	법인세 없음	선입선출법 = 이동평균법 = 총평균법
	법인세 있음	선입선출법 < 이동평균법 < 총평균법

원가흐름의 가정과 현금흐름은 무관하다. 그러나 법인세가 있는 경우에는 당기순이

익이 크면 법인세부담액이 증가하므로 현금흐름은 감소하게 된다.

실무 TIP -후입선출법은 한국채택국제회계기준에서 불인정

후입선출법은 가장 나중(최근)에 매입한 상품이 가장 먼저 판매된다는 가정에 의한 방법이다. 따라서 기말에 재고로 남아 있는 항목은 가장 먼저 매입한 항목이라고 보므로, 후입선출법을 적용하는 경우에는 언제 구입한 재고가 남아있는지 재고층 분석을 해야 한다.

실무맛보기 … [3-3]

재고자산 수불부(과목 : 상품, 품목 : 전자계산기, 규격 : 201)

일 자	입 고			출 고	재 고	비 고
	수 량	단 가	금 액	수 량	수 량	
전기이월	500	15,000	7,500,000		500	
1. 5	200	16,000	3,200,000		700	
1. 15				300 (전기이월분중)	400	
2. 20	300	17,000	5,100,000		700	
2. 28				400 전기이월분 200 2/20입고분 200	300	
5. 20	200	19,000	3,800,000		500	
6. 5				300 2/20입고분 100 5/20입고분 200	200	
7. 1	5	30,000	150,000		205	
합 계	1,205		19,750,000	1,000	205	

1. 개별법

상품이 판매되었을 때 그 상품 각각의 구입가격이 매출원가이다. 따라서, 언제 구입되었던 것이 판매되는지 잘 파악하여야 한다.

① 매출원가

1. 15	300대 × 15,000(전기이월단가)	=	4,500,000
2. 28	200대 × 15,000(전기이월단가)	=	3,000,000
2. 28	200대 × 17,000(2.20 구입단가)	=	3,400,000
6. 5	100대 × 17,000(2.20 구입단가)	=	1,700,000
6. 5	200대 × 19,000(5.20 구입단가)	=	3,800,000
			16,400,000

② 기말재고

200대 × 16,000(1.5구입단가)	=	3,200,000
5대 × 30,000(7.1구입단가)	=	150,000
		3,350,000

③ 회계처리

매입시 :	(차) 상 품	19,750,000	(대) 현 금	19,750,000
매출시 :	(차) 현 금	20,000,000	(대) 매 출	20,000,000
결산시 :	(차) 상품매출원가	16,400,000	(대) 상 품	16,400,000

2. 선입선출법

상품의 실제 흐름과 관계없이 먼저 입고된 것부터 출고된다고 가정하므로 기말재고는 각 회계연도 종료일로부터 가장 가까운 날에 입고된 것부터 순차로 구입가격을 적용 · 산출한다.

① 기말재고

5대 × 30,000 = 150,000
200대 × 19,000 = 3,800,000
3,950,000

② 매출원가

전기이월 + 당기입고 − 기말재고 = 매출원가

7,500,000 + 12,250,000 − 3,950,000 = 15,800,000

3. 이동평균법

상품을 취득할 때마다 평균단가를 산출하여 판매하는 상품원가를 결정한다.

① 매출원가 16,157,551

② 기말재고 3,592,449

일 자	입 고			출 고			재 고		
	수량	단 가	금 액	수량	단 가	금 액	수량	단 가	금 액
전기이월	500	15,000	7,500,000				500	15,000	7,500,000
1. 5	200	16,000	3,200,000				700	$15,285^{71}$	10,700,000
1. 15				300	$15,285^{71}$	4,585,714	400	$15,285^{71}$	6,114,286
2. 20	300	17,000	5,100,000				700	$16,020^{40}$	11,214,286
2. 28				400	$16,020^{40}$	6,408,163	300	$16,020^{40}$	4,806,123
5. 20	200	19,000	3,800,000				500	$17,212^{46}$	8,606,123
6. 5				300	$17,212^{46}$	5,163,674	200	$17,212^{46}$	3,442,449
7. 1	5	30,000	150,000				205	$17,514^{14}$	3,592,449
합 계	1,205		19,750,000	1,000		16,157,551	205		3,592,449

4. 총평균법

일정기간동안의 총 구입가격을 총 구입수량으로 나누어 평균단가를 구한 다음 그 평균단가를 출고수량과 재고수량에 각각 곱하여 계산한 가격이 매출원가와 기말재고이다.

상품평균단가 : $\frac{19,750,000}{1,205}$ = 16,390.04

① 매출원가 : 16,390.04 × 1,000 = 16,390,041

② 기말재고액 : 16,390.04 × 205 = 3,359,959

3. 재고자산의 추정

표준원가법이나 소매재고법 등의 원가측정방법은 그러한 방법으로 평가한 결과가 실제 원가와 유사한 경우에 편의상 사용할 수 있다.

(1) 표준원가법

표준원가는 정상적인 재료원가, 소모품원가, 노무원가 및 효율성과 생산능력 활용도를 반영한다. 표준원가는 정기적으로 검토하여야 하며 필요한 경우 현재 상황에 맞게 조정하여야 한다.

(2) 소매재고법

소매재고법은 이익률이 유사하고 품종변화가 심한 다품종 상품을 취급하는 유통업에서 실무적으로 다른 원가측정법을 사용할 수 없는 경우에 흔히 사용한다.

소매재고법에서 재고자산의 원가는 재고자산의 판매가격을 적절한 총이익률을 반영하여 환원하는 방법으로 결정한다. 이때 적용되는 이익률은 최초판매가격 이하로 가격이 인하된 재고자산을 고려하여 계산하는데, 일반적으로 판매부문별 평균이익률을 사용한다.

04 재고자산의 평가

재고자산과 관련된 평가는 수량평가와 단가평가가 있다. 수량평가는 장부상의 재고자산 수량과 실제 재고자산 수량의 차이를 파악하는 것이다. 단가평가는 재고자산의 취득원가와 시가의 차이를 파악하는 것이다.

1. 재고자산의 수량평가

(1) 의의 및 회계처리

재고자산감모손실 = (장부상 재고수량 - 실제 재고수량) × 단위당 취득원가

재고자산이 보관하는 과정에서 파손, 마모, 도난 등으로 인하여 실지재고수량이 장부수량보다 적은 경우 차액을 재고자산감모손실이라고 한다. 한국채택국제회계기준에서는 재고자산감모손실에 대해서 원가성유무에 관계없이 비용(매출원가 또는 기타비용)으로 처리하도록 규정하고 있다.

그러나 재고자산의 정상적인 감모손실은 재고자산의 매입이나 제조과정에서 발생하는 회피불가능한 지출이다. 또한 경험적으로 예측가능한 정상적인 감모손실은 이미 판매가에 반영되어 있으므로, 매출과 매출원가의 대응관점에서도 이를 매출원가에 반영하는 것이 논리적 일관성이 있다.

구분	회계처리			
정상	(차) 재고자산감모손실 (매출원가)	×××	(대) 재고자산	×××
비정상	(차) 재고자산감모손실 (기타비용)	×××	(대) 재고자산	×××

부분포괄손익계산서

매출액		×××
매출원가		(×××)
기초상품재고액	×××	
당기매입액	(+) ×××	
기말상품재고액	(−) ×××	
재고자산감모손실(원가성이 있는 경우)	**(+) ×××**	
재고자산평가손실	**(+) ×××**	
타계정대체액	(−) ×××	
매출총이익		×××
관리비		(×××)
기타비용		(×××)
재고자산감모손실(원가성이 없는 경우)	(×××)	

☞ 원가성이 없는 감모손실은 매출원가에 표시할 때에 "타계정대체액"으로 반영하여 매출원가에서 차감하도록 규정하고 있다.

(2) 타계정대체액

타계정대체액이란 판매목적으로 구입한 상품을 도난 또는 기타의 영업활동으로 감소된 재고자산은 매출원가가 아닌 적정한 과목으로 (타계정)대체하여야 한다. 여기에 해당하는 예를 들면 다음과 같다.

① 광고선전목적으로 사용한 경우

② 거래처의 접대비 목적으로 사용한 경우

③ 종업원에게 복리후생목적으로 사용한 경우

④ 원가성이 없는 도난 등으로 인한 재고자산이 분실된 경우

구분	회계처리			
광고선전목적	(차) 광고선전비	×××	(대) 재고자산	×××
접대목적	(차) 접대비	×××	(대) 재고자산	×××
복리후생목적	(차) 복리후생비	×××	(대) 재고자산	×××
도난 등으로 분실	(차) 재고자산감모손실 (기타비용)	×××	(대) 재고자산	×××

2. 재고자산의 단가평가

(1) 저가법

1) 의의

재고자산은 미래 경제적효익의 회수가 자산의 매각을 통해서 이루어지므로 재고자산의 순실현가능가치(시가)가 취득원가에 미달하여 원가의 회수가 어려워지면, 동 미달액은 자산으로서의 의미를 상실하게 된다.

재고자산은 판매나 사용으로부터 실현될 것으로 기대되는 미래의 효익이 당해 재고자산의 장부금액을 초과하는 경우에만 자산으로서의 의미를 가지게 되기 때문이다. 따라서 기말 재무상태표의 재고자산은 순실현가능가치(시가)와 취득원가 중 낮은 금액으로 측정하는 저가법을 적용하여 재고자산의 장부금액을 결정한다.

재고자산평가액= min [취득원가, 시가]

2) 시가

재고자산을 저가법으로 평가하는 경우 재고자산의 시가는 순실현가능가치를 말한다. 이때 순실현가능가치는 예상 판매가액에서 예상되는 추가 완성원가와 판매비용을 차감한 것을 말한다.

① 제품, 상품 및 재공품의 시가 : 순실현가능가치 ⇒ 판다면의 가격

② 원재료의 시가 : 현행대체원가 ⇒ 산다면의 가격

3) 적용방법

저가법은 종목별로 적용한다. 그러나 재고 항목들이 서로 유사하거나 관련되어 있는 경우에는 저가법을 조별로 적용할 수 있다. 예를 들어, 정유회사의 경우 재고재산의 동질성에 따라 무연휘발유, 등유, 경유 등으로 구분하여 저가법을 적용

할 수 있다.

(2) 재고자산평가손실

다음의 경우에는 재고자산의 원가를 회수하기 어려울 수 있다.

① 물리적으로 손상된 경우

② 완전히 또는 부분적으로 진부화 된 경우

③ 판매가격이 하락한 경우

④ 완성하거나 판매하는 데 필요한 원가가 상승한 경우

시가는 매 회계기간말에 추정한다. 저가법 적용시 시가하락으로 인한 손실은 재고자산평가손실로 인식하는 반면에 취득원가보다 시가가 높은 경우에는 재고자산평가이익으로 인식하지 않는다.

> 재고자산평가손실 = (단위당 취득원가 - 단위당 시가) × 실제 재고수량

한국채택국제회계기준에 의하면 재고자산평가손실은 비용(매출원가)에 포함시키고, 평가손실 해당액은 재고자산에서 차감하는 형식으로 표시하도록 규정하고 있다.

한편, 재고자산의 감액을 초래했던 상황이 해소되거나 경제상황의 변동으로 순실현가능가치가 상승한 명백한 증거가 있는 경우에는 최초의 장부금액을 초과하지 않는 범위 내에서 평가손실을 환입한다. 재고자산평가손실의 환입은 매출원가에서 차감한다.

구분	회계처리			
시가하락시	(차) 재고자산평가손실 (매출원가에 가산)	×××	(대) 재고자산평가충당금 (재고자산에서 차감)	×××
시가상승시	(차) 재고자산평가충당금	×××	(대) 재고자산평가손실환입 (매출원가에 차감)	×××

부분재무상태표

재고자산	×××	
평가손실충당금	(×××)	
	×××*	

부분포괄손익계산서

매출액		×××
매출원가		(×××)
기초상품재고액	×××	
당기매입액	(+) ×××	
기말상품재고액	(-) ×××*	
재고자산감모손실(원가성이 있는 경우)	(+) ×××	
재고자산평가손실	(+) ×××	
타계정으로 대체액(매출이외감소액)	(-) ×××	
매출총이익		×××
기타비용(매출이외 감소)		×××

* 의 재무상태표금액과 포괄손익계산서금액은 실제수량에 시가를 곱한 금액과 일치한다.
* 원가성이 없는 감모손실은 매출원가에 표시할 때에 "매출이외의 상품감소액"이라는 과목으로 하여 매출원가에서 차감하도록 한다.

실무맛보기 … [3-4]

(주)조세는 다음과 같은 재고자산을 기말 현재 보유 중에 있다. 다음 자료에 의하여 물음에 답하시오.

기 초 상 품 재 고 액	3,000,000	당 기 상 품 총 매 입 액	25,000,000
당 기 상 품 총 매 출 액	40,000,000	매 입 할 인 액	2,000,000
매 출 환 입 액	5,000,000	접대비로 사용한 상품원가	500,000

- 기말 현재 (주)조세의 장부상 재고자산은 500개, 취득가액은 개당 3,000원이다.
- 기말 창고에 실제 남아있는 재고자산은 450개이었고, 기말 현재 당해자산의 시가는 개당 2,800원으로 평가되었다.

1. (주)조세의 기말 재고자산감모손실에 대한 회계처리를 하라. 단, 감모손실 중 20개는 원가성이 있다.

차변	재고자산감모손실 (매출원가)	60,000	대변	재고자산	150,000
	재고자산감모손실 (기타비용)	90,000			

* 150,000 = (500−450)× 3,000

2. (주)조세의 기말 재고자산평가손실에 대한 회계처리를 하라.

차변	재고자산평가손실 (매출원가)	90,000	대변	재고자산평가충당금	90,000

3. (주)조세의 부분 포괄손익계산서를 작성하라.

부분 포괄손익계산서 2017.1.1~2017.12.31		
매출액		35,000,000
매출원가		(24,150,000)
기초상품재고액	3,000,000	
당기상품매입액	23,000,000	
계	26,000,000	
기말상품재고액	1,260,000	
타계정대체액	590,000	
매출총이익		10,850,000
≀	≀	≀
기타비용		
재고자산감모손실	90,000	

04 SECTION

유동자산(4)- 유가증권 및 기타자산

01 의의 및 분류

1. 의의

유가증권이란 재산적 권리를 나타내는 증권을 말하는데, 유가증권은 크게 지분증권과 채무증권으로 분류할 수 있다.

지분증권이란 발행회사에 대한 소유자지분을 나타내는 증권(보통주,우선주 등)으로서 일정금액으로 소유지분을 취득하거나 처분할 수 있는 권리를 나타내는 증권을 말한다. 반면에 채무증권이란 발행회사에 대하여 금전을 청구할 수 있는 권리를 표시하는 증권(국·공채, 회사채 등)을 말한다.

2. 분류

(1) 당기손익인식금융자산

당기손익인식금융자산은 단기매매금융자산과 당기손익인식지정금융자산으로 구분된다.

① 단기매매금융자산은 주로 단기적 매매차익을 목적으로 취득한 유가증권으로서 매수와 매도가 적극적이고 빈번하게 이루어지는 증권을 말한다.

> ㉠ 주로 단기간 내에 매각하거나 재매입할 목적으로 취득하거나 부담한다.
> ㉡ 최초인식시점에, 최근의 실제 운용형태가 단기적 이익획득 목적이라는 증거가 있으며, 그리고 공동으로 관리되는 특정 금융상품 포트폴리오의 일부이다.
> ㉢ 파생상품이다(다만, 금융보증계약인 파생상품이나 위험회피수단으로 지정되고 위험회피에 효과적인 파생상품은 제외한다).

② 다음에 해당되어 최초인식시점에 당기손익인식항목으로 지정된 금융자산

㉠ 당기손익인식항목으로 지정하면, 서로 다른 기준에 따라 자산이나 부채를 측정하거나 그에 따른 손익을 인식함으로써 발생할 수 있는 인식이나 측정상의 불일치('회계불일치'라 불리기도 한다)가 제거되거나 유의적으로 감소되는 경우
㉡ 문서화된 위험관리전략이나 투자전략에 따라, 금융상품집합(금융자산, 금융부채 또는 금융자산과 금융부채의 조합으로 구성된 집합)을 공정가치기준으로 관리하고 그 성과를 평가하며 그 정보를 이사회, 대표이사 등 주요경영진에게 공정가치기준에 근거하여 내부적으로 제공하는 경우

(2) 만기보유금융자산

상환금액과 만기가 확정된 채무증권을 만기까지 보유할 목적으로 취득한 증권을 말하는데 이 증권은 만기까지 보유할 경영자의 적극적인 의도와 능력을 필요조건을 한다.

(3) 매도가능금융자산

매도가능금융자산은 매도가능항목으로 지정한 비파생금융자산 또는 다음의 분류되지 않는 비파생금융자산을 말한다.

① 대여금 및 수취채권

② 만기보유금융자산

③ 당기손익인식금융자산

(4) 관계기업투자주식

투자회사가 피투자회사의 경영활동에 유의적 영향력(20% 이상 취득시)을 행사하거나 지배력을 행사할 수 있는 주식은 관계기업투자주식으로 분류한다.

☞ 재무상태표 분류

구분	지분증권	채무증권	목적,의도,능력	계정과목
단기매매금융자산	해당됨	해당됨	단기간내에 매매차익목적	유동자산
매도가능금융자산	해당됨	해당됨	1년내 처분・만기	유동자산
			기타	비유동자산
만기보유금융자산	해당되지 않음	해당됨	1년내 만기	유동자산
			1년 후 만기	비유동자산
관계기업투자주식	해당됨	해당되지 않음		비유동자산

02 당기손익인식금융자산(단기매매금융자산)

1. 의의

단기매매금융자산은 주로 단기적 매매차익을 목적으로 취득한 유가증권으로서 매수와 매도가 적극적이고 빈번하게 이루어지는 증권을 말한다.

2. 취득시

단기매매금융자산의 취득원가는 공정가치이며 유가증권을 매입하는데 필요한 매입대금 외에 매입과정에서 발생하는 추가적인 비용인 매매수수료, 이전비용, 등록세 등은 비용으로 처리해야 한다.

(차)	당기손익인식금융자산	×××	(대)	현 금	×××
	지 급 수 수 료	×××			

3. 보유시

단기매매금융자산을 보유하고 있는 경우에는 주식인 경우에는 발행회사로부터 배당금을 수취하게 된다. 이 경우 수령한 배당액을 배당금수익계정 대변에 기록하고 포괄손익계산서상 기타수익으로 표시한다. 한편 채권인 경우에는 이자를 수취하게 되는데 수령한 이자액을 이자수익계정 대변에 기록하고 포괄손익계산서상 기타수익으로 표시한다.

(1) 지분증권-현금배당을 받은 경우

(차)	현 금	×××	(대)	배 당 금 수 익	×××
	선 납 세 금	×××		(기 타 수 익)	

(2) 채무증권- 이자를 지급받은 경우

(차)	현 금	×××	(대)	이 자 수 익	×××
	선 납 세 금	×××		(기 타 수 익)	

실무 TIP - 원천징수

세법에서는 이자소득과 배당소득에 대해서 소득을 지급하는 자에게 소득세를 원천징수하도록 규정하고 있기 때문에 이자 또는 배당금 수령시에는 원천징수된 금액을 확인하여 선납세금으로 처리하여야 한다.

■ 이자소득의 원천징수세율

이자소득의 종류	원천징수 세율
일반이자소득금액	14%
비영업대금의 이익(사채이자)	25%

4. 평가시

유가증권을 평가하는 방법에는 원가법, 공정가액법이 있는데 단기매매금융자산은 공정가액법을 적용하여 평가한다. 공정가액법이란 취득시에 취득원가로 기록하고 기말에 재무상태표일 현재의 공정가액으로 유가증권을 평가하는 방법이다.

단기매매금융자산을 공정가액법으로 평가하는 이론적인 근거는 유가증권의 경우 시가를 사용하여 평가함으로써 회계정보의 질적속성인 목적적합성과 신뢰성이 모두 제고되기 때문이다.

시장성 있는 유가증권은 시장가격을 공정가액으로 본다.

(1) 결산시 단기매매금융자산평가(공정가액 > 장부가액)

결산일 현재 공정가액이 취득원가(또는 평가직전 장부가액)보다 크면 그 차액을 당기손익금융자산평가이익으로 계상하여 당기손익인식금융자산계정을 증가시킨다.

(차)	당기손익인식금융자산	×××	(대)	당기손익인식금융 자 산 평 가 이 익	×××

(2) 결산시 단기매매금융자산평가(공정가액 < 장부가액)

결산일 현재 공정가액이 장부가액보다 더 작으면 당기손익금융자산평가손실으로 계상하여 당기손익인식금융자산계정을 감소시킨다.

(차)	당기손익인식금융자산 평 가 손 실	×××	(대)	당기손익금융자산	×××

단기매매금융자산의 평가에 있어서 당기손익금융자산평가손익은 아직 실현되지 않은 미실현손익이지만 단기간 내에 실현될 손익이므로 포괄손익계산서상 당기손익

(기타손익)에 반영해야 한다.

5. 처분시

단기매매금융자산을 처분한 경우에는 처분가액과 처분전 장부가액의 차액을 당기손익인식금융자산처분손익의 과목으로 하여 포괄손익계산서상 당기손익(기타손익)에 반영한다. 처분전 장부가액이란 당기 취득한 단기매매금융자산의 경우에는 취득원가를 말하고 당기 이전 취득의 경우에는 직전 회계연도말의 공정가액을 말한다.

또한 처분시에는 처분수수료가 발생하는데 이에 대한 회계처리는 처분가액에서 처분수수료를 차감한 잔액을 현금(또는 미수금)으로 계상하게 된다.

(차)	현 금	×××	(대)	당기손익인식금융자산 당기손익인식금융자산처분이익	××× ×××
(차)	현 금 당기손익금융자산처분손실	××× ×××	(대)	당기손익인식금융자산	×××

실무맛보기 … [4-1]

1. ×1.10.1에 단기 보유목적으로 주식 100주를 주당 2,000원에 취득하면서, 증권회사 수수료 등으로 5,000원을 지급하였다.

차변	계정	금액	대변	계정	금액
차변	당기손익인식금융자산	200,000	대변	현 금	205,000
	지 급 수 수 료	5,000			

2. ×1.12.31 주식의 기말평가액은 주당 1,950원이었다.

차변	계정	금액	대변	계정	금액
차변	당기손익인식금융자산평가손실	5,000	대변	당기손익인식금융자산	5,000

* 당기손익인식금융자산평가손실

: 공정가액(100주×1,950원)-장부가액(200,000원) = 5,000원

3. ×2.1.31 주식의 주당 2,100원에 처분하였다.

차변	현 금	210,000	대변	당기손익인식금융자산	195,000
				당기손익인식금융자산처분이익	15,000

03 매도가능금융자산

1. 취득시

매도가능금융자산의 취득원가는 제공한 대가의 시장가격에 취득부대비용을 포함한 가격으로 측정한다. 매입부대비용이란 유가증권을 매입하는데 필요한 매입대금 외에 매입과정에서 발생하는 추가적인 비용을 말하는데 매매수수료, 이전비용, 등록세 등을 말한다.

(차) 매도가능금융자산 ××× (대) 현 금 ×××

2. 보유시

매도가능금융자산을 보유하고 있는 경우에는 주식인 경우에는 발행회사로부터 배당금을 수취하게 된다. 이 경우 수령한 배당액을 배당금수익계정 대변에 기록하고 포괄손익계산서상 당기손익(기타수익)으로 표시한다. 한편 채권인 경우에는 이자를 수취하게 되는데 수령한 이자액을 이자수익계정 대변에 기록하고 포괄손익계산서상 당기손익(기타수익)으로 표시한다.

(1) 지분증권-현금배당을 받은 경우

(차) 현 금 ××× (대) 배 당 금 수 익 ×××

(2) 채무증권-이자를 지급받은 경우

(차) 현 금 ××× (대) 이 자 수 익 ×××

3. 평가시

매도가능금융자산이 시장성이 있는 경우에는 공정가액법을 적용하며, 시장성이 없는 경우에는 공정가액을 알 수 없기 때문에 취득원가로 평가해야 한다. 공정가액법으로 평가하는 경우에는 공정가액은 재무상태표일 현재 종가로 한다.

매도가능금융자산평가손익은 평가시점의 공정가액에서 처분전 장부가액을 차감한 금액으로 기록하며, 이때 발생한 평가손익은 기타포괄손익누계액으로 분류한다.

그 이유는 매도가증증권평가손익이 실현되기까지는 장기간이 소요되므로 포괄포괄손익계산서항목이 아닌 재무상태표상의 자본항목(기타포괄손익누계액)으로 분류하고 매도가능금융자산을 처분하는 경우에 투자자산처분손익(기타손익)에서 조정하게 된다.

구 분	회계처리	
결산시 매도가능금융자산 평가(장부가 > 공정가)	(차) 매도가능금융자산평가손실 (기타포괄손익누계액) ×××	(대) 매도가능금융자산 ×××
결산시 매도가능금융자산 평가(장부가 < 공정가)	(차) 매도가능금융자산 ×××	(대) 매도가능금융자산평가이익 (기타포괄손익누계액) ×××

4. 처분시

매도가능금융자산을 처분하는 경우 처분가액과 장부가액과의 차액을 매도가능금융자산처분손익의 과목으로 당기손익(기타손익)으로 인식한다. 이 경우 처분된 유가증권과 관련된 기타포괄손익누계액에 계상된 매도가능금융자산의 평가이익과 손실을 제거하고 매도가능금융자산처분손익을 계산하게 된다.

> 매도가능금융자산처분손익 = 처분가액 − (장부가액±평가손익)
> = 처분가액 − 취득원가

구분	회계처리	
매도가능금융자산 평가이익이 계상된 경우	(차) 현 금 ××× 매도가능금융자산평가이익 ×××	(대) 매도가능금융자산 ××× 매도가능금융자산처분이익 ×××
매도가능금융자산 평가손실이 계상된 경우	(차) 현 금 ×××	(대) 매도가능금융자산 ××× 매도가능금융자산평가손실 ××× 매도가능금융자산처분이익 ×××

실무맛보기 … [4-3]

1. ×1.10.1에 장기 보유목적으로 주식 100주를 주당 2,000원에 취득하면서, 증권회사 수수료 등으로 5,000원을 지급하였다.

차변	매도가능금융자산	205,000	대변	현 금	205,000

2. ×1.12.31 주식의 기말평가액은 주당 1,950원이었다.

차변	매도가능금융자산평가손 실	10,000	대변	매도가능금융자산	10,000

* 매도가능금융자산평가손실 :

공정가액(100주×1,950원)-장부가액(205,000원)= 10,000원

3. ×2.1.31 주식의 주당 2,100원에 처분하였다.

차변			대변		
차변	현 금	210,000	대변	매도가능금융자산	195,000
				매도가능금융자산평가손실	10,000
				매도가능금융자산처분이익	5,000

* 매도가능금융자산처분이익 :

처분가액(100주×2,100원) - 장부가액(205,000원) = 5,000원

04 만기보유금융자산

1. 의의

만기보유금융자산은 만기가 고정되었고 지급금액이 확정되었거나 확정될 수 있는 비파생금융자산으로서 만기까지 보유할 적극적인 의도와 능력이 경우의 금융자산을 의미한다. 다만, 다음의 경우는 제외한다.

① 금융자산의 최초인식시점에 당기손익인식항목으로 지정한 경우

② 금융자산을 매도가능금융자산으로 지정한 경우

③ 금융자산이 대여금 및 수취채권의 정의를 충족한 경우

2. 회계처리

(1) 취득원가

만기보유금융자산은 최초인식시점에 공정가치로 측정하되, 만기보유금융자산의 취득과 직접 관련되는 거래원가는 최초 인식하는 공정가치에 가산한다.

동일채권을 여러 단계에 걸쳐 매입하는 경우 취득단가를 산정하기 위한 단가흐름의 가정으로는 개별법, 총평균법, 이동평균법 또는 다른 합리적인 방법을 사용하되, 동일한 방법을 매기 계속 적용하여야 한다.

(2) 후속측정

만기보유금융자산은 상각후원가로 평가하여 재무상태표에 표시한다. 즉 장부금액과 만기 액면금액의 차이를 상환기간에 걸쳐 유효이자율법에 의하여 상각하여 취득원가와 이자수익에 가감한다.

(차)	현 금	×××	(대)	이 자 수 익	×××
	만기보유금융자산	×××			

실무맛보기 … [4-4]

1. ×1년 1월 1일 액면금액 1,000,000원의 사채를 873,205원에 취득하면서 보통예금에서 인출해주었다.
2. 위의 사채의 만기일은 ×4년 12월 31일이며 취득일 현재 유효이자율은 10%, 표시이자율은 6%, 이자지급일은 매년 12월 31일이다.

1. ×1년 1월 1일 : 만기보유금융자산 취득시

차변	만기보유금융자산	873,205	대변	보 통 예 금	873,205

※ 만기보유금융자산의 현재가치

$$\frac{1,060,000}{(1+10\%)^4}+\frac{60,000}{(1+10\%)^3}+\frac{60,000}{(1+10\%)^2}+\frac{60,000}{(1+10\%)}=873,205$$

※ 상각표

일자	유효이자(10%)	표시이자(6%)	상각액 (유효이자-표시이자)	장부가액
×1. 1. 1				873,205
×1.12.31	87,321	60,000	27,321	900,526
×2.12.31	90,053	60,000	30,053	930,579
×3.12.31	93,058	60,000	33,058	963,637
×4.12.31	96,363	60,000	36,363	1,000,000

2. ×1년 12월 31일 : 기말 이자수령

차변	현금	60,000	대변	이자수익	87,321
	만기보유금융자산	27,321			

* 이자수익 = 채권 장부가액×유효이자율(10%) = 873,205원×10% =87,321원

3. ×2년 12월 31일 : 기말 이자수령

차변	현금	60,000	대변	이자수익	90,053
	만기보유금융자산	30,053			

4. ×3년 12월 31일 : 기말 이자수령

차변	현금	60,000	대변	이자수익	93,058
	만기보유금융자산	33,058			

5. ×4년 12월 31일 : 기말 이자수령과 상환

차변	현금	60,000	대변	이자수익	96,363
	만기보유금융자산	36,363			

차변	현금	1,000,000	대변	만기보유금융자산	1,000,000

05 관계기업투자주식

1. 의의

관계기업투자주식이란 특정회사(투자회사)가 타회사(피투자회사)에 유의적 영향력을 행사하거나 타회사의 경영권을 지배 통제할 목적으로 보유하는 유가증권을 말한다. 여기서 유의적 영향력이란 피투자자의 재무정책과 영업정책에 관한 의사결정에 참여할 수 있는 능력을 말하며 그러한 정책의 지배력이나 공동지배력은 아니다.

(1) 지분율 기준

기업이 직접 또는 간접(예: 종속기업을 통하여)으로 피투자자에 대한 의결권의 20% 이상을 소유하고 있다면 유의적인 영향력을 보유하는 것으로 본다. 다만 유의적인 영향력이 없다는 사실을 명백하게 제시할 수 있는 경우는 그러하지 아니하다.

반대로 기업이 직접 또는 간접(예: 종속기업을 통하여)으로 피투자자에 대한 의결권의 20% 미만을 소유하고 있다면 유의적인 영향력이 없는 것으로 본다. 다만 유의적인 영향력을 보유하고 있다는 사실을 명백하게 제시할 수 있는 경우는 그러하지 아니하다.

(2) 실질영향력 기준

기업이 다음 중 하나 이상에 해당하는 경우 일반적으로 유의적인 영향력을 보유한다는 것이 입증된다.

① 피투자자의 이사회나 이에 준하는 의사결정기구에 참여

② 배당이나 다른 분배에 관한 의사결정에 참여하는 것을 포함하여 정책결정과정에 참여

③ 기업과 피투자자 사이의 중요한 거래

④ 경영진의 상호 교류

⑤ 필수적 기술정보의 제공

2. 취득시

피투자회사의 의결권 있는 주식 20% 이상을 취득하면 관계기업투자주식 계정 차변에 취득원가로 기록하고 그 이후에는 피투자회사의 순자산변동을 투자계정에 직접 반영하는 방법으로 회계처리한다.

이와 같이 지분법은 투자 및 피투자회사의 경제적 일체성을 강조한 방법으로 투자회사가 부당한 내부거래를 도모하거나, 피투자회사의 배당정책에 관여하여 자기이익을 조작하는 행위 등 여러 형태의 불공정거래 방지 기능을 가지고 있다.

(차)	관계기업투자주식	×××	(대)	현 금	×××

3. 배당금수취시

투자회사는 지분법피투자회사가 배당금지급을 결의한 시점에 투자회사가 수취하

게 될 배당금 금액을 관계기업투자주식에서 직접 차감한다. 즉, 투자회사는 피투자회사가 배당금을 지급하면 순자산이 배당금지급액만큼 감소하므로 투자주식의 가치도 감소, 따라서 배당금에 지분비율만큼 관계기업투자주식을 감소하게 된다. 다만, 주식배당이나 무상증자나 주식분할 등의 경우는 피투자회사의 순자산가액이 변동하지 않으므로 그에 대하여 회계처리하지 아니한다.

(차) 현 금 ××× (대) 관계기업투자주식 ×××

4. 결산시

피투자회사에 순이익이 발생하면 순자산이 순이익만큼 증가하므로 순이익에 지분비율만큼 관계기업투자주식 계정을 증가시키고 지분법이익(당기손익)을 기록, 순손실이 발생시는 순손실에 지분비율만틈 관계기업투자주식 계정을 감소시키고 관계기업투자손익(당기손익)을 기록하게 된다.

(차) 관계기업투자주식 ××× (대) 관계기업투자이익 ×××
(차) 관계기업투자손실 ××× (대) 관계기업투자주식 ×××

5. 처분시

관계기업투자주식의 일부 또는 전부를 처분하는 경우 처분가액에서 처분시점의 장부가액을 차감한 금액을 관계기업투자주식처분손익과목으로 당기손익(기타손익)으로 인식한다.

다만, 처분된 당해 관계기업투자주식과 관련한 기타포괄손익누계액(예:지분법자본변동)은 당해 투자주식의 처분손익으로 처리한다.

한편 관계기업투자주식의 처분에 의한 투자회사의 지분율 하락 등으로 인하여 피투자회사에 대한 유의적 영향력을 상실하는 경우, 당해 투자주식에 대하여는 지분법 적용을 중단하고 해당 투자주식을 단기매매금융자산이나 매도가능금융자산으로 재분류하고 공정가치로 평가하게 된다.

<table>
<tr><th>구분</th><th colspan="2">회계처리</th></tr>
<tr><td>처분시</td><td>(차) 현 금 ×××</td><td>(대) 관계기업투자주식 ×××
관계기업투자주식처분이익 ×××</td></tr>
</table>

실무맛보기 … [4-5]

1. 2017년 1월 15일 (주)조세는 (주)진미의 경영에 유의적 영향력을 행사할 목적으로 의결권 있는 주식의 26%를 600,000원에 취득하였다.

차변	관계기업투자주식	600,000	대변	현금	600,000

2. 2017년 12월 31일 (주)진미는 당기순이익 100,000원을 보고하였다.

차변	관계기업투자주식	26,000	대변	관계기업투자이익	26,000

3. 2018년 3월 31일 (주)진미는 50,000원의 현금배당을 보고하였다.

차변	현금	13,000	대변	관계기업투자주식	13,000

05 기타의 장기투자자산

1. 임차보증금

타인의 부동산이나 동산을 사용하기 위하여 임대차계약을 체결하는 경우에 월세 등의 조건으로 사용하는 경우 지급하는 보증금이다.

(차) 임차보증금 ××× (대) 보통예금 ×××

실무 TIP　간주임대료에 대한 부가가치세

(1) 간주임대료
임대인이 전세금이나 임대보증금을 받고 임대를 하는 경우, 월세 유무에 관계없이 전세금에 대하여 정기예금 이자율을 감안하여 간주임대료를 계상하여야 하며, 간주임대료의 10%를 부가가치세로 납부하여야 한다.

(2) 납세의무자
간주임대료에 대한 부가가치세는 원칙적으로 임대인이 부담하는 것이나 임대인과 임차인의 약정에 의해서 임차인이 부담하는 것으로 할 수 있다.

1) 임대인이 부담하는 간주임대료에 대한 부가가치세액
임대인이 부담하는 간주임대료에 대한 부가가치세는 세금과공과로 처리한다

2) 임차인이 부담한 간주임대료에 대한 부가가치세액
임차인이 부담하는 간주임대료에 대한 부가가치세는 월세와 별도로 구분하여 지급하여야 하며, 지급수수료로 처리한다.

☞ 간주임대료에 대해서는 세금계산서 발행대상이 아니므로 부가가치세 신고시 신고서의 과세표준>기타란에 기입을 하여 신고를 하면 된다.

☞ 간주임대료의 공급시기 : 부동산임대용역을 제공하는 경우에 임대보증금·전세금에 대한 간주임대료의 공급시기는 예정신고기간 또는 과세기간의 종료일이 된다.

2. 전세권

전세권이란 전세금을 지급하고 타인의 부동산을 그 용도에 따라 사용·수익하는 권리로서 등기부상 표시된다. 반면에 임차보증금은 부동산 또는 동산을 월세 등의 조건으로 사용하기 위하여 지급하는 보증금이라는 점에서 차이가 있다.

3. 전신전화가입권

특정한 전신 또는 전화를 소유·사용하는 권리이다. 가입계약의 해지시 반환받을 수 있는 금액만 전신전화가입권으로 처리하고, 설치비 등은 발생시 비용으로 처리한다.

실무 TIP 전화관련 계정과목

거래내역	계정과목
전화요금	통신비
전화기	비품
전화요금 원단위절사금액	잡이익
전화가입시 설비비<보증금>(설비형으로 가입시)	전신전화가입권
전화가입시 가입비(가입형으로 가입시)	통신비 또는 지급수수료

05 SECTION

비유동자산(1)-유형자산

01 유형자산 의의 및 인식

1. 유형자산 정의, 분류 및 특징

(1) 유형자산의 정의

유형자산은 재화의 생산, 용역의 제공, 타인에 대한 임대 또는 자체적으로 사용할 목적으로 보유하는 물리적 형체가 있는 자산으로서 한 회계기간을 초과하여 사용할 것이 예상되는 자산을 말한다.

① 유형자산의 감가상각누계액과 손상차손누계액은 유형자산 각 항목의 차감계정으로 재무상태표에 표시한다.

② 유형자산을 폐기하거나 처분하는 경우 그 자산을 재무상태표에서 제거하고 처분금액과 장부금액의 차액을 유형자산처분손익으로 인식한다.

(2) 유형자산의 분류

① 토지 : 영업활동에 사용되는 토지로서 토지의 실제사용 여부가 중요한 것이며 자산 소유권의 법률적인 이전 여부나 공부상의 등재 여부 등은 회사의 토지로 분류하기 위한 필수적 요건은 아니다.

② 건물 : 건물, 냉난방, 전기, 통신 및 기타의 건물부속설비 등

③ 구축물 : 교량, 궤도, 갱도, 정원설비 및 기타의 토목설비 또는 공작물 등을 말하며, 토지상의 정착물 중 지붕과 벽 또는 기둥이 있으면 건물에 속하고, 지붕이나 벽 또는 기둥이 없는 경우는 구축물로 분류한다.

④ 기계장치 : 기계장치(기계와 장치는 전체가 하나가 되어 작동되어 구별이 명확하지 않으므로 통합하여 처리한다) ・운송설비(콘베어, 호이스트, 기중기 등으로서 공장내에 고정되어 일련의 제조공정을 이루므로 차량운반구로 분류하지 않는다)

와 기타의 부속설비 등

⑤ 건설중인자산 : 다음을 포함한다.

㉠ 유형자산의 건설을 위한 재료비, 노무비 및 경비(건설을 위하여 지출한 도급금액 등 포함)

㉡ 유형자산을 취득하기 위하여 지출한 계약금 및 중도금

특히 건설중인자산으로 분류되기 위해서는 건설 또는 취득의 대상이 반드시 유형자산이어야 한다.

⑥ 기타자산 : 상기 이외에 차량운반구, 선박, 비품, 공기구 등 기타자산

재무상태표

(주)조세 2017년 12월 31일 (단위 : 원)

자산	부채 및 자본
Ⅰ. 유동자산	
Ⅱ. 비유동자산	부채
(1) 투자자산	
(2) 유형자산	
토지	
건물, 구축물, 기계장치	
(−)감가상각누계액	자본
건설중인자산	
기타(차량운반구, 비품, 공기구)	
(3) 무형자산	
(4) 기타비유동자산	

2. 유형자산의 인식요건과 취득시점

(1) 인식요건

유형자산으로 인식되기 위해서는 다음의 인식기준을 모두 충족하여야 한다.

① 자산으로부터 발생하는 미래 경제적 효익이 기업에 유입될 가능성이 매우 높다.

② 자산의 원가를 신뢰성 있게 측정할 수 있다.

(2) 취득시점

유형자산은 인식요건을 충족하였을 때 인식한다. 대부분의 경우 그 자산을 의도된 용도로 사용하거나 판매가능한 상태에 이르게 하는 때, 즉 인도일을 말한다.

다만, 토지나 건물과 같은 부동산의 경우에는 취득에 장기간이 소요되는 경우도 많은데 부동산의 취득시점은 그 양도시점과 동일하므로 잔금청산일, 소유권이전등기일 또는 매입자의 사용가능일 중 가장 빠른 날로 한다.

3. 유형자산의 이론체계

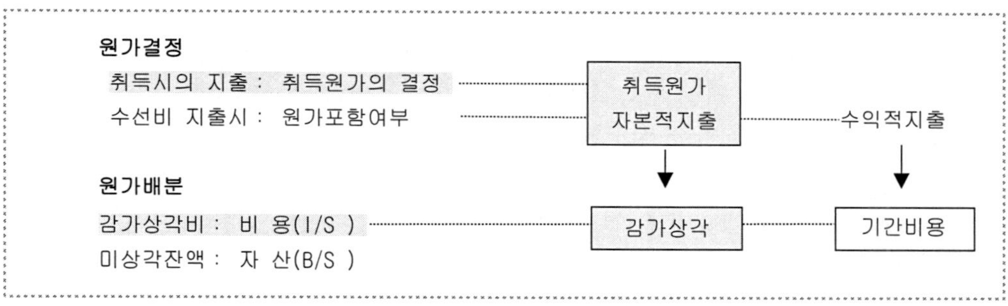

02 유형자산 취득원가의 결정

유형자산의 취득원가는 일반적으로 당해 자산의 제작원가 또는 매입가액에 취득부대비용(구입수수료, 운송비, 설치비 등)을 가산하여 결정한다.

1. 일반원칙

유형자산은 최초에는 취득원가로 측정한다. 여기서 원가란 자산을 취득하기 위하여 자산의 취득시점이나 건설시점에서 지급한 현금 및 현금성자산 또는 제공한 기타 대가의 공정가치를 말한다.

(1) 원가에 포함되는 요소

취득원가는 구입원가 또는 제작원가 및 경영진이 의도하는 방식으로 자산을 가동하는 데 필요한 장소와 상태에 이르게 하는 데 직접 관련되는 원가로 구성된다. 매입할인 등이 있는 경우에는 이를 차감하여 취득원가를 산출한다.

① 관세 및 환급불가능한 취득 관련 세금을 가산하고 매입할인과 리베이트 등을 차감한 구입가격

② 경영진이 의도하는 방식으로 자산을 가동하는 데 필요한 장소와 상태에 이르게 하는 데 직접 관련되는 원가

㉠ 유형자산의 매입 또는 건설과 직접적으로 관련되어 발생한 종업원급여

㉡ 설치장소 준비 원가

㉢ 최초의 운송 및 취급 관련 원가

㉣ 설치원가 및 조립원가

㉤ 유형자산이 정상적으로 작동되는지 여부를 시험하는 과정에서 발생하는 원가. 단, 시험과정에서 생산된 재화(예: 장비의 시험과정에서 생산된 시제품)의 순매각금액은 당해 원가에서 차감한다.

㉥ 전문가에게 지급하는 수수료

③ 자산을 해체, 제거하거나 부지를 복구하는 데 소요될 것으로 최초에 추정되는 원가.(이하 '복구원가'라 한다)

(2) 원가에 포함되지 않는 요소

유형자산의 원가가 아닌 예는 다음과 같다.

① 새로운 시설을 개설하는 데 소요되는 원가

② 새로운 상품과 서비스를 소개하는 데 소요되는 원가(예 : 광고 및 판촉활동과 관련된 원가)

③ 새로운 지역에서 또는 새로운 고객층을 대상으로 영업을 하는 데 소요되는 원가(예 : 직원 교육훈련비)

④ 관리 및 기타 일반간접원가

또한 유형자산이 경영진이 의도하는 방식으로 가동될 수 있는 장소와 상태에 이른 후에는 원가를 더 이상 인식하지 않는다. 따라서 유형자산을 사용하거나 이전하는 과정에서 발생하는 원가는 당해 유형자산의 장부금액에 포함하여 인식하지 아니한다.

① 유형자산이 경영진이 의도하는 방식으로 가동될 수 있으나 아직 실제로 사용되지는 않고 있는 경우 또는 가동수준이 완전조업도 수준에 미치지 못하는 경우에 발생하는 원가

② 유형자산과 관련된 산출물에 대한 수요가 형성되는 과정에서 발생하는 가동손실과 같은 초기 가동손실

③ 기업의 영업 전부 또는 일부를 재배치하거나 재편성하는 과정에서 발생하는 원가

2. 외부구입

외부구입시 취득원가는 매입가액에 유형자산이 본래의 용도에 사용되기까지 지출된 토지구획정리비, 운송비, 설치비, 시운전비, 지급수수료, 각종 세금(관세, 취득세) 등을 더한 가격으로 한다.

실무맛보기 … [5-1]

회사 창고를 신축하기 위하여 대지를 2억원에 구입하고, 대금을 보통예금통장에서 이체해주었고 부동산중개수수료 800,000원을 현금으로 지급하였다.

차변	토 지	200,800,000	대변	보 통 예 금 현 금	200,000,000 800,000

실무 TIP - 토지와 구축물의 취득원가

(1) 토지의 취득원가

토지를 구입한 후 진입로공사, 도로포장공사, 배수 및 하수공사, 울타리공사, 조경공사 등이 뒤따르는데 이들의 내용년수가 영구적인 경우에는 토지의 원가로 기록하면 된다. 진입로공사, 배수및하수공사,조경공사 등은 영구적이나 반영구적인 내용년수를 갖는다고 볼수 있으므로 토지의 원가로 취급한다.

(2) 구축물의 취득원가

내용년수가 영구적이 아닌 울타리공사, 주차장, 도로포장공사 등은 토지에서 분리하여 구축물 계정으로 처리하고 내용년수에 걸쳐 감가상각을 하여야 한다. 그러나 진입로포장공사 등을 설치시에는 회사가 부담하였으나 이를 보수 · 유지하는 것이 지방자치단체 등의 책임인 경우에는 내용년수가 영구적이 아니더라고 이와 관련된 지출이 더 이상 이루어지지 않을 것이기 때문에 영구적 성격의 지출로 보아 토지의 원가로 산입하여야 한다.

실무맛보기 … [5-2]

본사 사옥의 건설과 관련하여 토지를 매입하여 건설중이며, 공공도로로부터 신축건물이 들어서는 장소까지 포장도로를 건설하기 위하여 2백만원(부가세 별도)의 비용이 소요되었다. 그리고, 건물 주변조경을 위하여 1백원(부가세 별도)이 소요되었다. 그 대금은 나중에 지급하기로 하였다.

차변	구 축 물 부 가 세 대 급 금	3,000,000 300,000	대변	미 지 급 금	3,300,000

3. 일괄구입

여러 종류의 유형자산을 일괄로 취득하여 개별자산의 취득원가를 구분할 수 없는 경우에는 개별자산의 공정가액을 기준으로 안분하여 개별자산의 취득원가를 결정하게 된다.

실무맛보기 … [5-3]

(주)조세는 건물이 세워진 토지를 현금 900,000원에 구입하고 그 과정에서 취득세 10,000원(건물분 7,000원, 토지분 3,000원)을 지급하였다. 취득당시 건물과 토지의 공정가액은 각각 400,000원과 600,000원이다. 토지와 건물의 취득원가를 계산하고 회계처리를 하시오.

차변	토 지	367,000	대변	현 금	910,000
	건 물	543,000			

건물의 취득원가 : 900,000원 × 400,000원/(400,000원 + 600.000원) + 7,000
= 367,000원

토지의 취득원가 : 900,000원 × 600,000원/(400,000원 + 600.000원) + 3,000
= 543,000원

실무 TIP - 일괄취득

(1) 건물 취득후 바로 철거시 비용

새 건물을 신축하기 위하여 기존 건물이 있는 토지를 취득하고 그 건물을 철거하는 경우 기존 건물의 철거 관련 비용에서 철거된 건물의 부산물을 판매하여 수취한 금액을 차감한 금액은 토지의 취득원가에 포함한다.

(2) 기존 건물을 철거시 비용

건물을 신축하기 위하여 사용중인 기존 건물을 철거하는 경우 그 건물의 장부금액은 제거하여 처분손실로 반영하고, 철거비용은 전액 당기비용(유형자산처분손실)로 처리해야 한다. 그 이유는 기존건물은 더 이상 경제적 효익을 제공하지 못하기 때문이다.

실무맛보기 … [5-4]

1. 사용중인 창고건물(취득가액 50,000,000원, 감가상각누계액 40,000,000원)을 새로 신축하기 위해 철거하였으며, 철거용역업체에 철거비용 2,000,000원을 보통예금에서 지급하였다.

차변	감가상각누계액	40,000,000	대변	건 물	50,000,000
	유형자산처분손실	12,000,000		보 통 예 금	2,000,000

2. ㈜조세는 사옥을 신축하기 위하여 ㈜형기로부터 건물과 토지를 함께 300,000,000원에 매입하였다. 장부가액은 토지와 건물 각각 200,000,000원이다. ㈜조세은 매입 즉시 6,000,000원을 들여 건물을 철거하고 사옥신축공사를 시작하였다. 건물 철거 시 나온 골조는 1,000,000원에 매각하였다. 이에 대한 회계처리를 하시오.

차변	토　　　　지	305,000,000	대변	현　　　　금	305,000,000

* 300,000,000 + 6,000,000 − 1,000,000

4. 자가건설

유형자산의 취득을 위하여 자가건설 또는 도급건설을 함에 있어서 계약시점부터 완성 전까지 지출되는 일체의 비용을 건설중인자산 과목으로 처리한다. 그리고 건설이 종료(취득)되면 건물 등 적절한 계정으로 대체한다.

① 유형자산의 건설을 위한 재료비 · 노무비 및 경비로 하되, 건설을 위하여 지출한 도급금액 또는 취득한 기계 등을 포함한다.

② 유 · 무형자산의 취득을 위한 지출금

임시계정	대체할 완성계정	내용
선　급　금	재고자산	재고자산 구입을 위한 선불금
미착상품 등	재고자산	수입중에 있는 재고자산
건설중인자산	유무형자산	건설중에 있는 비유동자산

실무맛보기 … [5-5]

(주)조세는 공장건물을 건설하기 위하여 가을바람회사와 도급계약을 하였으며, 다음과 같은 비용이 발생하였다.

1. x1년 4월 4일　공장설계비 10,000,000원 현금지급

차변	건 설 중 인 자 산	10,000,000	대변	현　　　　금	10,000,000

2. x1년 4월 5일　가을바람회사에 대한 선급금 50,000,000원 당좌수표 지급

차변	건 설 중 인 자 산	50,000,000	대변	당 좌 예 금	50,000,000

3. x2년 2월 1일 가을바람회사에 대한 중도금 100,000,000원 약속어음 발행 지급

차변	건설중인자산	100,000,000	대변	미지급금	100,000,000

4. x2년 10월 1일 가을바람회사에 대한 잔금 200,000,000원 약속어음 발행 지급

차변	건설중인자산	200,000,000	대변	미지급금	200,000,000

5. x2년 10월 2일 건물취득세 10,000,000원 현금 지급

차변	건설중인자산	10,000,000	대변	현금	10,000,000

6. x2일 10월 2일 건물 준공하여 사용시작

차변	건물	370,000,000	대변	당좌예금	370,000,000

5. 현물출자

현물출자란 기업이 주식을 발행한 대가로 유형자산을 취득하는 경우를 말한다. 현물출자로 취득한 유형자산은 공정가치를 취득원가로 한다.

① 발행한 주식이 상장(등록)되어 있어 시장가치가 형성되는 경우에는 발행 주식의 시가
② 주식의 시가를 측정하는 것이 용이하지 않은 경우에는 취득한 자산의 공정가액
③ ①,②를 모두 측정할 수 없는 경우에는 전문기관의 감정가액 등을 기초로 이사회에서 결정한 금액

실무맛보기 … [5-6]

1. 비상장사인 조세(주)는 토지를 취득하면서 주식(액면가액) 100,000,000원 발행하여 지급하였다. 토지의 공정가액은 110,000,000원이다.

차변	토지	110,000,000	대변	자본금	100,000,000
				주식발행초과금	10,000,000

2. 위에서 지급한 주식이 상장되어 있어 시가를 알 수 있고 그 시가가 115,000,000원인 경우에 회계처리는 다음과 같다.

차변	토 지	115,000,000	대변	자 본 금	100,000,000
				주식발행초과금	15,000,000

6. 무상취득

기업이 유형자산을 상속· 증여받아 무상으로 취득한 자산의 가액은 공정가액으로 계상하고 자산수증이익(기타수익)으로 처리한다.

실무맛보기 … [5-7]

㈜조세는 특수관계자로부터 공정가액 6,000,000원인 토지를 무상으로 증여받은 경우에 회계처리를 하시오.

차변	토 지	6,000,000	대변	자산수증이익	6,000,000

03 후속원가

유형자산의 생산능력을 향상시키거나 내용연수를 연장시키는 등 자산의 가치를 실질적으로 높이는 지출은 해당 자산의 장부금액에 가산하고, 원상을 회복시키거나 능률을 유지하기 위한 지출은 발생한 회계연도의 비용으로 인식한다.

1. 자본적 지출

자본적 지출이란 그 지출의 효익이 차기 이후에 계속해서 발생하는 지출로서 당기에 비용으로 처리하지 않고 해당자산의 취득원가에 가산하였다가 효익이 발생하는 기간동안 감가상각을 통하여 비용으로 배분된다.

예를 들면, 새로운 생산공정의 채택이나 기계부품의 성능개선을 통하여 생산능력 증대, 내용연수 연장, 상당한 원가절감이나 품질향상을 가져오는 경우에는 관련된 지출이 미래 경제적 효익을 증가시키므로 자본적 지출로 처리한다.

(차) 유 형 자 산 ××× (대) 현 금 ×××

2. 수익적 지출

수익적 지출은 해당 자산으로부터 당초 예상되었던 성능수준을 회복하거나 유지하기 위한 것이므로 일반적으로 그 지출의 효익이 당기에만 영향을 미치므로 당기에 비용으로 인식한다. 즉, 발생한 기간의 비용으로 인식한다.

예를 들면, 공장설비에 대한 유지・보수나 수리를 위한 지출은 당초 예상되었던 성능수준을 향상시켜주기 보다는 유지시켜주기 위한 지출이므로 비용으로 처리한다

(차) 수 선 비 ××× (대) 현 금 ×××

자본적 지출	수익적 지출
① 본래의 용도를 변경하기 위한 개조	① 건물 또는 벽의 도장
② 엘리베이터 또는 냉난방장치의 설치	② 파손된 유리나 기와의 대체
③ 빌딩 등에 있어서 피난시설 등의 설치	③ 기계의 소모된 부속품의 대체
④ 재해 등으로 인하여 멸실 또는 훼손되어본래의 용도에 이용할 가치가 없는 건축물· · 기계 · 설비등의 복구	④ 자동차 타이어의 교체 ⑤ 재해를 입은 자산에 대한 외장의 복구 ⑥ 기타 조업가능한 상태의 유지 등 위와 유사한 것
⑤ 기타 개량 및 확장 그리고 증설 등 위와 유사한 성질의 것	

3. 자본적 지출과 수익적 지출의 구분의 의미

자본적 지출과 수익적 지출의 구분은 중요한 의미를 가진다. 자본적 지출과 수익적 지출을 명확히 구분표시해야 하는 이유는 어떤 특정한 지출을 자본적 지출로 처리하느냐, 아니면 수익적 지출로 처리하느냐에 따라 기업의 재무상태와 경영성과가 크게 달라지는 경우가 많기 때문이다.

즉, 수익적 지출로 처리하여야 할 것을 자본적 지출로 처리하게 되면 그 사업연도의 이익이 과대 계상될 뿐만 아니라 유형자산이 과대 계상된 부분이 발생하게 되며, 이와 반대로 자본적 지출로 처리하여야 할 것을 수익적 지출로 처리하게 되면 비용의 과대 계상과 유형자산이 과소 평가되는 결과를 초래하게 되어 외부정보이용자에게 왜곡된 회계정보를 제공하게 된다.

실무맛보기 … [5-8]

(주)조세는 본사사옥을 리모델링하면서 다음과 같은 지출이 발생하였다. 회계처리를 하시오

1. 4월 13일 건물에 엘리베이터 설치를 의뢰하고 엘리베이터 설치비 10,000,000원을 현금으로 지급하다.

차변	건 물	10,000,000	대변	현 금	10,000,000

2. 5월 2일 건물이 노후가 되어 외벽에 도색을 하기로 하고, 도색비 2,000,000원을 현금으로 지급하다.

차변	수 선 비	2,000,000	대변	현 금	2,000,000

04 감가상각

1. 의의

감가상각이란 관찰 불가능한 유형자산의 실제가치를 측정하는 대신 유형자산의 취득원가를 유형자산을 사용함으로써 얻는 효익(수익)창출 기간에 걸쳐 합리적이고 체계적인 방법으로 비용처리하는 원가배분 과정이다.

따라서 감가상각의 주목적은 원가의 배분이며 자산의 재평가는 아니다. 감가상각액은 유형자산의 장부금액이 공정가치에 미달하더라도 계속하여 인식한다.

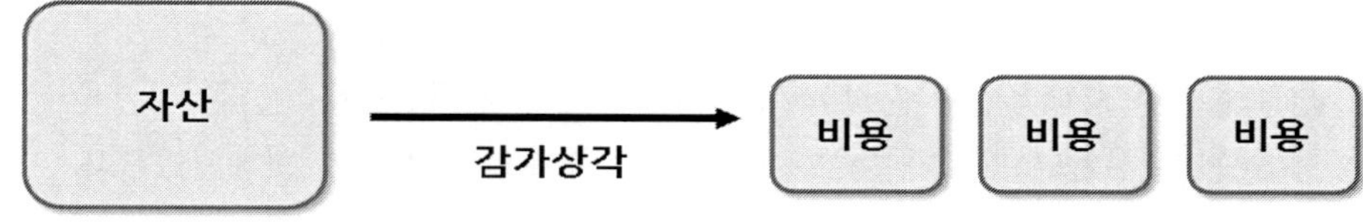

2. 감가상각의 기본요소

(1) 감가상각대상금액

감가상각대상금액은 취득원가에서 잔존가치를 차감하여 결정한다. 취득원가는 취

득 당시 지급한 금액뿐만 아니라 취득 이후의 자본적지출액도 포함한다. 즉 감가상각대상금액은 당해 자산을 사용하는 기간 동안에 인식할 총 감가상각비를 의미한다.

감가상각대상금액 = 취득원가 + 자본적지출액 - 잔존가치

(2) 잔존가치

① 잔존가치는 유형자산의 사용기간 말에 당해 자산의 처분으로 회수할 수 있는 금액을 말한다. 내용연수가 종료되는 시점에서 해당 유형자산의 장부금액은 잔존가치만큼 남게 된다. 즉 잔존가치는 감가상각 종료후 해당 유형자산의 장부금액을 뜻하기도 한다.

② 대부분의 경우 잔존가치가 경미하거나 그 추정에 있어서도 불확실성도 매우 크고 또한 효익보다 비용이 더 클 것이므로 실무상 영(0)으로 추정하여도 무방할 것이다.

③ 유형자산의 잔존가치는 적어도 매 회계연도말에 재검토한다. 재검토결과 추정치가 종전 추정치와 다르다면 그 차이는 회계추정의 변경으로 회계처리한다.

(3) 내용연수

① 내용연수는 유형자산을 감가상각하는 기간으로 수익을 창출하기 위해 사용될 것으로 예상되는 기간을 의미한다.

② 유형자산의 내용연수는 자산으로부터 기대되는 효용에 따라 결정된다. 유형자산은 기업의 자산관리정책에 따라 특정기간이 경과되거나 자산에 내재하는 미래경제적 효익의 특정부분이 소비되면 처분할 수 있다. 이 경우 내용연수는 일반적 상황에서의 경제적 내용연수보다 짧을 수 있으므로 유사한 자산에 대한 기업의 경험에 비추어 해당 유형자산의 내용연수를 추정하여야 한다.

③ 유형자산의 내용연수는 적어도 매 회계연도말에 재검토한다. 재검토결과 추정치가 종전 추정치와 다르다면 그 차이는 회계추정의 변경으로 회계처리한다.

(4) 감가상각방법

① 유형자산의 감가상각대상금액을 내용연수 동안 체계적으로 배부하기 위해 다양한 방법을 사용할 수 있는데 이러한 감가상각방법에는 정액법, 체감잔액법 및 생산량비례법이 있다.

② 감가상각방법은 해당 자산에 내재되어 있는 미래경제적효익의 예상 소비형태를 가장 잘 반영하는 방법에 따라 선택하고, 예상 소비형태가 변하지 않는 한 매 회계기간에 일관성 있게 적용한다.

③ 유형자산의 감가상각방법은 적어도 매 회계연도말에 재검토한다. 자산에 내재된 미래 경제적 효익의 예상되는 소비형태가 유의적으로 달라졌다면, 달라진 소비형태를 반영하기 위하여 감가상각방법을 변경한다. 그러한 변경은 회계추정의 변경으로 회계처리한다.

(5) 감가상각의 시작과 중지

① 유형자산의 감가상각은 자산이 사용가능한 때부터 시작한다. 즉, 경영진이 의도하는 방식으로 자산을 가동하는 데 필요한 장소와 상태에 이른 때부터 시작한다.

② 감가상각은 매각예정자산으로 분류되는(또는 매각예정으로 분류되는 처분자산집단에 포함되는) 날과 자산이 제거되는 날 중 이른 날에 중지한다.

③ 따라서 유형자산이 운휴 중이거나 적극적인 사용상태가 아니어도, 감가상각이 완전히 이루어지기 전까지는 감가상각을 중단하지 않는다.

3. 감가상각방법

(1) 정액법

정액법은 유형자산의 감가상각이 내용연수의 경과에 정비례하여 발생하는 것으로 가정하여 매년 동일한 감가상각비를 상각해 나가는 방법이다.

다음과 같이 유형자산의 취득원가에서 잔존가치를 차감한 감가상각대상금액을 해당 유형자산의 예상사용기간인 내용연수로 나누어 감가상각비를 계산한다.

$$감가상각비 = \frac{취득원가 - 잔존가액}{내용연수} \times \frac{사용월수}{12}$$

* 사용월수는 해당 유형자산을 당기에 사용한 월수로 1월미만은 1월로 한다.

정액법은 계산과정이 간편하고, 감가상각액이 균등하기 때문에 매년 비용의 배분이 평균화되는 장점이 있다.

반면에 매년 일정한 감가상각비는 자산에 의해 창출되는 순현금흐름이 매년 일정하다는 가정으로 비현실적이고, 조업도의 변동에 대한 고려가 없다는 단점이 있다.

실무맛보기 … [5-9]

(주)조세는 2017년 1월 1일에 기계장치를 20,000,000원에 취득하였다. 이 기계장치의 내용연수는 3년, 잔존가액은 2,000,000원으로 추정된다. 이러한 자료에 의하여 (주)조세의 각 연도별 회계처리를 하시오. 결산은 연1회 하는 것으로 가정한다.

1. 2017.12.31.

차변	감가상각비	6,000,000	대변	감가상각누계액	6,000,000

2. 2018.12.31.

차변	감가상각비	6,000,000	대변	감가상각누계액	6,000,000

3. 2019.12.31.

차변	감가상각비	6,000,000	대변	감가상각누계액	6,000,000

※ 상각표

	감가상각비	감가상각누계액	장부가액
취득시			20,000,000
1차연도	6,000,000	6,000,000	14,000,000
2차연도	6,000,000	12,000,000	8,000,000
3차연도	6,000,000	18,000,000	2,000,000
합계	18,000,000		

장부가액이란 취득원가에서 감가상각누계액을 차감한 금액이다.

1차연도 = 20,000,000−6,000,000 = 14,000,000

2차연도 = 20,000,000−12,000,000 = 8,000,000

3차연도 = 20,000,000−18,000,000 = 2,000,000

부분 재무상태표

	2017. 12. 31	2018. 12. 31	2019. 12. 31
기계장치	20,000,000	20,000,000	20,000,000
감가상각누계액	(6,000,000)	(12,000,000)	(18,000,000)
장부가액	14,000,000	8,000,000	2,000,000

부분포괄손익계산서

감가상각비	6,000,000	6,000,000	6,000,000

(2) 정률법

정률법은 유형자산의 감가상각이 정해진 고정 감가상각률에 의해 이루어지는 감가상각방법이다.

정률법을 적용하면 유형자산의 성능(효익)이 좋은 취득 초기에는 대응하는 비용(감가상각비)를 많이 계상하고, 내용연수가 경과하여 성능이 감속될수록 감가상각비가 적게 계상되어 나중 연도에는 가장 적은 감가상각비가 계상된다.

즉, 내용연수 초기에 감가상각비를 많이 인식하고 시간경과에 따라 적게 인식하는 방법으로 체감법 또는 가속상각법이라 한다.

정률법은 다음과 같이 유형자산의 취득원가에서 감가상각누계액을 차감한 미상각잔액에 상각률을 곱하여 감가상각비를 계산한다.

감가상각비 = (취득원가 - 전기말 감가상각누계액)×상각률

$$1-\sqrt[n]{\frac{\text{잔존가액}}{\text{취득원가}}}=\text{상각률}$$

유형자산은 사용기간 초기에는 수선유지비가 적게 발생하지만 기간이 경과할수록 수선유지비가 많이 발생한다. 따라서 체감잔액법은 초기에 감가상각비를 많이 인식하고 후기에 적게 인식하므로 전체 사용기간동안 비용이 평준화되는 효과가 있어서 수익비용대응의 원칙에 부합하는 장점이 있다. 반면에 계산이 복잡하고 잔존가액이 0 인 경우에는 사용할 수 없는 단점이 있다.

실무맛보기 … [5-10]

(주)조세는 2017년 1월 1일에 기계장치를 20,000,000원에 취득하였다. 이 기계장치의 내용연수는 3년, 잔존가액은 2,000,000원으로 추정된다. 이러한 자료에 의하여 (주)조세의 각 연도별 회계처리를 하시오. 단, 정률법에 의한 상각률은 연 0.536으로 가정하고, 결산은 연1회 하는 것으로 가정한다.

1. 2017.12.31.

차변	감 가 상 각 비	10,720,000	대변	감가상각누계액	10,7200,000

* 20,000,000 × 0.536 = 10,720,000

2. 2018.12.31.

차변	감 가 상 각 비	4,974,080	대변	감가상각누계액	4,974,080

*(20,000,000 - 10,720,000) × 0.536= 4,974,080

3. 2019.12.31.

차변	감 가 상 각 비	2,305,920	대변	감가상각누계액	2,305,920

* 마지막 연도에는 잔존가치 2,000,000원을 남기기 위해서 다음과 같이 감가상각비를 계산한다.

  4,305,920(2차연도 장부가액)-2,000,000(잔존가액)= 2,305,920(∵잔존가액 2,000,000원을 남기기 위한 조정임)

	감가상각비	감가상각누계액	장부가액
취득시			20,000,000
1차연도	10,720,000	10,720,000	9,280,000
2차연도	4,974,080	15,694,080	4,305,920
3차연도	2,305,920	18,000,000	2,000,000
합계	18,000,000		

부분 재무상태표

	2017. 12. 31	2018. 12. 31	2019. 12. 31
기계장치	20,000,000	20,000,000	20,000,000
감가상각누계액	(10,720,000)	(15,694,080)	(18,000,000)
장부가액	9,280,000	4,305,920	2,000,000

부분포괄손익계산서

감가상각비	10,720,000	4,974,080	2,305,920

(3) 생산량비례법

생산량비례법은 내용연수가 아닌 생산량이나 사용량에 비례해서 감가상각을 하는 방법으로서 실제생산량에 비례하여 감가상각비를 계산하므로 기중에 취득하더라도 월할상각을 하지 않는다.

생산량비례법의 감가상각비 계산은 두 단계로 이루어지는데 먼저 단위당 감가상각비를 계산한 후 당해연도의 생산량에 단위당 감가상각비를 곱하여 당해연도의 감가상각비를 계산하게 된다.

$$감가상각비 = (취득원가-잔존가액) \times \frac{당해연도\ 실제생산량}{총예정생산량}$$

실무맛보기 … [5-11]

(주)조세는 2017년 1월 1일에 기계장치를 20,000,000원에 취득하였다. 이 기계장치의 내용연수는 3년, 잔존가액은 2,000,000원으로 추정된다. 또한 이 기계장치의 추정제품생산량은 200,000개이다. 2017년부터 2019년까지 실제 제품생산량은 각각 60,000개, 80,000개, 60,000개이다. 이러한 자료에 의하여 (주)조세의 각 연도별 감가상각비와 회계처리를 하시오. 단, 결산은 연1회 하는 것으로 가정한다.

1. 2017.12.31.

차변	감 가 상 각 비	5,400,000	대변	감가상각누계액	5,400,000

$$* \ 감가상각비 = (20,000,000-2,000,000) \times \frac{60,000}{200,000} = 5,400,000$$

2. 2018.12.31.

차변	감 가 상 각 비	7,200,000	대변	감가상각누계액	7,200,000

$$* \ 감가상각비 = (20,000,000-2,000,000) \times \frac{80,000}{200,000} = 7,200,000$$

3. 2019.12.31.

차변	감 가 상 각 비	5,400,000	대변	감가상각누계액	5,400,000

$$* \ 감가상각비 = (20,000,000-2,000,000) \times \frac{60,000}{200,000} = 5,400,000$$

	감가상각비	감가상각누계액	장부가액
취득시			20,000,000
1차연도	5,400,000	5,400,000	14,600,000
2차연도	7,200,000	12,600,000	7,400,000
3차연도	5,400,000	18,000,000	2,000,000
합계	18,000,000		

부분 재무상태표

	2017. 12. 31	2018. 12. 31	2019. 12. 31
기계장치	20,000,000	20,000,000	20,000,000
감가상각누계액	(5,400,000)	(12,600,000)	(18,000,000)
장부가액	14,600,000	7,400,000	2,000,000

부분포괄손익계산서

감가상각비	5,400,000	7,200,000	5,400,000

(4) 회계처리방법

감가상각비의 회계처리방법에는 직접차감법(직접법)과 누계액설정법(간접법)이 있다. 일반적으로 유형자산은 누계액설정법에 의하여 회계처리한다.

구분	회계처리
직접법	(차) 감가상각비 ××× (대) 해당자산 ×××
간접법	(차) 감가상각비 ××× (대) 감가상각누계액 ×××

또한 제조설비의 감가상각비는 제품의 가공비로서 제조원가를 구성하고, 공사현장의 장비 감가상각비는 공사원가를 구성한다. 그리고 관리비에 해당하는 비품 등 자산의 감가상각비는 관리비에 해당한다.

① 제조, 판매・관리활동 관련 자산

(차) 감가상각비 (제조원가, 관리비)	xxx	(대) 유형자산	xxx

② 연구개발활동 관련 자산-자산요건 충족시

(차) 개발비(무형자산)	xxx	(대) 감가상각누계액	xxx

4. 기중에 취득한 경우 감가상각

유형자산을 기중에 취득하는 경우에는 1년치 감가상각비를 인식하는 것이 아니라 취득일로부터 기말까지의 기간에 대해서만 감가상각비를 인식한다.

실무맛보기 … [5-12]

(주)조세는 2017년 7월 1일에 기계장치를 20,000,000원에 취득하였다. 이 기계장치의 내용연수는 3년, 잔존가액은 2,000,000원으로 추정된다. 이러한 자료에 의하여 다음의 방법으로 (주)조세의 2017년, 2018년 감가상각비와 관련한 회계처리를 하시오. 단, 결산은 연1회 하는 것으로 가정한다.

1. 정액법

① 2017.12.31.

차변	감 가 상 각 비	3,000,000	대변	감가상각누계액	3,000,000

$$* \ (20,000,000-2,000,000) \times \frac{1}{3} \times \frac{6}{12} = 3,000,000$$

② 2018.12.31.

차변	감 가 상 각 비	6,000,000	대변	감가상각누계액	6,000,000

$$* \ (20,000,000-2,000,000) \times \frac{1}{3} \times \frac{12}{12} = 6,000,000$$

2. 정률법

① 2017.12.31.

차변	감 가 상 각 비	5,360,000	대변	감가상각누계액	5,360,000

$* \ 20,000,000 \times 0.536\times 6/12 = 5,360,000$

② 2018.12.31.

차변	감 가 상 각 비	7,847,040	대변	감가상각누계액	7,847,040

$* \ (20,000,000 - 5,360,000) \times 0.536= 7,847,040$

05 유형자산의 처분(제거)

유형자산을 폐기하거나 처분하는 경우 그 자산을 재무상태표에서 제거하고 처분금액과 장부금액의 차액을 유형자산처분손익으로 인식한다. 유형자산의 재평가와 관련하여 인식한 기타포괄손익의 잔액이 있다면, 그 유형자산을 폐기하거나 처분할 때 당기손익으로 인식한다. 다만, 기중에 처분하는 경우에는 처분시점까지의 감가상각비를 인식해야 한다.

즉, 장부금액의 계산은 취득원가에서 기초시점의 감가상각누계액에 처분시점까지의 감가상각비를 가산한 금액을 차감하여 계산되어진다.

처분금액	−	장부금액	=	유형자산처분손익

구분	회계처리			
처분시 (처분가액>장부가액)	(차) 현 금 감가상각누계액	××× ×××	(대) 유형자산 유형자산처분이익	××× ×××
처분시 (처분가액<장부가액)	(차) 현 금 감가상각누계액 유형자산처분손실	××× ××× ×××	(대) 유형자산	×××

실무맛보기 … [5-13]

(주)조세는 x1년 1월 1일에 건물을 18,000,000원에 취득하였다. 이 건물의 내용연수는 3년, 잔존가액은 0원으로 추정된다. (주)조세는 사용하던 건물을 x3년 5월 20일에 5,000,000원에 처분한 경우 처분시 회계처리를 하시오. 감가상각방법은 정액법이다.

1. x1년 12년 31일(결산일)

차변	감 가 상 각 비	6,000,000	대변	감가상각누계액	6,000,000

2. x2년 12월 31일(결산일)

차변	감 가 상 각 비	6,000,000	대변	감가상각누계액	6,000,000

3. x3년 5월 31일(1.1~5.31일까지의 감가상각비인식)

차변	감 가 상 각 비	2,500,000	대변	감가상각누계액	2,500,000

⋆ $18,000,000 \times \frac{1}{3} \times \frac{5}{12}$ = 2,500,000원

차변	현 금	5,000,000	대변	건 물	18,000,000
	감가상각누계액	14,500,000		유형자산처분이익	1,500,000

06 유형자산의 재평가

1. 유형자산 재평가의 의의

원가의 인식시점 이후에는 원가모형이나 재평가모형 중 하나를 회계정책으로 선택하여 유형자산 분류별로 동일하게 적용한다.

2. 원가모형

원가모형을 선택한 경우 최초 인식 후에 유형자산은 원가에서 감가상각누계액과 손상차손누계액을 차감한 금액을 장부금액으로 한다.

3. 재평가모형

(1) 의의

재평가모형을 선택한 경우 최초 인식 후에 공정가치를 신뢰성 있게 측정할 수 있는 유형자산은 재평가일의 공정가치에서 이후의 감가상각누계액과 손상차손누계액을 차감한 재평가금액을 장부금액으로 한다. 재평가는 보고기간 말에 자산의 장부금액이 공정가치와 중요하게 차이가 나지 않도록 주기적으로 수행한다.

(2) 공정가치 측정

재평가를 하려면 공정가치를 측정하여야 한다. 공정가치는 합리적인 판단력과 거래의사가 있는 독립된 당사자 간에 거래될 수 있는 교환가격을 말한다.

① 토지와 건물의 경우 : 시장에 근거한 증거를 기초로 전문적 자격이 있는 평가인이 평가한 금액

② 설비장치와 기계장치의 경우 : 감정에 의한 시장가치

(3) 재평가빈도

재평가의 빈도는 재평가되는 유형자산의 공정가치 변동에 따라 달라진다. 재평가된 자산의 공정가치가 장부금액과 중요하게 차이가 나는 경우에는 추가적인 재평가가 필요하다.

유의적이고 급격한 공정가치의 변동 때문에 매년 재평가가 필요한 유형자산이 있는 반면에 공정가치의 변동이 경미하여 빈번한 재평가가 필요하지 않은 유형자산도 있다. 즉, 매 3년이나 5년마다 재평가하는 것으로 충분한 유형자산도 있다.

(4) 유형자산의 분류별 재평가

① 특정 유형자산을 재평가할 때, 해당 자산이 포함되는 유형자산 분류 전체를 재평가한다. 즉 기업의 상황에 따라 토지・건물・기계장치 등 몇 가지 분류로 나누어 그 중 특정 분류에 대해서만 재평가모형을 적용할 수도 있다. 예를 들어, 토지와 건물에 대해서는 재평가모형을 적용하고 기계장치나 비품에 대해서는 원가모형을 적용할 수 있다.

다만, 기업이 특정 분류의 유형자산에 대해 재평가모형을 적용한 경우 그 분류 내에 있는 모든 유형자산을 재평가하여야 한다. 예를 들어, 성격과 용도가 유사한 토지 10필지를 보유한 기업이 공정가치가 증가한 1필지만을 재평가하고, 공정가치가 감소한 나머지 9필지는 재평가하지 않는 방법은 인정되지 않는다. 재평가모형은 공정가치가 증가된 경우와 감소된 경우 모두 재평가에 해당된다.

② 유형자산별로 선택적 재평가를 하거나 서로 다른 기준일의 평가금액이 혼재된 재무보고를 하는 것을 방지하기 위하여 동일한 과목분류 내의 유형자산은 동시에 재평가한다.

그러나 재평가가 단기간에 수행되며 계속적으로 갱신된다면, 동일한 분류에 속하는 자산을 순차적으로 재평가할 수 있다.

(5) 회계처리

유형자산을 재평가할 때, 재평가 시점의 총장부금액에서 기존의 감가상각누계액을 제거하여 자산의 순장부금액이 재평가금액이 되도록 수정한다. 감가상각누계액을 제거함에 따라 조정되는 금액은 장부금액의 증감에 포함된다

1) 장부금액이 재평가로 인하여 증가된 경우(재평가이익)

유형자산의 장부금액이 재평가로 인하여 증가된 경우에 그 증가액은 기타포괄손익으로 인식한다.

그러나 동일한 유형자산에 대하여 이전에 당기손익으로 인식한 재평가감소액이 있다면 그 금액을 한도로 재평가증가액만큼 당기손익으로 인식한다.

① 당기 이전에 재평가손실이 있는 경우

(차) 유형자산	×××	(대) 재평가이익 *	×××
		재평가잉여금	×××

* 재평가이익 중 당기이익으로 처리하는 금액은 전기 이전에 이미 인식한 재평가손실까지의 금액으로 하되, 당기이익으로 처리하는 재평가이익으로 인한 장부금액이 원가모형으로 평가하였을 때의 재평가시점의 감가상각 후 장부금액을 초과하지 않도록 하여야 한다.

② 당기 이전에 재평가손실이 없는 경우

(차) 유형자산	×××	(대) 재평가잉여금	×××

2) 장부금액이 재평가로 인하여 감소된 경우(재평가손실)

유형자산의 장부금액이 재평가로 인하여 감소된 경우에 그 감소액은 당기손익으로 인식한다. 그러나 그 유형자산의 재평가로 인해 인식한 기타포괄손익의 잔액이 있다면 그 금액을 한도로 재평가감소액을 기타포괄손익에서 차감한다.

① 당기 이전에 재평가잉여금이 있는 경우

(차) 재평가잉여금	×××	(대) 유형자산	×××
재평가손실	×××		

② 당기 이전에 재평가잉여금이 없는 경우

(차) 재평가손실	×××	(대) 유형자산	×××

3) 처분시

유형자산의 재평가와 관련하여 인식한 기타포괄손익의 잔액이 있다면, 그 유형자산을 폐기하거나 처분할 때 당기손익으로 인식한다. 즉, 처분손익에 가감한다.

① 처분이전에 재평가잉여금이 없는 경우

(차) 현금	×××	(대) 유형자산	×××
		유형자산처분손익	×××

② 처분이전에 재평가잉여금이 있는 경우

(차) 현금	×××	(대) 유형자산	×××
		유형자산처분손익	×××

(차) 재평가잉여금	×××	(대) 이익잉여금	×××

실무맛보기 … [5-14]

2017.1.1 재평가모형으로 토지를 재평가하기 전 토지의 장부가액은 1,000,000원이다.

1. (주)선혜는 2017년말에 토지에 대하여 재평가한 결과 토지의 재평가액은 800,000원이었다.

차변	토지재평가손실	200,000	대변	토지	200,000

2. 2018년도 말에 토지에 대하여 재평가한 결과 재평가액은 1,200,000원이었다.

차변	토지	400,000	대변	토지재평가이익	200,000
				재평가잉여금	200,000

3. 2019년도 말에 동 토지를 2,000,000원에 처분하였다

차변	현금	2,000,000	대변	토지	1,200,000
				유형자산처분이익	800,000
	재평가잉여금	200,000		이익잉여금	200,000

실무맛보기 … [5-15]

㈜ 선혜가 2017년 중 취득하여 보유하고 있는 건물에 대해서 재평가하였다.

1. 재평가금액 120,000원
2. 건물의 취득원가는 100,000원
3. 감가상각누계액 20,000원

차변	감가상각누계액	20,000	대변	재평가잉여금	40,000
	건물	20,000			

06 SECTION

비유동자산(2)-무형자산

01 무형자산 의의 및 인식

1. 무형자산의 정의

무형자산은 재화의 생산이나 용역의 제공, 타인에 대한 임대 또는 관리에 사용할 목적으로 기업이 보유하고 있으며, 물리적 형체가 없지만 식별가능하고, 기업이 통제하고 있으며, 미래 경제적 효익이 있는 비화폐성자산을 말한다.

무형자산에는 산업재산권, 라이선스와 프랜차이즈, 저작권, 컴퓨터소프트웨어, 개발비, 임차권리금, 광업권 및 어업권 등이 포함된다.

무형자산으로 정의되기 위한 세 가지 조건은 식별가능성, 자원에 대한 통제 및 미래 경제적 효익의 존재이다.

① 식별가능하다는 것은 그 자산이 기업실체나 다른 자산으로부터 분리될 수 있거나 법적 권리를 창출할 수 있는 경우 등을 의미한다.

② 자원에 대한 통제란 그 자원으로부터 미래 경제적 효익을 획득할 수 있고 그 효익에 대해 제3자의 접근을 제한할 수 있는 경우를 말한다.

③ 무형자산의 미래 경제적 효익은 재화의 매출이나 용역수익, 원가절감, 또는 그 자산의 사용에 따른 기타 효익의 형태로 발생한다.

2. 무형자산의 인식요건

다음의 조건을 모두 충족하는 경우에만 무형자산을 인식한다.

① 자산에서 발생하는 미래경제적효익이 기업에 유입될 가능성이 높다.

② 자산의 원가를 신뢰성 있게 측정할 수 있다.

3. 비용인식

미래 경제적 효익을 얻기 위한 지출이라도 무형자산의 정의와 인식기준을 충족하지 못하면 그 지출(사업개시비용, 교육훈련비, 광고 및 판매촉진비, 사업이전비 등)은 발생한 기간의 비용으로 인식한다.

또한 과거 회계연도의 재무제표나 중간재무제표에서 일단 비용으로 인식한 지출은 그 후의 기간에 무형자산의 취득원가로 인식할 수 없다.

4. 무형자산의 분류

구분	내용
영업권	미래의 초과수익력을 화폐금액으로 표시한 것
개발비	신제품 및 신기술의 개발과 관련하여 발생한 비용으로 개별적으로 식별 가능하고 미래의 경제적 효익을 기대할 수 있는 것으로 한다. 개발비의 경우 일정한 요건을 충족한 경우에는 무형자산으로 처리하고, 그렇지 않은 경상개발비는 당기비용으로 처리한다.
산업재산권	일정기간 독점적·배타적으로 이용할 수 있는 권리로서 특허권·실용신안권·의장권 및 상표권 등
기타의 무형자산	① 라이선스 : 특정기술이나 지식을 일정기간 동안 이용하기로 한 권리
	② 프랜차이즈 : 특정상품이나 용역을 일정 지역에서 독점적으로 사용하여 영업할 수 있는 권리
	③ 저작권 : 문학이나 학술 또는 예술의 범위에 속하는 창작물인 지적재산권에 대하여 저저 또는 제작자가 출판, 재생 또는 판매할 수 있는 배타적이고 독점적인 권리
	④ 소프트웨어
	⑤ 광업권 : 일정한 광구에서 등록한 광물과 광물을 채굴할 수 있는 권리
	⑥ 어업권 : 등록된 일정한 수면에서 독점적 · 배타적으로 어업을 경영할 수 있는 권리

재무상태표

(주)조세	2017년 12월 31일	(단위 : 원)

자산	부채 및 자본
Ⅰ. 유동자산	부채
Ⅱ. 비유동자산	
(1) 투자자산	
(2) 유형자산	
(3) 무형자산	
영업권	자본
산업재산권	
개발비	
(4) 기타비유동자산	

02 무형자산 최초 인식

1. 무형자산 취득

무형자산을 최초로 인식할 때에는 원가로 측정한다. 이러한 원가는 당해 자산의 매입가액에 자산을 의도된 용도대로 사용할 수 있도록 준비하는 데 직접 관련되는 취득부대비용(등록비, 각종 수수료, 제세공과 등)을 더하여 결정한다.

(1) 개별취득

개별 취득하는 무형자산의 원가는 다음 항목으로 구성된다.

① 구입가격(매입할인과 리베이트를 차감하고 수입관세와 환급받을 수 없는 제세금을 포함한다)

② 자산을 의도한 목적에 사용할 수 있도록 준비하는 데 직접 관련되는 원가

㉠ 그 자산을 사용 가능한 상태로 만드는 데 직접적으로 발생하는 종업원급여

㉡ 그 자산을 사용 가능한 상태로 만드는 데 직접적으로 발생하는 전문가 수수료

㉢ 그 자산이 적절하게 기능을 발휘하는지 검사하는 데 발생하는 원가

다만, 다음의 경우에는 무형자산 원가에 포함하지 않는 지출의 예에 해당한다.

① 새로운 제품이나 용역의 홍보원가(광고와 판매촉진활동 원가를 포함한다)

② 새로운 지역에서 또는 새로운 계층의 고객을 대상으로 사업을 수행하는 데서 발생하는 원가(교육훈련비를 포함한다)

③ 관리원가와 기타 일반경비원가

④ 무형자산 원가의 인식은 그 자산을 경영자가 의도하는 방식으로 운용될 수 있는 상태에 이르면 중지한다. 따라서 무형자산을 사용하거나 재배치하는 데 발생하는 원가는 자산의 장부금액에 포함하지 않는다.

(2) 내부적으로 창출한 무형자산

내부적으로 창출한 무형자산이 인식기준을 충족하는지를 평가하기 위하여 무형자산의 창출과정을 연구단계와 개발단계로 구분한다.

다만, 무형자산을 창출하기 위한 내부 프로젝트를 연구단계와 개발단계로 구분할 수 없는 경우에는 그 프로젝트에서 발생한 지출은 모두 연구단계에서 발생한 것으로 본다.

	연구단계	개발단계
의의	연구(또는 내부 프로젝트의 연구단계)에서 발생하는 무형자산을 인식하지 않는다. 연구(또는 내부 프로젝트의 연구단계)에 대한 지출은 발생시점에 비용(연구비)으로 인식한다.	개발단계에서 발생한 지출은 다음의 조건을 모두 충족하는 경우에만 무형자산으로 인식하고, 그 외의 경우에는 경상개발비의 과목으로 하여 발생한 기간의 비용으로 인식한다.
예	① 새로운 지식을 얻고자 하는 활동 ② 연구결과나 기타 지식을 탐색, 평가, 최종 선택 및 응용하는 활동 ③ 재료, 장치, 제품, 공정, 시스템, 용역 등에 대한 여러 가지 대체안을 탐색하는 활동 ④ 새롭거나 개선된 재료, 장치, 제품, 공정, 시스템, 용역 등에 대한 여러 가지 대체안을 제안, 설계, 평가 및 최종 선택하는 활동	① 생산이나 사용 전의 시작품과 모형을 설계, 제작 및 시험하는 활동 ② 새로운 기술과 관련된 공구, 지그, 주형, 금형 등을 설계하는 활동 ③ 상업적 생산목적으로 실현가능한 경제적 규모가 아닌 시험공장을 설계, 건설 및 가동하는 활동 ④ 신규 또는 개선된 재료, 장치, 제품, 공정, 시스템 이나 용역에 대하여 최종적으로 선정된 안을 설계, 제작 및 시험하는 활동

2. 산업재산권

(1) 의의

일정기간 독점적 · 배타적으로 이용할 수 있는 권리로서 특허권 · 실용신안권 · 디자인권 및 상표권 등을 의미한다. 실무적으로는 관리목적 또는 상각을 위한 개별기록의 필요성 때문에 별도의 계정과목으로 구분하여 회계처리하고 보고기간말에 재무제표에서 이들을 통합하여 공시한다.

(2) 특허권

특허권이란 특허법에 의하여 등록되어 독점적 · 배타적으로 이용할 수 있는 권리를 의미하는데 자기 자신이 스스로 창작하여 특허출원을 한 것뿐만 아니라 타인으로부터 승계 취득한 경우도 특허권으로 처리한다.

특허권을 얻기 위한 개발비용은 개발비 계상요건을 갖추고 있으면 개발비로 처리하고, 특허권의 취득원가는 취득을 위하여 직접사용되는 금액인 특허출원비, 특허등록비, 변리사수수료 등 제반비용으로 한다.

다만, 주의할 점은 특허권 취득시 미상각된 개발비는 특허권으로 대체하지 않고 각각 상각한다는 점이다. 그 이유는 산업재산권과 개발비의 효익제공기간이 서로 다르고, 하나의 개발활동을 통하여 다수의 산업재산권을 취득하게 되는 경우 개발비의 미상각잔액을 개별 산업재산권의 취득원가로 배분할 합리적 기준이 없을 뿐 아니라 식별하기도 쉽지 않기 때문이다.

실무맛보기 ··· [6-1]

1. 특허권을 취득하기 위하여 특허출원 및 등록에 소요되는 비용으로 5백만원을 보통예금에서 이체하였다.

차변			대변		
차변	선 급 금	5,000,000	대변	보 통 예 금	5,000,000

2. 특허권을 등록하여 취득하고 변리사 수수료로 1백만원(부가세별도)을 이체해주고 세금계산서를 받았다.

차변			대변		
차변	특 허 권	6,000,000	대변	보 통 예 금	1,100,000
	부 가 세 대 급 금	100,000		선 급 금	5,000,000

3. 결산시 특허권에 대하여 감가상각비를 계상하였다.(내용연수 : 10년)

차변	무형자산상각비	600,000	대변	특 허 권	600,000

* 6,000,000 ÷ 10 = 600,000원

3. 컴퓨터 소프트웨어

외부에서 유상으로 구입한 컴퓨터소프트웨어를 말한다. 다만, 자체 개발한 소프트웨어로서 자산인식기준을 충족하면 개발비과목으로 한다.

구 분	자 산 성 유 무	계 정 과 목
외부구입	자산인식조건 충족	컴퓨터소프트웨어(무형자산)
자체개발	자산인식조건 충족	개발비(무형자산)
	자산인식조건 미충족	경상개발비(당기비용)

☞ 다만, 실무상 소프트웨어(프로그램) 구입시 비품으로 처리하고 감가상각하고 있다.

03 무형자산의 상각

무형자산의 상각은 내용연수가 유한한지 또는 비한정인지에 따라 회계처리가 달리 규정되어 있으므로 살펴보면 다음과 같다.

1. 내용연수가 유한한 무형자산

내용연수가 유한한 무형자산의 상각대상금액은 내용연수동안 체계적인 방법으로 배분하여야 한다.

(1) 상각기간

무형자산의 상각은 자산이 사용가능한 시점부터 시작한다. 즉, 자산이 경영자가 의도하는 방식으로 운영할 수 있는 위치와 상태에 이르렀을 때부터 시작한다. 상각은 자산이 매각예정으로 분류되는(또는 매각예정으로 분류되는 처분자산집단에 포함되는) 날과 자산이 재무상태표에서 제거되는 날 중 이른 날에 중지한다.

(2) 상각방법

무형자산의 상각방법은 자산의 경제적 효익이 소비되는 형태를 반영한 방법(정액법, 체감잔액법, 생산량비례법)이어야 한다. 다만, 소비되는 형태를 신뢰성 있게 결정할 수 없는 경우에는 정액법을 사용한다.

무형자산의 상각액은 일반적으로 당기손익으로 인식한다. 그러나 자산이 갖는 미래 경제적 효익이 다른 자산의 생산에 소모되는 경우, 그 자산의 상각액은 다른 자산의 원가를 구성하여 장부금액에 포함한다. 예를 들면, 제조과정에서 사용된 무형자산의 상각은 재고자산의 장부금액에 포함한다.

(3) 잔존가치

내용연수가 유한한 무형자산의 잔존가치는 다음의 ①과 ②중 하나에 해당하는 경우를 제외하고는 영(0)으로 본다.

① 내용연수 종료 시점에 제3자가 자산을 구입하기로 한 약정이 있다.

② 무형자산의 활성시장이 있고 다음을 모두 충족한다.

㉠ 잔존가치를 그 활성시장에 기초하여 결정할 수 있다.

㉡ 그러한 활성시장이 내용연수 종료 시점에 존재할 가능성이 높다.

(4) 무형자산상각비의 회계처리

회계처리방법에는 직접차감법(직접법)과 누계액설정법(간접법)이 있는데 한국채택국제회계기준은 모두 인정하되 직접차감법에 의하여 회계처리하는 경우 무형자산 장부금액의 증감내용을 주석으로 기재하도록 규정하고 있다.

무형자산의 상각이 다른 자산의 제조와 관련된 경우에는 제조원가로, 그 밖의 경우에는 판매비와 관리비로 처리한다.

구분	회계처리
직접법	(차) 무형자산상각비 ××× (대) 해당자산 ×××
간접법	(차) 무형자산상각비 ××× (대) 상각누계액 ×××

예를 들면 특허권의 취득원가는 100 상각누계액은 40(당기 20)원인 경우

직접법 : (차) 무형자산상각비 20 (대) 특허권 20

간접법: (차) 무형자산상각비 20 (대) 특허권감가상각누계액 20

【 재무상태표 】

과 목	금 액	
무형자산		
특허권	60	

2. 내용연수가 무한한 무형자산

내용연수가 불확실하거나 유한하게 추정되지 않으면 이를 비한정내용연수를 갖는 무형자산으로 분류(예를 들어, 상표권,골프회원권 등)하고 상각하지 아니한다.

이러한 무형자산은 상각하지 않는 대신 무형자산의 손상을 시사하는 징후가 있을 때 혹은 매 보고기간말에 자산손상검사를 실시하고 자산이 손상되었으면 손상차손을 인식해야한다.

04 무형자산의 제거

무형자산은 처분하는 때 또는 사용이나 처분으로부터 미래경제적효익이 기대되지 않을 때 재무상태표에서 제거한다. 무형자산의 제거로 인하여 발생하는 이익이나 손실은 순매각가액과 장부금액의 차이로 결정한다. 그 이익이나 손실은 자산을 제거할 때 당기손익으로 인식한다.

(차)	무형자산상각누계액	xxx	(대)	무 형 자 산	xxx
	현 금	xxx		무형자산처분이익	xxx

05 영업권

1. 의의

영업권이란 동종산업의 다른 기업보다 평균이상의 이익을 가득하는 능력을 초과수익력이라 하는데 초과수익력을 발생원천으로 하는 무형의 자원이다.

2. 평가

한국채택국제회계기준(기준서 제1103호)에서는 합병·영업양수 및 전세권 취득 등의 경우에 유상으로 취득한 영업권만 인정하고 있으며 자가창설영업권은 인정하지 않고 있다.

사업결합 등에서 발생하는 유상으로 취득한 영업권은 개별적인 식별가능성이 없어 무형자산의 정의는 충족시키지 못하나 사업결합 등에서 취득하는 다른 자산과 구별하여야 할 필요가 있어 무형자산의 범주에 포함한다.

매수법에서 영업권은 취득한 순자산의 공정가치에 대한 취득원가의 초과분을 영업권으로 본다.

영업권 = 합병 등의 대가로 지급한 금액 - 취득한 순자산의 공정가액

실무 TIP - 부의 영업권(염가매수차익)
영업권과는 달리 피매수회사의 순자산가액보다 적은 대가를 지불하고 인수하는 경우도 있는데 이러한 경우 해당 차액을 "부의 영업권"(염가매수차익)이라 한다. 부의 영업권은 무형자산에서 차감항목으로 표시하며 일정기간에 걸쳐 정액법으로 환입하거나, 일정시점에 이익으로 환입한다.

실무맛보기 … [6-2]

(주)재령(합병회사)는 ㈜경리(피합병회사)와 합병하면서 주당 액면가 10원(시가 20원)인 합병회사주식 300주를 교부하였다.

피합병회사 B/S

	자산 (공정가액 8,000)	6,000		부채	2,400
				자본금	2,000
				이익잉여금	1,600

차변	자산	8,000	대변	부채	2,400
	영업권	400		자본금	3,000
				주식발행초과금	3,000

* 교부주식의 액면가와 시가와의 차이는 주식발행초과금으로 한다.

* 합병시 자산은 공정가액으로 평가한다.

06 기타비유동자산

1. 장기매출채권

통상적으로는 회수기간이 재무상태표일로부터 1년 이상인 채권을 의미하는데 실무에서는 통상 장기할부조건판매인 경우 발생하는 외상매출금을 장기외상매출금으로 처리한다.

실무맛보기 … [6-3]

2017.1.1 자동차판매회사인 (주)재령은 ㈜다음에 자동차를 2만원(부가세 별도)에 판매 · 인도하고, 그 대금은 2회(2018.12.31, 2019.12.31)에 걸쳐 나누어 보통예금으로 지급받기로 하였다. (유효이자율 : 10%, 연금현가율 : 1.73554)

1. 2017.1.1. 상품판매시

차변			대변		
	장기외상매출금	20,000		매출	17,355
				현재가치할인차금	2,645

* 매출 : 10,000× 1.73554 = 17,355

2. 2017.12.31. 1회 할부금 회수시

차변			대변		
	보통예금	11,000		장기외상매출금	10,000
	현재가치할인차금	1,736		이자수익	1,736
				부가세예수금	1,000

3. 2017.12.31. 2회 할부금 회수시

차변			대변		
	보통예금	11,000		장기외상매출금	10,000
	현재가치할인차금	909		이자수익	909
				부가세예수금	1,000

* 부가세법상 장기할부판매의 경우 대가의 각 부분을 받기로 한 때를 공급시기로 한다.

* 부가가치세의 과세표준은 회사가 이자상당액을 분리하여 계상하더라도 이자상당액 (현재가치할인차금)을 포함하여 계산한다.

* 부가세예수금 : 이자상당액을 포함한 공급가액(10,000) × 0.1 = 1,000원

2. 임차보증금

임차보증금이란 타인의 부동산이나 동산을 사용하기 위하여 임대차계약을 체결하는 경우에 월세 등의 조건으로 사용하는 경우 지급하는 보증금이다.

실무맛보기 … [6-4]

1. (주)조세는 사무실을 임차(보증금: 5천만원, 월세 : 2백만원, 부가세 별도, 월세지급일 : 매월 말일)하기로 하고, 계약금 5백만원을 보통예금에서 지급하다.

차변	선급금	5,000,000	대변	보통예금	5,000,000

2. 잔금 4천5백만원을 보통예금에서 지급하였다.

차변	임 차 보 증 금	50,000,000	대변	선 급 금	5,000,000
				보 통 예 금	45,000,000

SECTION 07

부채

01 부채의 의의와 종류

1. 의의

부채란 특정기업이 과거의 거래나 사건의 결과로서 특정 실체가 다른 실체에 대하여 미래 경제적 자원을 이전하여야 할 현재의 의무이며, 미래 경제적 효익의 희생을 말한다.

2. 측정

이론적으로 부채를 상환하기 위해서 미래에 제공해야 할 재화나 용역의 현재가치로 평가해야 하나, 유동부채의 속성상 만기금액(명목가액)으로 평가해도 중요성 관점에서 큰 문제가 없으므로 일반적으로 만기금액으로 평가한다.

3. 분류

(1) 유동부채와 비유동부채

재무상태표일로부터 1년 이내에 또는 정상영업주기 내에 도래하는 부채를 유동부채라 하고 1년 이후에 도래하는 부채는 비유동부채라 한다.

(2) 확정부채와 추정부채

확정부채란 재무상태표일 현재 부채의 존재가 확실하고 그 지급금액이 확정된 부채이다.

반면에 추정부채란 만기금액이 확정되지 않고 인식 당시 지급시기와 수취인이 확인되지 않은 부채로서 우발부채, 충당부채가 여기에 해당한다.

(3) 금융부채와 비금융부채

금융부채는 다음의 부채를 말한다.

1) 다음 중 어느 하나에 해당하는 계약상 의무

① 거래상대방에게 현금 등 금융자산을 인도하기로 한 계약상 의무

② 잠재적으로 불리한 조건으로 거래상대방과 금융자산이나 금융부채를 교환하기로 한 계약상 의무

2) 자기지분상품으로 결제하거나 결제할 수 있는 다음 중 하나의 계약

① 인도할 자기지분상품의 수량이 변동 가능한 비파생상품

② 확정 수량의 자기지분상품을 확정 금액의 현금 등 금융자산과 교환하여 결제하는 방법 외의 방법으로 결제하거나 결제할 수 있는 파생상품. 이러한 자기지분상품에는 다음의 금융상품은 포함하지 않는다.

㉠ 문단 16A와 16B에 따라 지분상품으로 분류하는 풋가능 금융상품

㉡ 발행자가 청산하는 경우에만 거래상대방에게 지분비율에 따라 발행자 순자산을 인도해야 하는 의무를 발행자에게 부과하는 금융상품으로서 문단 16C와 16D에 따라 지분상품으로 분류하는 금융상품

㉢ 자기지분상품을 미래에 수취하거나 인도하기 위한 계약인 금융상품

반면에 비금융부채란 금융부채가 아닌 부채를 말한다. 이러한 예로는 선수금, 선수수익 등이 해당된다.

4. 금융부채의 분류

금융부채는 당기손익인식금융부채와 기타금융부채 2가지로 분류된다.

(1) 당기손익인식금융부채

당기손익인식금융부채는 다음 중 하나의 요건을 충족하는 금융부채를 말한다.

1) 단기매매항목(단기매매금융부채)

① 주로 단기간 내에 매각하거나 재매입할 목적으로 취득하거나 부담한다.

② 최초인식시점에, 최근의 실제 운용형태가 단기적 이익획득 목적이라는 증거가 있으며, 그리고 공동으로 관리되는 특정 금융상품 포트폴리오의 일부이다.

③ 파생상품이다(다만, 금융보증계약인 파생상품이나 위험회피수단으로 지정되고 위

험회피에 효과적인 파생상품은 제외한다).

2) 최소인식시점에 당기손익인식항목으로 지정된 금융부채

다음 중 하나 이상을 충족하여 더 목적적합한 정보를 제공하는 경우에만 당기손익인식항목으로 지정할 수 있다.

① 당기손익인식항목으로 지정하면, 서로 다른 기준에 따라 자산이나 부채를 측정하거나 그에 따른 손익을 인식함으로써 발생할 수 있는 인식이나 측정상의 불일치('회계불일치'라 불리기도 한다)가 제거되거나 유의적으로 감소된다.

② 문서화된 위험관리전략이나 투자전략에 따라, 금융상품집합(금융자산, 금융부채 또는 금융자산과 금융부채의 조합으로 구성된 집합)을 공정가치기준으로 관리하고 그 성과를 평가하며 그 정보를 이사회, 대표이사 등 주요경영진에게 공정가치기준에 근거하여 내부적으로 제공한다.

(2) 기타금융부채

기타금융부채는 당기손익인식금융부채로 분류되지 않은 모든 금융부채를 말한다.

5. 금융부채의 최초인식과 측정

(1) 최초인식

한국채택국제회계기준에서는 금융부채는 금융상품의 계약당사자가 되는 때에만 재무상태표에 인식하며, 최초 인식시 공정가치로 인식하로록 규정하고 있다.

다만, 당기손익인식금융부채이 아닌 경우 당해 금융부채의 발행과 직접 관련되는 거래원가는 최초인식하는 공정가치에 차감하여 측정한다. 즉, 당기손익인식금융부채와 관련되는 원가는 당기손익으로 처리한다.

(2) 측정

최초인식 후 모든 금융부채는 유효이자율법을 사용하여 상각후원가로 측정한다. 다만, 다음의 금융부채는 제외한다.

① 당기손익인식금융부채

② 금융자산의 양도가 제거 조건을 충족하지 못하거나 지속적관여접근법이 적용되는 경우에 발생하는 금융부채

③ 금융보증계약

④ 시장이자율보다 낮은 이자율로 대출하기로 한 약정

02 유동부채의 의의와 종류

1. 종류

유동부채는 1년 이내에 상환할 의무가 있는 채무를 말하는데, 여기서 1년 이내란 재무상태표일로부터 1년을 의미한다. 유동부채에는 매입채무, 단기차입금, 미지급금, 선수금, 예수금, 미지급비용, 미지급법인세 등이 있다.

재무상태표

(주)조세 2017년 12월 31일 (단위 : 원)

차변	대변
Ⅰ. 유동자산	Ⅰ. 유동부채
	1. 단기차입금
	2. 매입채무
	Ⅱ. 비유동부채
Ⅱ. 비유동자산	Ⅰ. 자본금
(1) 투자자산	Ⅱ. 자본잉여금
(2) 유형자산	Ⅲ. 자본조정
(3) 무형자산	Ⅳ. 기타포괄손익누계액
(4) 기타비유동자산	Ⅴ. 이익잉여금

2. 매입채무

일반적 상거래에서 발생하는 외상매입금과 지급어음을 말한다.

(1) 외상매입금

일반적 상거래에서 발생한 영업상의 채무로, 일반적 상거래란 원재료 또는 상품의 매입, 용역의 수령 등 기업의 주된 활동에서 발생하는 거래이다. 재고자산을 외상으로 구입하는 경우 외상매입금으로 회계처리한다.

(2) 지급어음

재고자산을 구입하고 어음을 발행하는 경우에 지급어음으로 회계처리한다.

실무맛보기 … [7-1]

1. 원재료 20,000원(부가세 별도)를 구입하고 세금계산서를 수취하였다.

차변	계정과목	금액	대변	계정과목	금액
차변	원재료 부가세대급금	20,000 2,000	대변	외상매입금	22,000

2. 상품 외상매입대금 22,000원(부가세 포함)을 지급하기 위하여 대박은행 보통예금에서 송금하였다. 송금수수료 1,000원이 발생하였다.

차변	계정과목	금액	대변	계정과목	금액
차변	외상매입금 지급수수료	22,000 1,000	대변	보통예금	23,000

3. 단기차입금

단기차입금이란 재무상태표일로부터 1년 이내에 상환기일이 도래하는 차입금과 금융기관으로부터의 당좌차월액을 의미한다. 한편 어음을 발행하여 돈을 차입한 경우도 지급어음이 아닌 단기차입금으로 회계처리하여야 한다.

실무맛보기 … [7-2]

1. 정은행으로부터 운영자금 30,000원을 차입하였는데, 근저당 설정수수료 및 기타 수수료 550원을 차감한 29,450원이 입금되다.

차변	계정과목	금액	대변	계정과목	금액
차변	보통예금 지급수수료	29,450 550	대변	단기차입금	30,000

2. 정은행으로부터 차입한 단기차입금 30,000원 및 이자비용 1,000원을 보통예금에서 인출하여 상환하였다.

차변	계정과목	금액	대변	계정과목	금액
차변	단기차입금 이자비용	30,000 1,000	대변	보통예금	31,000

실무 TIP - 개인사채(私債)의 차입 및 그 이자 지급

회사의 자금이 일시 부족하여 금융권이 아닌 개인(대표자의 친·인척, 지인, 사채업자)으로부터 차입하는 경우 차입금은 단기차입금으로 처리하고, 그 이자 지급시 비영업대금의 이자소득으로 총액×25%(지방소득세 포함 27.5%)를 원천징수하고 다음 달 10일까지 관할세무서장에게 납부해야한다.

이자소득을 지급받는 대표이사는 금융소득이 2천만원이 초과하는 경우에는 내년 5월에 자기의 일반소득에 합해서 종합소득에 합산하여 과세되며, 25% 원천징수된 세액은 기납부세액으로 빼준다.

4. 미지급금과 미지급비용

(1) 미지급금

미지급금이란 일반적 상거래 이외에서 발생한 채무를 말하는데 예를 들면 토지 또는 건물을 취득하고 대금을 나중에 지급하는 경우에 외상매입금이 아닌 미지급금으로 처리한다.

실무맛보기 … [7-3]

사무용 비품을 1,500,000원(부가세 별도)에 구입하면서 그 대금은 나중에 지급하기로 했다.

차변	계정	금액	대변	계정	금액
차변	비품	1,500,000	대변	미지급금	1,650,000
	부가세대급금	150,000			

(2) 미지급비용

당기에 발생한 비용으로서 아직 지급기일이 도래하지 않아 지급되지 아니한 채무를 말하는데 미지급이자, 미지급법인세, 미지급보험료 등이 여기에 해당하는데 대부분 보험료는 선납하므로 미지급비용으로 처리할 경우는 거의 없다.

실무맛보기 … [7-4]

결산시 12월분 이자비용 100,000원을 인식하였다. 당해 이자는 내년 1월에 지급하기로 약정되어있다.

차변	계정	금액	대변	계정	금액
차변	이자비용	100,000	대변	미지급비용	100,000

실무 TIP - 미지급금과 미지급비용과의 차이

구 분	미 지 급 금	미지급비용
같 은 점	일반적 상거래 이외의 거래에서 발생한 채무	
다 른 점	계약상 지급기일 경과로 지급의무 확정	발생비용 중 계약상 지급의무기일 미도래

5. 선수금과 선수수익

(1) 선수금

선수금은 미래에 재화 또는 용역을 제공하기로 약속하고 거래처로부터 대금의 전부 또는 일부를 미리 수령한 것을 말한다.

실무맛보기 … [7-5]

거래처에 제품 판매 계약을 하고 선수금으로 11,000원(부가세 포함)을 보통예금통장으로 이체받고, 선수금에 대해 세금계산서를 발행하였다.

차변			대변		
	보통예금	11,000		선수금	10,000
				부가세예수금	1,000

(2) 선수수익

선수수익이란 미래에 용역을 제공하기로 약정하고 미리 받은 용역대금을 말한다. 선수임대료, 선수이자 등이 여기에 속한다.

실무맛보기 … [7-6]

1. 4월 1일 공장 건물의 일부를 임대하고 1년간 임대료 3,600원을 보통예금통장으로 이체받았다.

차변	보통예금	3,600	대변	수입임대료	3,600

2. 결산시 다음 연도의 임대료에 해당하는 900원을 선수수익으로 계상하여 수입임대료에서 차감하였다.

차변	수입임대료	900	대변	선수수익	900

* 선수수익 : 월임대료(300원)× 3개월(1.1 ~ 3.31)

6. 예수금

예수금은 일반적 상거래 이외에서 발생한 일시적 예수액으로서 거래처나 종업원으로부터 금전을 미리 받아 일시적으로 보관하였다가 향후에 지급하여야 할 금액을 말한다. 예를 들어 소득세 및 지방소득세, 국민연금, 건강보험료, 고용보험료 예수금 등이 있다.

실무맛보기 … [7-7]

새로 구축한 생산라인에 대한 교육을 생산부서에서 실시하였다. 강의는 외부강사를 초빙하였고 강사료는 2,000,000원으로 세금 66,000원을 원천징수 후 1,934,000원을 현금지급 하였다.

차변	교육훈련비	2,000,000	대변	보통예금	1,934,000
				예수금	66,000

7. 부가가치세예수금

회사가 매출시 거래상대방으로부터 징수한 부가가치세액으로 공급받는 자를 대신하여 세무서에 납부하여야 하는 채무이다. 즉, 부가가치세 매출세액을 부가세예수금이라고 하며, 그 유형은 일반 상거래에서의 매출, 비유동자산의 매각시 계상된다.

8. 유동성장기부채

비유동부채 중 일부는 상환만기일이 1년 이내에 도래하는데 이를 유동성장기부채라 하며 이를 유동부채로 분류해야 한다. 예를 들면 2017년 결산시에 재무상태표상 비유동부채인 사채의 상환시기를 검토한 결과 3억 중 1억이 2018년에 도래한다면 당기에 상환할 1억은 유동성장기부채로 분류해야 한다.

실무맛보기 … [7-8]

1. (주)조세는 2017년 5월 1일 국민은행에서 3년 거치 3년 균등분할상환조건의 시설자금 60,000원을 차입하여 보통예금구좌로 예입하다.

차변	보 통 예 금	60,000	대변	장 기 차 입 금	60,000

2. 결산일을 맞이하여 결산수정사항을 검토한바, 국민은행 차입금 중 20,000원을 2018년 5월 1일에 상환해야 함을 확인하였다.

차변	장 기 차 입 금	20,000	대변	유동성장기부채	20,000

03 비유동부채의 의의와 종류

1. 의의

상환기일이 재무상태표일로부터 1년 또는 정상적인 영업주기 이후에 도래하는 부채를 비유동부채라 한다. 재무상태표에 표시하면 다음과 같다.

재무상태표

(주)조세 2017년 12월 31일 (단위 : 원)

자산	부채 및 자본
Ⅰ. 유동자산	Ⅰ. 유동부채
	Ⅱ. 비유동부채
	1. 사채
	2. 장기차입금
	3. 장기성매입채무
Ⅱ. 비유동자산	Ⅰ. 자본금
(1) 투자자산	Ⅱ. 자본잉여금
(2) 유형자산	Ⅲ. 자본조정
(3) 무형자산	Ⅳ. 기타포괄손익누계액
(4) 기타비유동자산	Ⅴ. 이익잉여금

2. 종류

비유동부채에는 사채, 장기차입금, 장기성매입채무, 퇴직급여충당부채, 장기제품보증충당부채, 이연법인세부채 등이 있다.

구 분	내 용
장기성매입채무	만기가 보고기간종료일로부터 1년 이후에 도래하는 외상매입금 + 지급어음
장기차입금	만기가 보고기간종료일로부터 1년 이후에 도래하는 차입금
사채	회사가 자금을 빌리면서 채권자에게 작성하여 교부하는 정형화된 차용증서로 제3자에게 자유롭게 양도가 가능
확정급여채무 (퇴직급여충당부채)	임직원의 퇴직에 대비하여 매년 회사가 부담해야 하는 퇴직금을 계산하여 적립하여야 하는 충당부채
장기제품충당부채	판매인이 구매인에게 제품의 품질・성과를 보증하는 판매보증에 대해 A/S비용 등 추가적 비용의 발생을 예상하여 미리 설정하는 충당부채
이연법인세부채	일시적 차이로 인하여 법인세비용이 법인세법 등의 법령에 의하여 납부하여야 할 금액을 초과하는 경우 그 초과하는 금액

04 회폐의 시간가치[2)]

1. 의의

어느 기업의 경영자가 현재 ₩10억 투자해서 향후 3년간 매년 ₩5억의 수익이 예상되는 사업계획과 현재 ₩10억을 투자해서 3년후 일시에 ₩17억의 수익이 예상되는 사업계획 중에서 어느 사업계획에 투자하는 것이 유리할 것인가 하는 의사결정을 한다고 가정하자.

이때 투자액과 예상수익액 등 사업계획으로 인하여 유입 또는 유출되는 화폐의 시간가치(time value of money)를 따져봐야 한다. 구체적으로 3년간 매년 ₩5억씩 유입될 수익의 시간가치와 3년 후 일시에 유입될 ₩17억의 시간가치를 비교해야 한다. 이를 위해서 두 종류의 수익을 동일한 기준시점의 가치로 환산하여 비교할 필요가 있다.

여기에서 기준시점은 현재시점일 수도 있고 미래시점일 수도 있다. 현재시점으로 환산한 가치를 현재가치(present value)라고 하고, 미래시점으로 환산한 가치를 미래가치(future value)라고 하는데, 실무적으로 현재가치로 환산하여 의사결정에 사용하는 것이 일반적이다.

2) IFRS 회계원리, 이효익・최관・백원선, 신영사, 478-484면, 2009.

만약 현재가치를 구하려 할 때에는 장래의 모든 현금흐름을 일정한 이자율을 적용하여 현재시점으로 할인해야 할 것이고, 미래가치를 구하고자 할 때에는 특정시점의 현금흐름을 일정한 이자율을 적용하여 미래의 기준시점까지 누적해야 한다.

2. 현재가치

화폐의 현재가치를 계산한다는 것은 곧 미래의 현금유입액 또는 현금유출액을 일정한 비율로 할인하여 현재시점의 화폐가치로 전환시키는 과정을 말한다. 특정의 투자액(현금유입액)에 대한 현재가치는 기본적으로 다음의 세 가지 요소에 의해 결정된다.

① 미래에 받게 될 현금유입액(cash inflow)

② 현금이 유입되는 기간(period)

③ 투자자가 요구하는 수익률이나 이자율, 즉 할인율(discount rate)

예를 들면, 어떤 투자를 함으로써 1년후에 ₩1,000의 현금유입을 기대할 수 있을 것이라고 가정하자. 만약 이 사람이 연간 10%의 수익을 기대한다고 하면 ₩909(₩1,000÷1.10)을 투자할 용의가 있을 것이다. 이와 같은 계산은 다음과 같은 방식으로 검증될 수 있다.

투자액(현재가치)	₩ 909
기대수익(₩909×10%)	91
1년후 현금유입액(미래가치)	₩1,000

여기에서 1년후 ₩1,000의 현재가치는 ₩909이라 할 수 있고, 현재 ₩909의 1년후 미래가치는 ₩1,000이 된다. 이는 다음과 같은 관계를 갖고 있다.

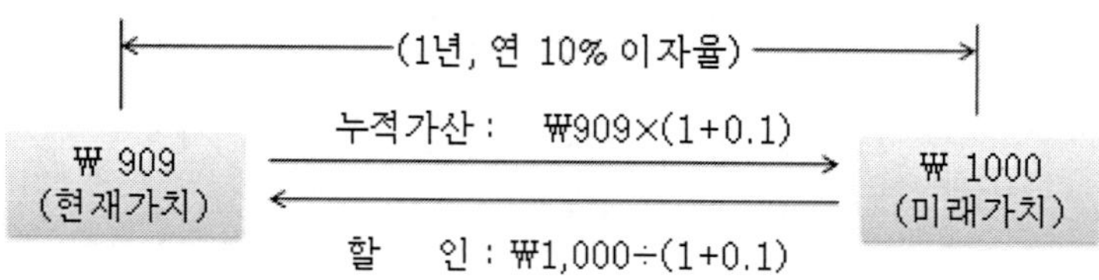

한편, 어떤 투자로부터 2년후에 ₩1,000의 현금이 유입될 것으로 기대한다고 하면, 현재 ₩826[(₩1,000÷1.10)÷0.10]만을 투자하려 할 것이다. 이는 또한 다음의 계산에 의해 그 검증이 가능하다.

투자액(현재가치)	₩ 826
1년째 기대수익(₩826×10%)	83
1년후 총투자액	₩ 909
2년째 기대수익(₩909×10%)	91
2년째 현금유입액(미래가치)	₩1,000

따라서 이 투자자가 현재 투자하려는 금액 ₩826은 2년후 ₩1,000을 연이자율 10%로 할인한 현재가치에 해당되는 금액이다. 또한 현재가치 ₩826과 미래가치 ₩1,000의 차이인 ₩174은 향후 2년 동안 얻게 될 수익액, 즉 이자요소에 해당되는 금액이라 할 수 있다. 여기에서 현재가치와 미래가치는 다음과 같은 관계를 갖는다.

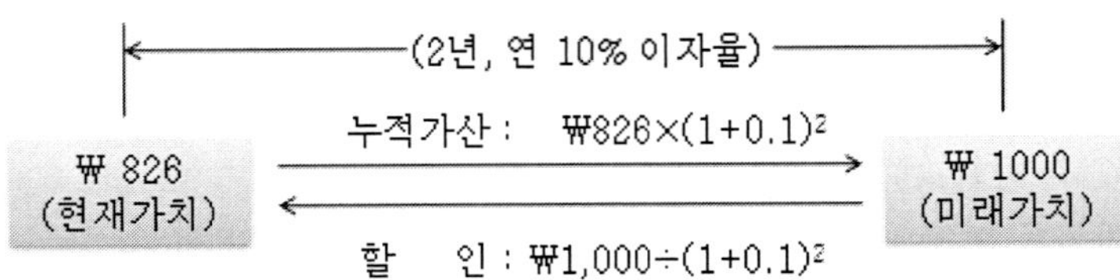

여기에서 유의할 점은 2년간 이자율 20%일 때의 이자와 1년간 이자율이 10%일 때 2년간의 이자가 다르다는 것이다. 왜냐하면 1년간 이자율이 10%라면 2년간의 복리이자율은 다음과 같이 계산된 21%이므로 단리로 계산된 2년간 이자율 20%보다 높다.

$$(1+0.1)\times(1+0.1)=1.21$$

(1) 단순현재가치

단순현재가치는 미래 1회에 한하여 발생할 일정 금액을 현재시점의 가치로 할인하는 것을 의미하며, 실무적으로는 목 돈 ₩1의 현재가치표로써 간편하게 이용한다.

$$\text{단순현재가치 계수(Pr, n)} = \frac{1}{(1+r)^n}$$

예컨대, 복리 6%인 경우 앞으로 3년 후에 받는 ₩2,000의 현재가치는 현가표를 이용할 때 ₩1,679.2(=₩2,000X0.8396)이다.

(2) 연금현재가치

연금현재가치란 미래 일정기간 동안 매기 말에 일정액이 유입되는 경우의 현재가치를 의미하며, 실무적으로는 연금 ₩1의 현재가치표로써 간편하게 이용한다.

$$\text{연금현재가치 계수(PAr, n)} = \frac{1-\frac{1}{(1+r)^n}}{r} = \frac{(1+r)^n-1}{r(1+r)^n}$$

예컨대, 액면가액 ₩100,000인 사채를 매입한 회사가 앞으로 3년 동안 매년 10%의 이자를 받기로 한다면 이자수익의 현재가치는 다음과 같이 계산된다.

	현금유입액	이자율(10%)	현재가치
1	₩10,000	.9091(단일금액의 현재가치)	₩9,091
2	10,000	.8264(단일금액의 현재가치)	8,264
3	10,000	.7513(단일금액의 현재가치)	7,513
		2.4868(연금의 현재가치)	₩24,868

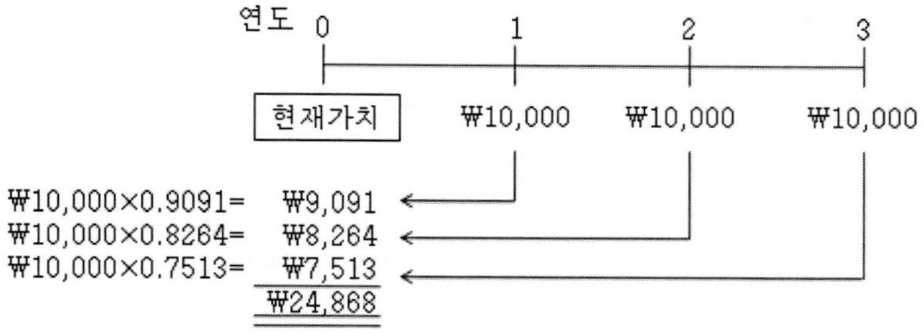

연도 0 1 2 3

현재가치 ₩10,000 ₩10,000 ₩10,000

₩10,000×0.9091= ₩9,091
₩10,000×0.8264= ₩8,264
₩10,000×0.7513= ₩7,513
₩24,868

즉, 앞으로 3년 동안 매년말에 ₩10,000씩 유입될 이자수익 ₩30,000을 10%로 할인할 경우 그 현재가치는 ₩24,868이다.

연금의 현재가치를 찾아보면 기간이자율 10%인 경우 ₩1에 대한 3년간 연금의 현재가치는 ₩2.4868로 나와 있다. 따라서 매년 ₩10,000의 유입에 대한 현재가치는 다음과 같이 계산된다.

₩10,000×2.4868 = ₩24,868

05 사채

1. 의의

사채란 주식회사가 장기간 거액의 자금을 조달할 목적으로 발행하는 확정채무임을 표시하는 채권으로서 계약에 따라 일정한 이자의 지급과 만기에 원금을 상환할 것을 약정하고 차입한 채무를 말한다.

사채증서에는 액면가액, 발행일, 만기일, 액면이자율이 표시가 되는데, 액면가액이란 사채를 발행하는 회사가 만기에 상환해야 할 원금을 의미한다. 또한 액면이자율이란 사채증서에 표시된 이자율로서 사채발행회사가 매년 말 현금으로 이자지급시 적용되는 이자율을 의미한다. 이러한 액면이자율은 만기까지 고정되어 있다.

사채는 장기자금조달, 유가증권, 일반대중으로부터 자금조달 측면에서 주식과 유사한 점이 있으나 다음과 같이 차이점이 존재한다.

① 사채권자는 주주총회에 참석할 수 없으나, 주식에는 의결권이 있다.

② 사채는 회사의 상환의무가 존재하지만, 주식에는 상환의무가 없다.

③ 사채는 이익발생여부에 상관없이 일정한 이자를 지급해야 하지만, 주식은 이익이 발생할 경우에만 배당을 실시한다.

2. 사채의 발행가액

사채의 발행가액은 사채의 미래현금흐름을 발행당시 해당 사채의 유효이자율로 할인한 현재가치로 결정된다. 여기서 사채의 미래현금흐름이란 만기에 지급할 원금과 매년 이자지급일에 지급할 현금이자을 의미하며, 사채발행시에 발생하는 사채발행비는 사채의 발행대금에서 직접 차감하여 처리한다.

여기서 유효이자율이란 사채발행자가 실질적으로 부담하는 이자율을 말하는 것으로서 시장이자율이라고도 한다.

사채발행가액 = 사채액면가액의 현재가치* + 사채이자의 현재가치**
= 사채발행으로 인한 순현금유입액
= 사채의 발행대금 - 사채발행비

* 사채액면가액의 현재가치 = 사채액면 금액 × 1원의 현재가치

** 사채이자의 현재가치 = 사채액면 금액 × 표시(액면)이자율 × 연금 1원의 현재가치

3. 사채의 발행시 회계처리

(1) 액면발행

실무적으로 대부분의 사채는 표시이자율과 시장이자율이 동일하여 발행가액과 액면가액이 동일하고 이를 액면발행이라 한다. 예를 들어 액면가액 1,000,000원인 사채를 액면발행하였다면 회계처리는 다음과 같다.

(차)	현 금	1,000,000	(대)	사 채	1,000,000

(2) 할인발행

일반적으로 사채를 구입하고자 하는 자는 표시이자율이 다른 자산에 투자함으로써 발생한 수익률에 미치지 못할 경우에는 사채를 매입하지 않을 것이므로 사채발행회사는 액면가액보다 낮게 발행할 수 밖에 없다.

즉, 사채의 표시이자율이 시장이자율보다 낮을 경우에는 사채의 발행가액이 액면가액보다 낮은 가액으로 발행하게 되는데 이것을 할인발행이라 하며, 그 차액은 사채할인발행차금으로 처리한다.

예를 들면 액면가액 1,000,000원인 사채를 980,000원에 할인발행하였다면 회계처리는 다음과 같다.

(차)	현 금	980,000	(대)	사 채	1,000,000
	사채할인발행차금	20,000			

여기서 사채할인발행차금은 사채에서 차감하는 평가계정으로서 재무상태표상 사채의 액면가액에 차감하는 형식으로 표시된다.

재무상태표

	비유동부채	
	사채	1,000,000
	사채할인발행차금	(20,000)

		980,000
		----------

(3) 할증발행

사채의 표시이자율이 시장이자율보다 큰 경우 사채의 발행가액이 액면가액보다 큰 경우를 할증발행이라 하며, 그 차액은 사채할증발행차금으로 처리한다.

예를 들면 액면가액 1,000,000원인 사채를 1,200,000원에 할증발행하였다면 회계처리는 다음과 같다.

(차)	현 금	1,200,000	(대)	사 채	1,000,000
				사채할증발행차금	200,000

여기서 사채할증발행차금은 사채에서 가산하는 평가계정으로서 재무상태표상 사채의 액면가액에 가산하는 형식으로 표시된다.

재무상태표

	비유동부채
	사채　　　　　　　1,000,000
	사채할증발행차금　　200,000

	1,200,000
	----------

(4) 사채발행비

사채발행비란 사채를 발행하는 데 직접적으로 발생한 사채권인쇄비, 인수수수료, 광고비 등의 비용을 말하는데 한국채택국제회계기준에서는 사채발행을 위하여 직접 발생한 사채발행비용은 사채의 발행가액에서 차감하도록 규정하고 있다.

즉, 사채발행비를 할인발행한 경우에는 사채할인발행차금에 가산하거나 할증발행한 경우에는 사채할증발행차금에서 차감하고 향후 상각을 통하여 이자비용에 반영하게 된다.

4. 이자비용의 계산과 회계처리

(1) 이자비용의 계산

이자비용금액은 사채의 발행가액에 유효이자율을 곱한 금액이다. 액면발행의 경우 매년 지급되는 표시이자가 곧 연도별 이자비용에 해당하고, 할인발행의 경우 매년 지급되는 표시이자에 사채할인발행차금 상각액을 더한 금액이 연도별 이자비용에 해당한다. 반면에 할증발행의 경우 표시이자에서 사채할증발행차금을 차감한 금액이 연도별 이자비용에 해당하게 된다.

구 분	회계처리	
액면발행	(차)이 자 비 용 ×××	(대)현 금 ×××
할인발행	(차)이 자 비 용 ×××	(대)현 금 ××× 사채할인발행차금 ×××
할증발행	(차)이 자 비 용 ××× 사채할증발행차금 ×××	(대)현 금 ×××

(2) 사채할인(할증)발행차금 회계처리

사채할인발행차금이란 사채의 액면가액과 발행가액(사채발행수수료와 사채발행 관련 기타비용 차감 후 금액)의 차액으로 사채 액면가액에서 차감 또는 부가하는 형식으로 기재한다.

한편 사채발행비는 현금유입액(사채발행가액)을 감소시키므로 할인차금이 증가하거나 할증차금이 감소하는 결과를 가져온다. 즉, 발행형태에 관계없이 유효이자율을 상승시키게 된다.

따라서 사채할인발행차금의 회계적 의미는 사채의 액면이자율이 시장이자율보다 임의적으로 낮게 책정되었기 때문에 회사입장에서 액면이자 외에 추가적인 이자비용으로 부담해야할 금액이라는 점이다.

(3) 사채할인(할증)발행차금 상각방법-유효이자율법

사채할인(할증)발행차금 상각방법에는 정액법과 유효이자율법이 있는데 한국채택국제회계기준에서는 유효이자율법만 인정하고 있다.

유효이자율법이란 사채의 장부가액에 유효이자율을 곱한 금액과 표시이자의 차이만큼 상각하는 방법을 말한다.

상각액 = 장부가액 × 유효이자율 - 액면이자

(장부가액 × 유효이자율 = 유효이자)

5. 사채의 만기상환과 조기상환

사채의 상환은 만기일에 상환하는 만기상환과 만기 이전에 상환하는 조기상환으로 구분할 수 있다.

(1) 만기상환

사채의 만기상환은 액면가액으로 상환하므로 사채상환손익이 발생하지 않는다. 즉, 사채의 발행형태에 상관없이 항상 만기에 지급되는 금액은 액면가액이다. 만기일에 사채상환시에는 사채의 발행회사는 차변은 사채계정에, 대변은 현금계정에 각각 액면가액으로 기록하면 된다.

구 분	회계처리	
액면발행,할인발행,할증발행	(차)사 채 ×××	(대)현 금 ×××

(2) 조기상환

만기일 이전에 사채를 상환하는 경우에는 상환일 현재 사채의 장부가액과 상환가액의 차액으로 인하여 사채상환손익이 발생하게 된다.

사채발행일 현재 이자율보다 상환일 현재의 이자율이 높은 경우에는 상환금액이 장부가액보다 낮기 때문에 사채상환이익이 발생한다.

반면에 사채발행일 현재 이자율보다 상환일 현재의 이자율이 낮다면 상환금액이 장부가액보다 커지므로 사채상환손실이 발생하게 된다.

구분	회계처리	
액면발행의 경우	(차) 사 채 ××× 사채상환손실 ×××	(대)현 금 ×××
할인발행의 경우	(차) 사 채 ××× 사채상환손실 ×××	(대)현 금 ××× 사채할인발행차금 ×××
할증발행의 경우	(차) 사 채 ××× 사채할증발행차금 ××× 사채상환손실 ×××	(대)현 금 ×××

실무맛보기 … [7-9]

1. (주)조세는 다음과 같은 조건으로 사채를 발행하였다.

2. 발행조건

   ① 액면가액 : 100,000원

   ② 발행일 : 2017년 1월 1일

   ③ 만기일 : 2019년 12월 31일

   ④ 액면(표시)이자율 : 10% (이자지급일은 매년 말로 가정함)

   ⑤ 시장이자율(할인율) : 12%

3. (주)조세의 사채 발행시, 이자지급시, 만기상환시 회계처리를 하시오.

1. 발행시 회계처리

매년말 : 이자 10,000원(액면가액 100,000원×액면이자율 10%)

만기 : 액면가액 100,000원

	2017. 1. 1	2017. 12. 31	2018. 12. 31	2019. 12. 31
이자 :		10,000	10,000	10,000
원금 :				100,000

사채의 발행가액은 사채액면가액의 현재가치와 사채이자의 현재가치로 구성되고 다음과 같이 계산된다. 다만 주의할 점은 시장이자율과 액면이자율이 상이한 경우에는 현금흐름을 시장이자율로 할인하여 발행가액을 구한다는 점이다.

① 원금의 현재가치 = $\frac{100,000}{(1.1)^3}$ = 71,180원

② 이자의 현재가치 = $\frac{10,000}{(1.12)} + \frac{10,000}{(1.12)^2} + \frac{10,000}{(1.12)^3}$ = 24,018원

(*) 100,000× 0.7118(3년,12%, 현가)= 71,180

(**) 10,000× 2.4018(3년,12%,연금현가)=24,018

위의 산식에 의해서 사채의 발행가액은 원금의 현재가치와 이자의 현재가치를 합한 95,198원이 된다.

따라서, 액면이자율과 시장이자율이 상이하므로 사채의 발행가액은 액면가액과 차이가 발생하고 그 차액만큼 사채할인발행차금으로 인식한다.

차변	현 금	95,198	대변	사 채	100,000
	사채할인발행차금	4,802			

재무상태표

	비유동부채	
	사채	100,000
	사채할인발행차금	(4,802)
		95,198

2. 이자지급시 회계처리

할인발행의 경우에는 사채할인발행차금이 발생하여 액면이자금액에 사채할인발행차금 상각액을 합하여 총이자비용을 계산하게 된다.

일자	㉠유효이자(12%)	㉡액면이자(10%)	㉢상각액 (㉠-㉡)	장부가액
2017. 1. 1				95,198
2017.12.31	11,424	10,000	1,424	96,622
2018.12.31	11,595	10,000	1,595	98,217
2019.12.31	11,783	10,000	1,783	100,000

유효이자율법에 의한 상각을 하는 경우 장부가액이 증가하면서 유효이자도 증가하는 추세를 보이고 있다.

(1) 2017.12.31.

차변	이 자 비 용	11,424	대변	현 금	10,000
				사채할인발행차금	1,424

(2) 2018.12.31.

차변	이 자 비 용	11,595	대변	현 금	10,000
				사채할인발행차금	1,595

(3) 2019.12.31.

차변	이 자 비 용	11,783	대변	현 금	10,000
				사채할인발행차금	1,783

부분 재무상태표

	2017. 1. 1	2017 12. 31	2018. 12. 31	2019. 12. 31
사 채	100,000원	100,000원	100,000원	100,000원
사채할인발행차금:	(4,802)원	(3,378)원	(1,783)원	
장부가액 :	95,198원	96,622원	98,217원	100,000원

3. 만기상환시 회계처리

차변	사 채	100,000	대변	현 금	100,000

06 확정급여채무

1. 퇴직급여의 의의

(1) 의의

퇴직급여제도는 기업이 한 명 이상의 종업원에게 퇴직급여를 지급하는 근거가 되는 공식 또는 비공식 협약을 말한다. 퇴직급여는 다음과 같은 급여를 포함한다.

① 퇴직금(예: 퇴직연금과 퇴직일시금 등)
② 퇴직후생명보험이나 퇴직후의료급여 등과 같은 그 밖의 퇴직급여

(2) 퇴직급여제도의 구분

퇴직급여제도는 제도의 주요 규약에서 도출되는 경제적 실질에 따라 확정기여제도 또는 확정급여제도로 분류된다.

구분	내용
확정기여제도	기업이 별개의 실체(기금)에 고정 기여금을 납부하여야 하고, 그 기금이 당기와 과거기간에 제공된 종업원 근무용역과 관련된 모든 종업원급여를 지급할 수 있을 정도로 충분한 자산을 보유하지 못하더라도 기업에게는 추가로 기여금을 납부해야 하는 법적의무나 의제의무가 없는 퇴직급여제도
확정급여제도	확정기여제도 이외의 모든 퇴직급여제도

2. 확정기여제도

(1) 의의

기업의 법적의무나 의제의무는 기업이 기금에 출연하기로 약정한 금액으로 한정된다. 따라서 종업원이 받을 퇴직급여액은 기업과 종업원이 퇴직급여제도나 보험회사에 출연하는 기여금과 그 기여금에서 발생하는 투자수익에 따라 결정된다. 그 결과 종업원이 보험수리적위험(급여가 기대 이하일 위험)과 투자위험(투자한 자산이 기대급여액을 지급하는 데 충분하지 못하게 될 위험)을 실질적으로 부담한다.

(2) 인식과 측정

이미 납부한 기여금을 차감한 후 부채(미지급비용)로 인식한다. 이미 납부한 기여금이 보고기간말 이전에 제공된 근무용역에 대해 납부하여야 하는 기여금을 초과하는 경우에는 자산(선급비용)으로 인식한다.

① 부족하게 납부한 경우

(차)	퇴 직 급 여	×××	(대)	현 금	×××
				미지급비용(부족액)	×××

② 초과하게 납부한 경우

(차)	퇴 직 급 여	×××	(대)	현 금	×××
	선급비용(초과액)	×××			

실무맛보기 … [7-10]

20X9년 말 현재 (주)조세가 확정기여제도에 의하여 납부해야 할 퇴직급여출연의무누계액은 120,000원이며, 전년말까지 기여금으로 납부한 금액은 100,000원 이다. 20X9년말에 (주)조세는 15,000원의 기여금을 실제로 납부하였다.

1. 20X9년 12월 31일 (기여금의 납부)

차변	퇴 직 급 여	20,000	대변	현 금	15,000
				미지급퇴직급여	5,000

* 120,000원(20X9년 출연의무누계액)-100,000원(20X8년 출연의무누계액)=200,000원(퇴직급여)
**20,000원(퇴직급여)-15,000원(추가납부 기여금)=5,000원(미지급퇴직급여)

만일 20X9년말에 25,000원의 기여금을 실제로 납부했다면 아래와 같이 분개한다.

차변	퇴 직 급 여	20,000	대변	현 금	25,000
	선 급 비 용	5,000			

3. 확정급여제도

(1) 의의

확정급여제도는 다음의 특성을 갖는다.

① 기업의 의무는 약정한 급여를 전·현직종업원에게 지급하는 것이다.

② 기업은 확정급여제도의 공식적 규약에 따른 법적의무에 대해서 뿐만 아니라 비공식적 관행에서 생기는 의제의무에 대해서도 회계처리를 한다.

③ 기업이 보험수리적위험(실제급여액이 기대급여액을 초과할 위험)과 투자위험을 실질적으로 부담한다. 보험수리적 실적이나 투자실적이 예상보다 저조하다면 기업의 의무는 증가할 수 있다.

(2) 확정급여채무와 당기근무원가

확정급여채무란 종업원이 당기와 과거기간에 근무용역을 제공하여 발생한 채무를 결제하는 데 필요한 예상 미래지급액을 말한다. 그리고 당기근무원가란 당기에 종업원이 근무용역을 제공하여 발생한 확정급여채무 현재가치의 증가액을 말한다.

① 확정급여채무란 종업원이 퇴직할 때 지급할 것으로 예상되는 퇴직급여를 의미하며 이러한 퇴직급여는 종업원이 근무용역을 제공함에 따라 지급되는 것이므로 종업원이 근무용역을 제공하는 기간에 비용으로 배분해야 되는데 이렇게 종업원의 근무기간에 배분된 퇴직급여를 당기근무원가라고 한다.

예를 들어 기업이 2년을 근무하는 종업원에게 퇴직급여 ₩100을 지급한다고 했을 경우 확정급여채무는 ₩100이며, 당기근무원가는 ₩50(₩100÷2)이 된다.

② 확정급여채무와 당기근무원가는 예측단위적립방식을 사용하여 측정한다.

당기근무원가	(차) 퇴직급여 ××× (대) 확정급여채무 ×××
이자원가	(차) 퇴직급여 ××× (대) 확정급여채무 ×××

실무맛보기 … [7-11]

(주)조세는 종업원이 퇴직하는 시점에 일시불 퇴직급여를 지급하며, 금액은 종업원의 퇴직전 최종연간임금의 8%에 근무연수를 곱하여 산정한다. 20X1년 초부터 (주)조세에서 근무한 김세정 씨의 20X1년 연간 임금은 10,000원이며, 매년 5%씩 인상될 것으로 추정된다. 20X4년 1월 1일에 퇴직할 것으로 예상되는 김세정 씨에 대해 회사가 매년 계상해야 할 퇴직급여 채무를 계산해 보자. 단, 연간 할인율은 10%로 계산한다.

김세정씨의 연간임금은 매년 5%씩 상승하므로 20X1년 10,000원, 20X2년 10,500원, 20X3년 11,025원으로 늘어난다. 따라서 김세정 씨가 퇴직하는 시점에 (주)조세가 지급해야 할 일시불 퇴직급여는 최종임금 11,025원의 8%에 해당하는 882원에 근무연수 3년을 곱한 2,646원이다.

구 분	20X1	20X2	20X3
당해연도 귀속 퇴직급여(명목가치)	882	882	882
퇴직급여채무(명목가치)	882	1,764	2,646
퇴직급여채무(현재가치)*	729	1,604	2,646
당기인식 퇴직급여비용**	729	875	1,042

* 20X4년 1월 1일에 지급할 것으로 가정하고 할인율 10%를 적용하여 현재가치를 구한다.

** 전기말퇴직급여채무에서 당기말퇴직급여채무를 차감하면 당기에 인식할 퇴직급여비용이 계산된다.

(주)조세는 매년 김세정 씨에 대한 퇴직급여채무에 대하여 다음과 같이 회계처리 해야 한다.

차변	퇴 직 급 여	729	대변	확 정 급 여 채 무	729
차변	퇴 직 급 여	875	대변	확 정 급 여 채 무	875
차변	퇴 직 급 여	1,042	대변	확 정 급 여 채 무	1,042

(3) 사외적립자산

사외적립자산이란 퇴직급여 지급을 위해 사외기금에 출연한 자산을 말하며 회계처리는 다음과 같다.

기여금 납부시	(차) 사외적립자산 ×××	(대) 현 금 ×××
기대수익발생시	(차) 사외적립자산 ×××	(대) 퇴직급여 ×××
퇴직시	(차) 확정급여채무 ×××	(대) 사외적립자산 ×××
보고기간 말 보험수리적 손실	(차) 보험수리적손실 ×××	(대) 사외적립자산 ×××

사외적립자산은 보고기간말에 공정가치로 측정하고 이를 재무상태표에 나타낼 때에는 확정급여채무의 차감항목으로 표시한다.

확정급여부채		
확정급여채무의 현재가치	×××	
사외적립자산의 공정가치	(×××)	×××

(4) 과거근무원가

기업이 확정급여제도를 새로 도입하거나 기존의 확정급여제도에서 지급해야 하는 급여를 변경하는 경우에 과거근무원가가 발생한다. 따라서 과거근무원가는 제도개정이나 축소로 인해 발생하는 확정급여채무 현재가치의 변동액을 의미한다.

① 과거근무원가는 정(+)의 금액(급여가 새로 생기거나 변동되어 확정급여채무의 현재가치가 증가하는 경우가 될 수도 있고 부(-)의 금액(기존 급여가 철회되거나 변동되어 확정급여채무의 현재가치가 감소하는 경우)이 될 수도 있다.

② 확정급여제도를 새로 도입하거나 개정하는 즉시 관련 급여가 즉시 가득된다면 해당 과거근무원가는 즉시 인식한다.

가득된 부분	(차) 퇴직급여	×××	(대) 확정급여채무	×××
가득되지 않는 부분	(차) 미인식과거근무원가	×××	(대) 확정급여채무	×××
상각	(차) 퇴직급여	×××	(대) 미인식과거근무원가	×××

③ 미인식과거근무원가를 재무상태표에 나타낼 때에는 확정급여채무의 차감항목으로 표시한다.

확정급여부채		
확정급여채무의 현재가치	×××	
사외적립자산의 공정가치	(×××)	
미인식과거근무원가	(×××)	×××

실무맛보기 … [7-12]

(주) 조세는 각 근무기간에 대하여 퇴직 전 최종임금의 2%에 해당하는 연금을 제공하는 연금제도를 갖고 있다. 연금급여는 근무기간이 5년을 경과할 때 가득된다.

1. 기업은 20X5년 1월 1일자로 제도를 개정하였고, 이 개정으로 20X1년 1월 1일 이후 근무기간에 대하여 최종임금의 2.5%에 해당하는 연금을 지급한다.

2. 제도개정일 현재 20X1년 1월 1일부터 20X5년 1월 1일까지 제공된 근무용역에 대하여 기업이 추가로 부담하여야 하는 연금급여의 현재가치는 다음과 같다.

20X5년 1월 1일 현재 5년 이상 근무한 종업원에 대한 급여	150
20X5년 1월 1일 현재 5년 미만 근무한 종업원에 대한 급여 (가득일까지의 평균잔여근무연수=3년)	120

이미 가득된 150원은 즉시 인식하고, 아직 가득되지 않은 120원은 20X5년 1월 1일부터 3년 동안 정액법으로 상각하여 인식한다.

① 과거근무원가의 인식

차변	퇴 직 급 여	150	대변	확 정 급 여 채 무	150
차변	미인식과거근무원가	120	대변	확 정 급 여 채 무	120

② 미인식과거근무원가의 상각

차변	퇴 직 급 여	40	대변	미인식과거근무원가	140

(5) 보험수리적손익

보험수리적손익이란 보험수리적가정과 실제로 발생한 결과의 차이에서 생기는 손익과 보험수리적가정의 변경으로 인해 발생하는 손익을 말한다.

즉, 보험수리적손익은 확정급여채무의 현재가치와 사외적립자산의 공정가치를 측정하는 과정에서 보험수리적가정에 따른 기대금액과 실제금액과의 차이로 인해 발생한다. 구체적인 발생원인은 다음과 같다.

① 종업원의 이직률, 조기퇴직률, 사망률, 임금상승률, 급여(제도의 공식적 규약이나 의제의무에 따라 물가상승률에 연동하여 급여가 증액되는 경우) 또는 의료원가가 실제로는 당초 예상보다 높거나 낮은 경우

② 종업원의 이직률, 조기퇴직률, 사망률, 임금상승률, 급여(제도의 공식적 규약이나 의제의무에 따라 물가상승률에 연동하여 급여가 증액되는 경우) 또는 의료원가에 대한 추정치가 변경됨에 따른 효과

③ 할인율의 변경에 따른 효과

④ 사외적립자산의 실제수익과 기대수익의 차이

1) 확정급여채무 현재가치의 증감

현재가치 증가	(차) 보험수리적손실 (기타포괄손익)	×××	(대) 확정급여채무	×××
현재가치 감소	(차) 확정급여채무	×××	(대) 보험수리적이익 (기타포괄손익)	×××

2) 사외적립자산 공정가치의 증감:

공정가치 증가	(차) 사외적립자산	×××	(대) 보험수리적손실 (기타포괄손익)	×××
공정가치 감소	(차) 보험수리적이익 (기타포괄손익)	×××	(대) 사외적립자산	×××

실무맛보기 … [7-13]

20X9년초 현재 (주)조세가 확정급여제도에 따라 지급해야 할 퇴직급여 채무는 130,000원이고, 기여금을 납부하여 적립한 사외적립자산도 130,000원이었다고 하자. 20X9년에 (주)조세에서 근무한 종업원들이 가득한 퇴직급여는 15,000원이며, (주)조세는 14,000원의 기여금을 추가로 납부하였다. 한편 20X9년 중 퇴직종업원에게 실제로 지급한 퇴직급여는 10,000원이다.

① 가득한 퇴직급여의 인식

차변	퇴 직 급 여	15,000	대변	확 정 급 여 채 무	15,000

② 기여금의 납부

차변	퇴 직 급 여	14,000	대변	현 금	14,000

③ 퇴직급여의 지급

차변	퇴 직 급 여	10,000	대변	사 외 적 립 자 산	10,000

확정급여제도에 따른 20X9년말 재무상태표에는 사외적립자산을 퇴직급여채무로부터 차감하여 다음과 같은 형식으로 표시한다.

〈재무상태표〉

확정급여채무	135,000*	
사외적립자산	(134,000)**	1,000

* 130,000(기초잔액)+15,000(가득한퇴직급여)-10,000(퇴직급여의 지급)=135,000(기말잔액)

** 130,000(기초잔액)+14,000(기여금의 납부)-10,000(퇴직급여의 지급)=134,000(기말잔액)

---

(6) 재무제표 표시

[재무상태표]

확정급여채무의 현재가치	×××
사외적립자산의 공정가치	(×××)
미인식과거근무원가	(×××)
미인식보험수리적손실(이익)	(×××)
확정급여부채 *	×××

* 이 금액이 (-) 가 되면 재무상태표에 확정급여자산을 인식한다.

[손익계산서]

당기근무원가	₩×××
이자원가	×××
사외적립자산의 기대수익	(×××)
과거근무원가상각	×××
미인식보험수리적손실상각	×××
계	₩×××

07 기타의 비유동부채

1. 장기차입금

장기차입금은 차입금의 상환기일이 재무상태표일로부터 1년 이내에 도래하지 않는 채무를 말한다. 다만, 장기차입금 중 상환기간이 결산일로부터 1년 이내에 도래하는 금액은 유동성장기부채로 대체하여야 한다.

실무맛보기 … [7-14]

2017년 1월 1일 대박은행으로부터 운전자금 50,000,000원을 차입하였다. 차입조건은 2018년 말 일시상환이며 매년 말 10% 이자지급 조건에 현재 대출이자율은 10%이다.

① 2017년 1월 1일

차변	보 통 예 금	50,000,000	대변	장 기 차 입 금	50,000,000

② 2017년 12월 31일

차변	이 자 비 용	5,000,000	대변	보 통 예 금	5,000,000

③ 2018년 12월 31일

차변	장 기 차 입 금 이 자 비 용	50,000,000 5,000,000	대변	보 통 예 금	55,000,000

2. 장기매입채무

장기성 매입채무란 유동부채에 속하지 아니하는 일반적 상거래에서 발생한 장기의 외상매입금 및 지급어음을 말한다.

보론 충당부채의 의의와 종류

1. 의의

충당부채는 지출의 시기 또는 금액이 불확실한 부채를 말하며 다음의 인식요건을 모두 충족하는 경우에 인식한다.

① 과거사건이나 거래의 결과로 현재의무가 존재한다.

② 당해 의무를 이행하기 위하여 자원이 유출될 가능성이 매우 높다.

③ 그 의무의 이행에 소요되는 금액을 신뢰성 있게 추정할 수 있다.

충당부채는 모두 유동부채에 속하는 것이 아니라 1년 기준에 의해 단기충당부채, 장기충당부채로 구분할 수 있다. 그리고 장기충당부채 중 일부가 내년에 사용될 것으로 기대된다 하더라도 전액이 모두 사용되지 않을 것으로 기대되면 이들은 모두 장기충당부채 분류한다.

2. 충당부채의 적용 예

① 판매 후 품질 등을 보증하는 경우의 관련부채

② 판매촉진을 위하여 시행하는 환불정책, 경품 등과 관련된 부채

③ 손실부담계약

④ 타인의 채무 등에 대한 보증

⑤ 계류 중인 소송사건

⑥ 구조조정계획과 관련된 부채

⑦ 복구충당부채 등의 환경관련부채

3. 충당부채의 측정

① 충당부채로 인식하는 금액은 현재의무를 이행하는데 소요될 지출에 대한 재무상태표일 현재 최선의 추정치이어야 한다.

② 충당부채는 미래에 지출될 부채이므로 지출된 금액의 명목가액과 현재가치의 차이가 중요한 경우에는 예상지출액의 현재가치로 평가한다.

③ 충당부채는 재무상태표일마다 그 잔액을 검토하고 재무상태표일 현재 최선의 추정치를 반영하여 증감조정한다.

4. 충당부채의 실무적용실무맛보기

(1) 환불정책

㈜남북은 가방 도소매점이다. ㈜남북은 법적의무가 없음에도 불구하고 제품에 대해 만족하지 못하는 고객에게 환불해 주는 정책을 펴고 있으며, 이러한 사실은 고객에게 널리 알려져 있다.

1) 인식검토

① 과거의 의무발생사건의 결과로 현재의무가 있는가?

의무발생사건은 상품의 판매이며 기업에게 의제의무가 있다. 왜냐하면 기업의 행위에 따라 기업이 환불해 줄 것이라는 정당한 기대를 고객이 가지게 되었기 때문이다.

② 의무이행을 위한 자원의 유출 가능성이 매우 높은가?

환불을 받기 위해 반품된 금액 중 일정 비율만큼 자원의 유출 가능성이 매우 높다.

2) 인식판단

환불원가에 대한 최선의 추정치로 충당부채를 인식한다.

(2) 보고기간말 이전에 아직 이행되지 않은 부서 폐쇄 계획의 경우

20X1년 12월 2일에 이사회는 한 부서를 폐쇄하기로 결정했다. 보고기간말 이전에 이러한 결정의 영향을 받는 어떤 누구에게도 결정내용이 전달되지 않았고 그 결정을 이행하기 위한 절차를 아직 착수하지 않았다.

1) 인식검토 : 과거의 의무발생사건의 결과로 현재의무가 있는가?

어떠한 의무발생사건도 없었으므로 현재의무도 없다.

2) 인식판단

충당부채를 인식하지 않는다.

(3) 법적 소송

㈜서해는 예식장 부근에서 대형 음식점을 경영하고 있다. 20X0년 X월 X일에 음식물에 포함된 독극물 영향인지는 확실하지 않으나 결혼식 직후 10명이 사망했다. ㈜서해는 20X0년말 현재, 고객이 제소한 손해배상청구 소송의 피고로 재판을 받고 있으며 책임이 있는지의 여부에 대해 원고와 다투고 있다. 20X0년 12월 31일로 종료되는 회계연도의 재무제표가 승인되는 시점까지 법률고문은 기업이 법적의무를 지지 않을 가능성이 매우 높다고 조언하였다. 그러나 기업이 20X1년 12월 31일의 재무제표를 작성할 때 법률고문은 소송이 불리하게 진행됨에 따라 기업이 법적의무를 부담할 가능성이 매우 높다고 조언하였다.

1) 20X0년 12월 31일

① 인식검토 : 과거의 의무발생사건의 결과로 현재의무가 있는가?

재무제표가 승인되기까지 이용 가능한 증거를 바탕으로 판단할 때 과거사건의 결과로서의 현재의무는 없다.

② 인식판단 : 충당부채를 인식하지 않는다. 소송결과에 따른 자원의 유출 가능성이 거의 없는 경우에도 그 내용을 주석에 기재한다.

2) 20X1년 12월 31일

① 인식검토 :

(a) 과거의 의무발생사건의 결과로 현재의무가 있는가?

이용 가능한 증거에 의하면 현재의무가 있다.

(b) 의무이행을 위한 자원의 유출 가능성이 매우 높은가?

가능성이 매우 높다.

② 인식판단

의무를 이행하기 위한 금액에 대한 최선의 추정치로 충당부채를 인식한다.

(4) 충당부채 측정

㈜민국은 제품 구입 후 12개월 이내에 발생하는 제조상의 결함이나 다른 명백한 결함에 따른 하자에 대하여 제품보증을 실시하고 있다. 만약 20X0년도에 판매된 제품에서 중요하지 않은 결함이 발견된다면 12억원의 수리비용이 발생하게 되고, 치명적인 결함이 발생하게 되면 48억원의 수리비용이 발생하게 될 것으로 예상된다.

기업의 과거 경험과 미래 예측의 결과, 판매된 제품의 75%에는 하자가 없을 것으로 예상되며 제품의 20%는 중요하지 않은 결함이 발생될 것으로 예상되고 5%는 치명적인 결함이 있을 것으로 예상된다.

<충당부채의 측정>

현금유출이 발생가능한 경우가 여러 가지인 경우로서 그 발생확률을 알고 있으므로 충당부채는 각 경우의 현금유출 추정액에 각각의 발생확률을 곱한 금액의 합계금액, 즉 기댓값으로 인식할 수 있다.

따라서 이와 같은 실무맛보기에서 최선의 추정치는 4.8억원(75%×0 + 20%×12억원 + 5%×48억원)으로 계산될 수 있다.

5. 판매보증충당부채

판매자 혹은 건설회사가 일정기간 제품을 보증하는 경우에 장래에 발생할 제품의 수리 및 교환 등에 대비하여 추정비용을 기록하는 계정이다.

예를 들어 (주)조세는 제품 구입 후 12개월 이내에 발생하는 제조상의 결함이나 다른 명백한 결함에 따른 하자에 대하여 제품보증을 실시하고 있다. 만약 20x0년도에 판매된 제품에서 중요하지 않은 결함이 발견된다면 12억원의 수리비용이 발생하게 되고, 치명적인 결함이 발생하게되면 48억원의 수리비용이 발생하게 될 것으로 예상된다.

기업의 과거 경험과 미래 예측의 결과, 판매된 제품의 75%에는 하자가 없을 것으로 예상되며 제품의 20%는 중요하지 않은 결함이 발생될 것으로 예상되며 5%는 치명적인 결함이 있을 것으로 예상된다. 따라서 최선의 추정치는 4.8억원(75%×0 + 20%×12억원 + 5%×48억원)으로 계산될 수 있다. 이러한 판매보증충당부채는 세법상 인정되지 않는다.

결산시	(차) 판매보증비 ×××	(대) 판매보증충당부채 ×××
지출시	(차) 판매보증충당부채 ××× 판매보증비 ×××	(대) 현금 ×××

SECTION 08

자본

01 자본의 의의와 종류

1. 자본의 개념

경영자가 회사를 설립해서 경영활동을 함에 있어서 필요한 회사의 자본은 두 가지 원천으로부터 조달하게 된다. 채권자로부터 조달된 자본은 재무상태표에 부채로 표시되고, 주주로부터 조달된 자본은 재무상태표에 자본으로 표시된다. 자본은 자산에서 부채를 차감한 잔액으로 소유자에게 귀속되는 부분으로서 소유자지분 또는 순자산이라 한다.

자 산 =	부 채	+	자 본
	(채권자지분)		(소유주지분)
	[타인자본]		[자기자본]
자 본 =	자 산	−	부 채
(순자산)			

2. 자본의 평가

기업의 자산과 부채는 독립적으로 측정되나 자본은 독립적으로 측정되지 않고 자산과 부채의 측정을 통하여 간접적으로 측정된다. 즉, 자본은 자산의 측정가액에서 부채의 측정가액을 공제한 잔여분으로 결정된다.

3. 자본의 분류

주주지분인 자본은 경제적 관점에서 분류하면 불입(납입)자본과 유보이익으로 구분할 수 있다. 일반기업회계기준에서는 자본금 · 자본잉여금 · 자본조정 · 기타포괄손익누계액 · 이익잉여금(결손금)으로 분류하도록 규정하고 있다.

반면에 한국채택국제회계기준서 제1001호 '재무제표의 작성과 표시'에서는 자본을 크게 납입자본, 이익잉여금 및 기타자본구성요소의 세 가지로만 대분류하고 있을 뿐 명확한 분류기준을 제시하고 있지 않다.[3]

[자본의 구성]

<table>
<tr><th>거래의 구분</th><th>일반기업회계기준</th><th>한국채택국제회계기준</th></tr>
<tr><td rowspan="3">자본거래</td><td>자본금</td><td rowspan="2">납입자본</td></tr>
<tr><td>자본잉여금</td></tr>
<tr><td>자본조정</td><td rowspan="2">기타자본구성요소</td></tr>
<tr><td rowspan="2">손익거래</td><td>기타포괄손익누계액</td></tr>
<tr><td>이익잉여금</td><td>이익잉여금</td></tr>
</table>

자본거래란 거래상대방이 회사의 현재 주주나 잠재적 주주인 거래를 말한다. 반면에 손익거래란 회사의 순자산 변동 중 주주와의 자본거래를 제외한 나머지 모든 거래를 말한다.

3) 본서에서는 일반기업회계기준에 따른 자본금, 자본잉여금, 자본조정, 기타포괄손익누계액, 이익잉여금으로 설명하고자 한다.

재무상태표

(주)조세　　　　2017년 12월 31일　　　　(단위 : 원)

자산	부채 및 자본
	Ⅰ. 유동부채
	Ⅱ. 비유동부채
Ⅰ. 유동자산	**Ⅰ. 자본금**
	(보통주 자본금, 우선주자본금)
	Ⅱ. 자본잉여금
Ⅱ. 비유동자산	(주식발행초과금, 감자차익, 자기주식처분이익)
(1) 투자자산	**Ⅲ. 자본조정**
(2) 유형자산	(가산항목 : 미교부주식배당금
(3) 무형자산	차감항목 : 주식할인발행차금, 감자차손, 자기주식처분손실, 자기주식)
(4) 기타비유동자산	**Ⅳ. 기타포괄손익누계액**
	(매도가능금융자산평가손익, 재평가잉여금, 해외사업환산손익, 지분법자본변동)
	Ⅴ. 이익잉여금
	(법정적립금, 임의적립금, 미처분이익잉여금)

02 주식회사의 설립과 절차

1. 발기설립과 모집설립

주식회사의 설립방법에는 발기설립과 모집설립이 있다. 발기설립은 발기인끼리만 주식을 인수하는 것이고, 모집설립은 발기인이 일부의 주식을 인수하고 나머지는 일반에게 널리 공개하여 주식을 인수하게 하는 것이다. 발기인이란 주식회사설립업무를 맡은 사람들이다.

2009년 상법개정후 회사의 설립절차는 대부분 발기설립절차를 이용하여 회사를 설립한다. 발기설립을 이용하는 경우 정관 및 의사록의 공증을 받지 않는다. 주금

납입절차대신 잔고증명서로 주금납입사실을 증명하므로 금전과 시간을 절약할 수 있다.

2. 정관작성

주식회사 설립 절차는 발기인들이 모여 사업의 목적 · 상호 · 자본금 · 규모 등을 결정하고 회사의 근본 규칙인 정관을 작성, 기명날인한다.

3. 발기인의 주식인수

발기인설립의 경우 발기인은 1인 이상이어야 하고 발기인은 최소한 1주 이상의 주식을 인수하여야 한다. 발기인과 공모주주가 주식을 인수하면 주식회사가 되는 것이다. 발기인과 공모주주는 각각 1인 이상이다.

4. 「상법」상 최저자본금

「상법」상 주식회사의 출자 액면단위는 최저 100원이다.

* 최저 자본금 5,000만원 제도는 2009.5.28 삭제되어 현재 최저 자본금 제도는 없다.

5. 임원

주식회사 필수 임원 수는 이사 3인 이상, 감사 1인 이상이다. 다만, 자본금이 10억원 미만인 주식회사는 감사는 임의기관이고 이사도 1인 이하로 가능하다. 이사 1인 이하 인 경우에는 이사회가 면제된다.

6. 설립의 등기

발기인 및 공모한 주주가 주식을 인수한 경우 검사절차 또는 창립총회가 종결한 날로부터 2주간 내에 다음의 사항을 등기하여야 한다.

사업목적, 상호, 회사가 발행할 주식의 총수, 1주의 금액, 본점의 소재지, 회사가 공고를 하는 방법, 자본의 총액, 발행주식의 총수, 그 종류와 각종주식의 내용과 수, 이사와 감사의 성명 및 주민등록번호, 회사를 대표할 이사의 성명·주민등록번호 및 주소 등

7. 자본금 10억 미만 회사의 특례

자본금 10억미만 소규모회사의 발기인설립 및 운영 간소화 (2009.05.28시행)

내 용	자본금 10억 미만 소규모회사 변경내용
발기인 설립시 정관 및 의사록	공증제도가 있었으나 없어짐.
발기인 설립 및 신주 발행시 자본금확인	주금납입보관증이었으나 잔고증명서로 대체
감사	감사 1인 이상 선임제도가 없어짐
이사	이사 1인 이하(종전은 5억미만일 때 2인 이하였음)
이사회	이사 1인 이하 이사회 면제

03 자본금

1. 자본금의 의의

자본금은 상법의 규정에 따라 주식회사가 불입자본 중에서 정관에 자본금으로 확정한 금액이며, 이는 1주당 액면가액과 발행주식총수를 곱한 금액이다

자본금= 1주당 액면가액 × 발행주식총수

(1) 보통주

보통주란 주주총회에서 임원의 선임 및 기타 사항에 대하여 주식의 소유비율만큼 의결권을 행사할 수 있으며, 이익배당을 받을 권리가 있는 주식을 말한다.

(2) 우선주

우선주란 보통주에 비하여 특정 사항에 대해서 우선적 지위를 갖는 주식을 말한다. 보통주가 의결권을 중심으로 하는 주식이라면, 우선주는 이익의 배당 등을 우선적으로 받을 수 있는 주식인 것이다.

1) 누적적우선주

누적적 우선주란 특정 연도에 배당을 받지 못하거나 미달되었을 경우 차후 연도의 이익에서 그 부족액을 우선적으로 배당받을 수 있는 우선주를 말한다.

2) 참가적우선주

참가적 우선주란 보통주에 기본 배당을 지불한 후에도 잔여이익이 있을 때 그 잔여분에 대해서 보통주와 함께 이익배당에 참가할 수 있는 우선주를 말한다.

2. 설립자본금

자본금은 상법 제451조의 규정에 따라 주식회사가 불입자본 중에서 등기부등본에 자본금으로 확정한 금액이다.

실무맛보기 … [8-1]

(주)조세는 회사 설립을 위하여 발기인에서 보통주 자본금 50,000,000원을 출자 받았다. 전액 예금 후 다시 인출하였으며 이중 사무실을 보증금 2천만원 지불하였다.

차변	계정	금액	대변	계정	금액
차변	기 타 예 금	50,000,000	대변	자 본 금	50,000,000
차변	현 금	50,000,000	대변	기 타 예 금	50,000,000
차변	임 차 보 증 금	20,000,000	대변	현 금	20,000,000

3. 자본금의 증가거래(증자)

(1) 일반적인 유상증자(현금발행)

① 회사에서 주식을 발행하는 형태에는 액면발행, 할인발행, 할증발행이 있다. 주식의 발행금액이 액면금액보다 크다면 그 차액을 주식발행초과금으로 하여 자본잉여금으로 회계처리한다.

② 발행금액이 액면금액보다 작다면 그 차액을 주식발행초과금의 범위내에서 상계처리하고, 남아있는 금액이 있으면 자본조정의 주식할인발행차금으로 회계처리한다.

③ 이익잉여금(결손금) 처분(처리)으로 상각되지 않은 주식할인발행차금은 향후

발생하는 주식발행초과금과 우선적으로 상계하도록 규정하고 있다. 유상증자시 주식발행과 직접 관련된 비용(주식발행비용)은 주식의 발행가액에서 차감한다.

구분	회계처리	
액면발행 (발행가액 = 액면가액)	(차)현 금 ×××	(대) 자본금(액면가액) ×××
할인발행 (발행가액 < 액면가액)	(차)현 금 ××× 주식할인발행차금 ×××	(대) 자본금(액면가액) ×××
할증발행 (발행가액 > 액면가액)	(차)현 금 ×××	(대) 자본금(액면가액) ××× 주식발행초과금 ×××

실무맛보기 … [8-2]

2017. 5. 30. 유상증자시 신주 10,000주를 2,000원(액면 1,500원)으로 발행하고 전액 납입받아 보통예금하였다. 그리고 신주발행비 50,000원을 현금지급하였다.

차변	보통예금	2,000,000	대변	자본금	15,000,000
				주식발행초과금	4,950,000
				현금	50,000

* 신주발행비는 주식발행초과금에서 직접 차감한다.

(2) 무상증자

상법에서는 주주총회 또는 이사회의 결의에 의하여 자본잉여금 또는 이익잉여금(법정적립금만 해당)의 전부 또는 일부를 자본에 전입하고, 그 전입액에 대하여 신주를 발행한 후 주주에게 무상으로 교부할 수 있도록 하고 있다. 이를 무상증자라 한다. 이 경우에는 자본잉여금 등이 자본금으로 계정만 대체되는 것이므로 실질적인 자본구조의 변동은 없으며 발행주식수만 증가한다.

한편 주주입장에서도 무상증자는 소유주식수만 증가할 뿐 실질적인 이익을 수령한 것이 아니기 때문에 아무런 회계처리를 하지 않는다.

실무맛보기 … [8-3]

이익잉여금 1천만원을 자본에 전입하고 액면가액 5,000원인 무상주 2,000주를 발행교부하였다.

차변	이 익 잉 여 금	10,000,000	대변	자 본 금	10,000,000

4. 자본의 감소거래(감자)

회사는 사업규모를 줄이거나 결손금을 보전하기 위하여 자본금을 감소시키는 경우가 있는데 자본을 감소시키는 방법에는 실질적 감자와 형식적 감자로 구분되어 진다.

(1) 유상감자(실질적 감자)

① 유상감자란 자본금의 감소로 인해 회사 순자산에 실질적 감소가 수반되는 경우를 의미한다. 회사가 발행한 주식을 유상으로 매입하여 소각하는 것이 일반적인 방법인데 주식의 취득원가가 액면금액보다 작은 경우에는 그 차액을 자본잉여금의 감자차익으로 회계처리한다.

② 주식의 취득원가가 액면금액보다 큰 경우에는 그 차액을 감자차익의 범위에서 상계하고, 남아있는 금액이 있으면 자본조정의 감자차손으로 회계처리한다.

③ 감자차손이 이익잉여금 처분 등으로 상각되지 않고 남은 잔액은 향후 발생하는 감자차익과 우선적으로 상계하고 나머지는 결손금처리순서에 준하여 처리한다.

구분	회계처리	
유상감자시 (감자차익 발생시)	(차)자 본 금 ×××	(대)현 금 ××× 감 자 차 손 (*) ××× 감 자 차 익 ×××
유상감자시 (감자차손 발생시)	(차)자 본 금 ××× 감 자 차 익 (*) ××× 감 자 차 손 ×××	(대)현 금 ×××

* 감자차익과 감자차손은 발생순서에 관계없이 이미 계상되어 있는 감자차익 또는 감자차손과 상계 후 잔액을 감자차손익으로 인식하게 된다.

실무맛보기 … [8-4]

1. 2017.10.31. (주)조세는 자기주식 3,000주를 1주당 2,000원으로 매입소각하면서 매입대금은 당좌수표로 지급하였다. (1주당 액면가액 2,200원)

차변	자 본 금	6,600,000	대변	당 좌 예 금	6,000,000
				감 자 차 익	600,000

＊ 감자액 = 액면가액(2,200원) × 매입한 자기주식수(3,000주) = 6,600,000원

2. 2017.11.30. (주)조세는 자기주식 3,000주를 1주당 2,500원으로 매입소각하면서 매입대금은 당좌수표로 지급하였다. (1주당 액면가액 2,200원)

차변	자 본 금	6,600,000	대변	당 좌 예 금	7,500,000
	감 자 차 익	600,000			
	감 자 차 손	300,000			

(2) 무상감자(형식적 감자)

무상감자란 자본금은 감소하지만 회사의 실질적 자산은 감소하지 않는 감자로서 거액의 결손금이 있어서 장기간 이익배당을 할 수 없는 경우에 이루어진다. 즉, 무상감자는 자본금과 미처리결손금계정을 상계하는 것이며, 따라서 결손금이 없는 회사는 무상감자를 할 여지가 없다.

(차) 자 본 금	xxx	(대) 미처리결손금	xxx
		감 자 차 익	xxx

실무맛보기 … [8-5]

1. 결손금 4,000,000원을 보전하기 위해 2주를 같은 액면가의 1주로 합병하기로 결의하고 감자를 하였다.

2. 총자본금 1천만원, 총발행주식수 1,000주, 액면가액 : 10,000원

차변	자 본 금	5,000,000	대변	미 처 리 결 손 금	4,000,000
				감 자 차 익	1,000,000

＊ 감자액 = 액면가액(10,000원) × 감소한 주식 수(500주) = 5,000,000원

04 자본잉여금

자본잉여금은 주식에 의한 자본거래로부터 발생한 잉여금을 말한다. 여기서 자본거래란 자본의 증자, 자본의 감자, 자기주식의 취득과 재발행 등을 말한다. 자본잉여금은 주식발행초과금, 감자차익, 기타자본잉여금으로 구분하여 표시할 수 있다.

이러한 자본잉여금은 주주들간의 자본거래로 발생한 것이므로 주주들에게 배당이나 상여금 등으로 처분해서는 안되며, 무상증자를 통한 자본금의 전입이나 결손보전 이외에는 사용할 수가 없다.

(1) 주식발행초과금

기업이 설립시 또는 증자를 위하여 신주를 발행할 때 액면가액을 초과하여 납입된 금액을 주식발행초과금이라 한다.

실무맛보기 … [8-6]

1. (주)조세는 이사회 결의에 따라 결의일 시점의 주주에게 주식발행초과금 7,000,000원을 무상으로 신주를 1,400주 발행하기로 하고 신주배정 기준일에 회계처리 하였다.

차변	주식발행초과금	7,000,000	대변	자본금	7,000,000

2. (주)조세의 자본구성은 자본금 50,000,000원, 주식발행초과금 10,000,000원, 이월된 결손금 15,000,000원으로 되어있다. 주주총회에서 주식발행초과금 10,000,000원을 이월결손금에 보전하기로 결의하였다.

차변	주식발행초과금	10,000,000	대변	미처리결손금	10,000,000

(2) 감자차익

감자차익이란 회사가 자본을 감소시키는 경우 주식의 소각이나 주금의 반환에 필요한 금액이나 결손보전액이 자본금의 감소액보다 적을 경우에 그 차액을 말한다.

(3) 자기주식처분이익

자기주식을 처분하는 경우 처분금액이 장부금액보다 큰 경우에는 그 차액을 자본잉여금의 자기주식처분이익으로 회계처리한다.

05 자본조정

자본조정이란 자본거래에 해당하지만 자본금 또는 자본잉여금으로 분류할 수 없는 항목과 당기에 손익으로 인식되지 않은 평가차손익의 누계액을 말한다.

이러한 자본조정에는 자기주식, 주식할인발행차금, 감자차손, 자기주식처분손실, 해외사업환산손익 등이 포함된다.

자본에 가산하는 항목	미교부주식배당금, 신주인수권대가, 전환권대가, 주식매입선택권, 해외사업환산대 등
자본에서 차감하는 항목	자기주식, 주식할인발행차금, 자기주식처분손실, 감자차손, 해외사업환산차 등

1. 자기주식

회사가 이미 발행한 주식을 매입 또는 증여에 의하여 취득한 주식 중 소각 또는 재발행하지 않고 보관하고 있는 주식을 자기주식이라 한다.

(1) 취득시

자기주식 취득시 회계처리하는 방법에는 원가법과 액면가액법이 있는데, 한국채택국제회계기준서에는 원가법으로 처리하고 재무상태표상 자본조정의 차감항목으로 표시하도록 규정하고 있다.

(차) 자 기 주 식 xxx (대) 현 금 xxx

(2) 처분시

① 자기주식 처분시 처분금액이 장부금액보다 큰 경우에는 그 차액을 자본잉여금의 자기주식처분이익으로 회계처리한다.

② 처분금액이 장부금액보다 작은 경우에는 그 차액을 자기주식처분이익의 범위에서 상계하고, 남아있는 금액이 있으면 자본조정의 자기주식처분손실로 회계처리한다.

③ 이익잉여금 처분 등으로 상각되지 않은 자기주식처분손실은 향후 발생하는 자기주식처분이익과 우선적으로 상계한다.

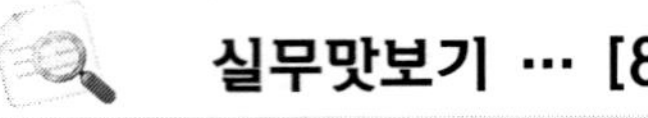

실무맛보기 … [8-7]

1. 주식을 소각하기 위해서 주주(소액주주)로부터 주식을 주당 8,000원에 1,000주 양도받았다. (액면가 : 5,000원, 시가 : 6,000원)

차변			대변		
차변	자 기 주 식	8,000,000	대변	현 금	8,000,000

2. 주식을 주당 7,000원에 500주 매각하였다. (취득단가 : 주당 8,000원)
단, 자본잉여금에 자기주식처분이익이 1,000,000원 계상되어 있었다.

차변			대변		
차변	현 금	3,500,000	대변	자 기 주 식	4,000,000
	자기주식처분이익	500,000			

3. 주식을 주당 6,500원에 500주 매각하였다. (취득단가 : 주당 8,000원)
단, 자본조정에 자기주식처분이익이 500,000원 남아 있다.

차변			대변		
차변	자 기 주 식	3,250,000	대변	자 기 주 식	4,000,000
	자기주식처분이익	500,000			
	자기주식처분손실	250,000			

* 자기주식처분이익과 자기주식처분손실은 발생순서에 관계없이 이미 계상되어 있는 자기주식처분이익 또는 자기주식처분손실과 상계 후 잔액을 자기주식처분손익으로 인식한다.

2. 주식할인발행차금

(1) 할인발행

주식발행가액이 액면가액(신주발행비 차감)에 미달하여 주식을 발행한 때에 그 액면가액에 미달한 금액으로 한다. 이때 신주발행비가 있는 경우 이를 차감한 금액으로 한다.

(2) 신주발행비

신주발행비는 증자에 따른 자본거래비용이다. 따라서 비용처리하지 아니하고 주식발행초과금에서 차감한다. 주식발행초과금이 없는 경우 주식할인발행차금(자본조정)계정으로 계상하였다가 이익잉여금에서 처분되어 소멸하는 것이다.

(3) 주식할인발행차금의 상각

이익잉여금 처분 등으로 상각되지 않은 주식할인발행차금은 향후 발생하는 주식발행초과금과 우선적으로 상계한다.

실무맛보기 … [8-8]

1. (주)조세는 4월 7일 보통주 자본금 2억원을 액면가액으로 증자하였다.
신주발행비 3,000,000원이 현금으로 지출되었다.

(차) 기 타 예 금	200,000,000	(대) 자 본 금	200,000,000
주식할인발행차금	3,000,000	현 금	3,000,000

2. 결산 종료후 다음연도 2월 20일 이익처분금액 중 주식할인발행차금 1,000,000원을 상각하다.

(차) 미처분이익잉여금	1,000,000	(대) 주식할인발행차금	1,000,000

* 이와같이 처분을 2회 더 하면 주식할인발행차금은 완전히 없어지는 것이다.

3. 감자차손

감자차손이란 유상감자(실질적 감자)를 할 때 소각된 주식의 액면가액보다 주주에게 환급되는 금액이 더 큰 경우에 그 차액을 말한다.

4. 자기주식처분손실

자기주식 매각시 처분금액이 취득원가보다 작은 경우에 자기주식처분손실이 발생한다.

5. 미교부주식배당금

이익잉여금처분계산서상의 주식배당액을 말하며, 주식교부시에 자본금계정에 대체한다.

06 기타포괄손익누계액

기타포괄손익누계액은 손익거래의 결과임에도 불구하고 포괄손익계산서상의 당기순이익이나 이익잉여금에 포함하지 않는 항목들로 구성되어 있다. 즉, 포괄손익 중 포괄손익계산서에 반영되지 않고 재무상태표에 직접 반영된다.

따라서 기타포괄손익누계액은 결산시마다 손익으로 계상되는 것들이지만 실현되지 않은 미실현이익 및 손실로 처분 등의 거래에서 확정손익이 발생되므로 손익이 확정될 때까지 자본항목의 포괄손익으로 구분하는 것이다.

즉, 포괄이익 중 포괄손익계산서에 반영하되 기타포괄손익누계액에는 매도가능금융자산평가손익, 해외사업환산손익, 파생상품평가손익, 지분법자본변동 등이 여기에 해당한다.

07 이익잉여금

이익잉여금은 기업의 정상적인 영업활동의 결과 발생한 순이익을 배당 등을 통하여 사외로 유출시키지 않고 기업내부에 유보시켜 놓은 것을 말한다. 이익잉여금은 이익준비금, 기타법정적립금, 임의적립금 및 미처분이익잉여금으로 구분할 수 있다.

1. 이익준비금(법정)

상법의 규정에 의하여 반드시 적립되어야 하는 법정적립금으로서 회사 자본금의 1/2에 달할 때까지 매 결산기에 금전에 의한 이익배당금액의 최소 10%을 적립하도록 규정하고 있다. 이러한 이익준비금은 결손보전과 자본전입 이외의 목적으로 사용될 수 없다.

2. 임의적립금

임의적립금은 특별히 법률에 의해 강제적으로 적립하는 것이 아니라, 회사의 정관이나 주주총회의 결의에 따라 회사가 임의적으로 적립하는 적립금을 말한다. 이러한 임의적립금은 결손보전이나 자본전입 이외에도 이익배당의 재원으로 사용할 수 있다. 즉, 임의적립금은 해당 목적에 사용한 후 소멸되지 않고 미처분이익잉여금으로 다시 이입된다는 것이다.

실무맛보기 … [8-9]

정기주주총회에서 사업확정적립금 5,000원과 연구개발적립금으로 5,000원을 적립하기로 하였다.

차변	미처분이익잉여금	10,000	대변	사업확장적립금	5,000
				연구개발적립금	5,000

3. 미처분이익잉여금

법인의 결산결과 당기순이익이 발생하면 주주총회를 열어 이익을 처분결의하게 된다. 이때 당기순이익을 주주총회때까지 처분을 유보하여야 하는데 이때 사용되는 계정을 미처분이익잉여금이라 한다.

즉, 전기이월미처분이익잉여금(전기이월결손금)에 회계변경으로 인한 누적효과, 전기오류수정손익, 중간배당액 및 당기순이익(당기순손실) 등을 가감한 금액을 의미한다.

4. 배당금

배당이란 기업의 영업활동결과 발생한 이익을 주주에게 분배해 주는 것을 말한다. 일반적으로 배당금은 현금으로 지급하는 것이 일반적이지만 주식을 발행하여 지급하는 경우도 있다.

(1) 현금배당

정기주주총회에서 현금으로 배당하기로 결의한 경우로서 가장 일반적인 형태이다. 배당은 정기주주총회에서 이익잉여금을 처분한 배당이 대부분이지만 정기배당 외에 중간배당도 증가하는 추세다. 중간배당(정관에 정함이 있는 경우 이사회결의로 가능)이란 정기배당 외에 회계연도 중 1회에 한해서 금전 또는 현물배당이 가능하다. 이 경우에도 회계처리는 정기배당과 동일하다.

(2) 주식배당

주식배당이란 현금 대신에 주식으로 배당으로 지급하는 것이다. 이는 주주의 배당욕구를 충족시킬 뿐만 아니라 이익잉여금이 자본금으로 대체되므로 이익잉여금을 영구자본화할 수 있는 장점이 있다.

(3) 회계처리

1) 배당기준일

배당기준일이란 배당을 받을 권리가 있는 주주들이 확정되는 날로서, 일반적으로 당해 기업의 결산일이 된다. 배당기준일에는 아무런 회계처리를 하지 않는다.

* 12월 결산법인의 경우 주주명부를 기준으로 12월 31일에 기재되어 있으면 된다.

2) 배당결의일

배당결의일이란 이익잉여금을 배당금으로 처분하도록 이사회 또는 주주총회에서 승인한 날이다.

배당종류	회계처리			
현금배당	(차) 미처분이익잉여금	×××	(대) 미지급배당금 (부채)	×××
주식배당	(차) 미처분이익잉여금	×××	(대) 미교부주식배당금 (자본조정)	×××

3) 배당지급일

배당지급일이란 이사회 또는 주주총회에서 확정된 배당금을 실제로 현금이나 주식으로 지급하는 날이다.

배당종류	회계처리			
현금배당	(차) 미지급배당금 (부채)	×××	(대) 현금 예수금	××× ×××
주식배당	(차) 미교부주식배당금 (자본조정)	×××	(대) 자본금 예수금	××× ×××

실무맛보기 … [8-10]

1. 3월 20일 회사는 주주총회결의로 현금배당 2,000,000원, 주식배당 1,000,000원을 결의하였다.

차변			대변		
차변	미처분이익잉여금	3,200,000	대변	이익준비금	200,000
				미지급배당금	2,000,000
				미교부주식배당금	1,000,000

2. 4월 20일 결의한 배당금을 법인주주에게 지급하였다.

차변	미지급배당금	2,000,000	대변	현금	2,000,000
	미교부주식배당금	1,000,000		자본금	1,000,000

* 법인주주에게 배당금을 지급하는 경우에는 원천징수를 하지 않는다.

* 개인주주에게 배당금을 지급하는 경우(주식배당, 현금배당 모두 원천징수 대상임)
원천징수세율 : 소득세 14%, 지방세 1.4%(=14% × 10%)

5. 이익잉여금처분계산서

(1) 이익잉여금처분계산서 의의

이익잉여금처분계산서는 이익잉여금의 처분사항을 보고하는 재무보고서이다.

(2) 미처분이익잉여금

전기이월미처분이익잉여금(또는 전기이월미처리결손금)에 중간배당액 및 당기순이익(또는 당기순손실) 등을 차감하거나 가산한 금액으로 한다.

(3) 임의적립금등의 이입액

임의적립금 등을 이입하여 당기의 이익잉여금처분에 충당하는 경우에는 그 금액을 미처분이익잉여금에 가산하는 형식으로 표시한다.

(4) 이익잉여금처분액

이익잉여금의 처분은 다음 각 목의 항목으로 구분하여 표시한다.

① 이익준비금

② 이익잉여금처분에 의한 상각 등

주식할인발행차금상각, 자기주식처분손실잔액 등으로 구분한다.

③ 배당금

당기에 처분할 배당액을 현금배당과 주식배당으로 구분하여 표시한다.

④ 임의적립금

(5) 결산일의 회계처리

(차) 손익(당기순이익)	xxx	(대) 미처분이익잉여금	xxx

손익계정에 집계된 당기순이익을 재무상태표의 미처분이익잉여금계정으로 대체

한다.

(6) 주주총회 결의일의 회계처리

임의적립금의 이입이 있는 경우에는 미처분이익잉여금계정으로 대체한다.

차변	금액	대변	금액
(차) 임 의 적 립 금	xxx	(대) 미처분이익잉여금	xxx

주주총회에서 승인된 이익잉여금 처분액을 미처분이익잉여금계정의 차변에 기록하고 처분내용별로 해당계정의 대변에 기록한다.

차변	금액	대변	금액
(차) 미처분이익잉여금	xxx	(대) 이 익 준 비 금	xxx
		임 의 적 립 금	xxx
		미지급배당금	xxx

(7) 이익잉여금처분계산서 양식

미처분이익잉여금과 임의적립금이입액의 합계에서 이익잉여금처분액을 차감한 금액으로 한다.

이익잉여금처분계산서를 작성하면서 유의할 점은 기말재무상태표에 표시되는 미처분이익잉여금은 이익잉여금 처분이 반영되지 않은 처분전이익잉여금이 된다.

왜냐하면 우리나라의 경우 이익잉여금에 대한 처분은 회계연도가 종료된 뒤에 다음 회계연도 초에 주주총회 결의를 통해 재무제표가 승인되고 이익잉여금에 대한 처분이 확정되므로 재무상태표일 현재에는 이익잉여금처분내용을 반영할 수 없기 때문이다.

이익잉여금처분계산서

제 × 기	20××년×월×일부터 20××년×월×일까지	제 × 기	20××년×월×일부터 20××년×월×일까지
처분예정일	20××년×월×일	처분확정일	20××년×월×일

구 분	당 기		전 기	
미처분이익잉여금		XXX		XXX
전기이월미처분이익잉여금 (또는 전기이월미처리결손금)	XXX		XXX	
중간배당액	XXX		XXX	
당기순이익(또는 당기순손실)	XXX		XXX	
임의적립금등의이입액		XXX		XXX
xxx적립금	XXX		XXX	
xxx적립금	XXX		XXX	
합 계		XXX		XXX
이익잉여금처분액		XXX		XXX
이익준비금	XXX		XXX	
기타법정적립금	XXX		XXX	
주식할인발행차금상각액	XXX		XXX	
배당금	XXX		XXX	
현금배당	XXX		XXX	
주식배당	XXX		XXX	
......	XXX		XXX	
차기이월미처분이익잉여금		XXX		XXX

실무맛보기 … [8-11]

다음은 x1년초 영업을 개시한 (주)조세의 이익잉여금처분계산서 작성 자료이다. 이 자료에 의해서 x1년과 x2년의 ① 결산일 ② 주주총회 결의일 ③ 배당금지급시 회계처리를 하고 이익잉여금처분계산서를 작성하시오.

1. x1년 12월 31일 당기순이익이 2,000,000원이다.

(차) 손익(당기순이익)	2,000,000	(대) 미처분이익잉여금	2,000,000

2. x2년 2월 28일에 주주총회에서 다음과 같이 미처분이익잉여금을 처분하기로 결의하였다.

① 이익준비금 현금배당액의 10%

② 현금배당금 1,000,000원

③ 감채적립금 200,000원

차변			대변		
차변	미처분이익잉여금	1,300,000	대변	이 익 준 비 금	100,000
				임 의 적 립 금	200,000
				미 지 급 배 당 금	1,000,000

3. x2년 3월 10일에 현금배당금을 지급하였다.

차변			대변		
차변	미 지 급 배 당 금	1,000,000	대변	현 금	1,000,000

4. x2년 12월 31일 당기순이익이 3,000,000원이다.

차변			대변		
차변	손익(당기순이익)	3,000,000	대변	미처분이익잉여금	3,000,000

5. x3년 2월 28일에 주주총회에서 다음과 같이 미처분이익잉여금을 처분하기로 결의하였다.

① 이익준비금 현금배당액의 10%

② 현금배당금 1,000,000원

차변			대변		
차변	미처분이익잉여금	1,100,000	대변	이 익 준 비 금	100,000
				미 지 급 배 당 금	1,000,000

이익잉여금 처분계산서

x1년 1월 1일부터 x1년 12월 31일까지

(주)조세	처분확정일: x2년 2월 28일	(단위: 원)
Ⅰ. 미처분이익잉여금		2,000,000
1. 전기이월미처분이익잉여금	0	
2. 회계변경누적효과		
3. 전기오류수정이익		
4. 중간배당액		
5. 당기순이익(당기순손실)	2,000,000	
Ⅱ. 임의적립금 이입액		
Ⅲ. 합 계		2,000,000*
Ⅳ. 이익잉여금 처분액		1,300,000
1. 이익준비금	100,000	
2. 임의적립금(감채적립금)	200,000	
3. 현금배당	1,000,000	
Ⅴ. 차기이월미처분이익잉여금		700,000

* 잉여금 처분에 대한 분개는 x2년도이므로 x1년 재무상태표상 미처분이익잉여금은 200만원이다.

6. 결손금처리계산서

(1) 결손금처리계산서의 구분표시

결손금처리계산서는 미처리결손금, 결손금처리액, 차기이월미처리결손금으로 구분하여 표시한다. 미처리결손금은 다음과 같이 계산된다.

> 미처리결손금 = 전기이월미처분이익잉여금(전기이월결손금)±회계변경의 누적효과±전기오류수정손익−중간배당액±당기순손익

(2) 결손금의 처리순서

결손금의 처리는 임의적립금, 기타법정적립금, 이익준비금, 자본잉여금의 순으로 한다.

08 자본변동표

자본변동표는 자본의 크기와 그 변동에 관한 정보를 제공하는 재무보고서로서, 자본을 구성하고 있는 자본금, 자본잉여금, 자본조정, 기타포괄손익누계액, 이익잉

여금(또는 결손금)의 변동에 대한 포괄적인 정보를 제공한다.

자 본 변 동 표

제 12기 20××년 1월 1일부터 20××년 12월 31일까지
제 11기 20××년 1월 1일부터 20××년 12월 31일까지

구 분	자 본 금	자 본 잉여금	자본조정	기타포괄 손익누계액	이 익 잉여금	총 계
2012.1.1.(보고금액)	×××	-	-	×××	×××	×××
회계정책변경누적효과					×××	×××
전기오류수정					×××	×××
수정후 이익잉여금					×××	×××
연차배당					(×××)	(×××)
처분후 이익잉여금					×××	×××
중간배당					(×××)	(×××)
유상 증자	×××	×××				×××
당기순이익					×××	×××
자기주식 취득			(×××)			(×××)
매도가능금융자산평가손익				(×××)		(×××)
해외사업환산손익				(×××)		(×××)
2012.12.31.	×××	×××	(×××)	×××	×××	×××

(1) 자본금의 변동 : 유상증자나 무상증자 또는 주식배당에 의해서 발생

(2) 자본잉여금의 변동 : 유상, 무상증자 또는 결손금의 처리 등에 의해서 발생

(3) 자본조정의 변동 : 자기주식, 주식할인발행차금 등

(4) 기타포괄손익누계액 : 매도가능금융자산평가손익, 해외사업환산손익 등

(5) 이익잉여금의 변동 : 처분후이월이익잉여금 – 중간배당금+당기순이익

SECTION 09

수익과 비용

01 수익의 의의

1. 수익의 의의

수익이란 통상적인 영업활동에서 발생하는 경제적 효익의 유입을 말하며, 자산의 증가 또는 부채의 감소로 나타낸다. 재화의 판매, 용역의 제공 등으로 인하여 받았거나 받을 대가의 공정가액으로 측정한다. 이때 매출에누리와 매출환입 및 매출할인은 수익에서 차감한다.

2. 수익의 인식기준

수익을 인식하는 기준은 실현주의에 의한다. 실현주의란 실현요건과 가득요건 두 가지를 충족할 때 수익을 인식하는 방법이다.

(1) 실현요건

수익은 실현되었거나 또는 실현가능한 시점에서 인식된다. 수익이 실현가능하다는 것은 수익의 발생과정에서 수취 또는 보유한 현금 또는 현금청구권을 합리적으로 측정할 수 있음을 의미한다.

(2) 가득요건

수익은 그 가득과정이 완료되어야 인식된다. 기업의 수익획득활동은 재화의 생산 또는 인도, 용역의 제공 등으로 나타나며, 수익창출에 따른 경제적 효익을 이용할 수 있다고 주장하기에 충분한 정도의 활동을 수행하였을 때 당해 수익이 가득된 것으로 본다.

3. 수익의 인식시점

수익은 실현요건과 가득요건을 충족하였을 때 인식한다. 이 두가지 요건이 충족되는 대표적인 예가 상품이 판매되는 시점이다. 이외에도 아래의 그림과 같이 수익획득과정에 따라서 생산시점 · 판매시점 · 대금회수시점에서 두가지 요건이 충족될 수도 있다. 따라서 수익을 인식하는 방법에는 생산기준 · 판매기준 · 회수기준이 있다.

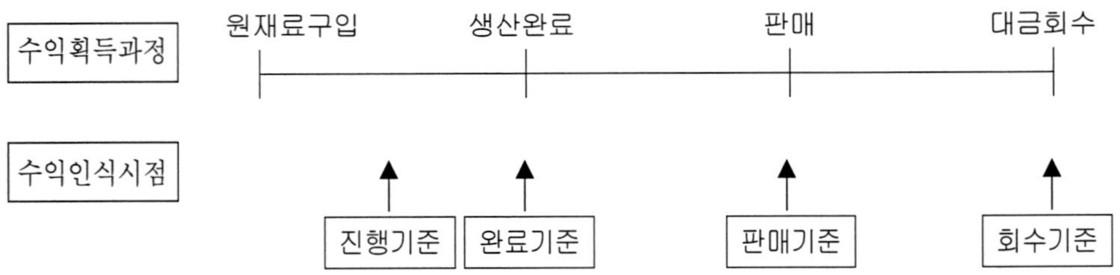

(1) 진행기준

진행기준은 수익가득과정의 진행정도에 따라 생산기간 중에 수익을 인식하는 방법으로 경제적 실질이 왜곡되지 않도록 법적 형식보다는 경제적 실질을 반영하여 수익을 인식하는 방법이다.

진행기준을 적용하는 방법은 도급금액에 공사진행률을 곱하여 공사수익을 인식하고 동 공사수익에 대응하여 실제로 발생한 비용을 공사원가로 계상하는 것이다.

(2) 판매기준

판매기준은 수익을 상품 및 제품의 판매시점에서 인식하는 것인데, 일반적으로 대부분의 수익창출활동에 있어 판매가 이루어지면 거래를 통하여 회사가 부담하는 의무를 대부분 이행하게 된다. 또한 상품 및 제품의 판매시점에서는 교환거래가 발생하여 측정이 가능하기 때문에 수익의 인식요건인 측정요건과 가득요건을 모두 만족시킨다고 할 수 있다. 따라서 한국채택국제회계기준에서도 "상품·제품의 매출액은 상품· 제품을 판매하여 인도하는 시점에 실현되는 것으로 한다"고 규정하여, 판매기준을 수익인식의 기본원칙으로 규정하고 있다.

3. 유형별 수익인식기준

(1) 재화의 판매

재화의 판매로 인한 수익은 다음 조건이 모두 충족될 때 인식한다.

① 재화의 소유에 따른 위험과 효익의 대부분이 구매자에게 이전된다.

② 판매자는 판매한 재화에 대하여 소유권이 있을 때 통상적으로 행사하는 정도의 관리나 효과적인 통제를 할 수 없다.

③ 수익금액을 신뢰성 있게 측정할 수 있다.

④ 경제적 효익의 유입가능성이 매우 높다.

⑤ 거래와 관련하여 발생했거나 발생할 거래원가와 관련 비용을 신뢰성 있게 측정할 수 있다.

(2) 할부매출

할부매출은 할부기간의 장· 단기 구분없이 상품 등을 인도한 날에 수익을 인식한다. 단 · 장기할부판매의 경우 이자상당액을 기간의 경과에 따라 수익으로 인식한다.

실무맛보기 … [9-1]

(주)조세는 x1년 1월 1일 상품을 장기연불조건으로 판매하였다. 현금으로 판매할 경우 2,783,230원이지만 다음과 같은 조건으로 지급받기로 하였으므로 이자 15%를 적용하여 총 3,500,000원에 판매하였다. 현재가치회계로 분개하라

〈자료〉

x1년 1월 1일 계약금 500,000

x1년 12월 31일 1차중도금 1,000,000

x2년 12월 31일 2차중도금 1,000,000

x3년 12월 31일 잔금 1,000,000

(1) 현재가치회계와 인식시점

① 상환금 및 이자

기 간	①외상잔액	②할부금	③이자(①x15%)	④원 금
x1. 1. 1	2,283,230			
x1.12.31	1,625,714	1,000,000	342,484	657,516
x2.12.31	869,571	1,000,000	243,857	756,143
x3.12.31	0	1,000,000	130,429	869,571
계		3,000,000	716,770	2,283,230

② 현가계산

x1.12.31 1,000,000 × 0.65752 (1/1.15³) = 657,516

x2.12.31 1,000,000 × 0.75614 (1/1.15²) = 756,143

x3.12.31 1,000,000 × 0.86957 (1/1.15) = 869,565

③ 상품의 현재가치 계산

500,000 + (1,000,000 × 2.28323주)) = 2,783,230

㈜ 2.28323(15%, 3년 연금현가계수 = 0.65752 + 0.75614 + 0.86957)

④ 분개

x1년 1월 1일

차변			대변		
차변	현금	500,000	대변	상품매출	2,783,230
	장기매출채권	3,000,000		현재가치할인차금	716,770

x1년12월 31일

차변			대변		
차변	현금	1,000,000	대변	상품매출	1,000,000
	장기매출채권	342,484		현재가치할인차금	342,484

x2년 12월 31일

차변			대변		
차변	현금	1,000,000	대변	상품매출	1,000,000
	장기매출채권	243,857		현재가치할인차금	243,857

x3년 12월 31일

차변			대변		
차변	현금	1,000,000	대변	상품매출	1,000,000
	장기매출채권	130,429		현재가치할인차금	130,429

(3) 위탁매출

위탁자는 수탁자가 해당 재화를 제3자에게 판매한 시점에 수익을 인식한다.

실무맛보기 … [9-2]

1. 1월 20일 A기업은 B회사에 판매를 위탁하기 위하여 상품을 13,000,000에 적송하고 운반비 200,000원을 지불하였다.

차변			대변		
차변	적송품	13,200,000	대변	상품	13,000,000
				현금	200,000

2. 2월 1일 B회사로부터 위 적송품을 15,000,000원에 현금으로 판매하였다는 통보를 받았다. 그리고 적송품 판매수수료 200,000원을 제외한 나머지 14,800,000원을 은행으로 송금받았다.

차변	현　　　　금	14,800,000	대변	적 송 품 매 출	15,000,000
	지 급 수 수 료	200,000			
차변	적송품매출원가	13,200,000	대변	적　송　품	13,200,000

위탁자로부터 수탁자에게 운반되는 적송품의 운반비 등은 적송품원가에 포함한다. 그리고 수탁자에게 지급하는 위탁품판매에 대한 수수료는 판매비와 관리비로 회계처리 한다.

(4) 시용매출

매입자로부터 매입의사표시가 있는 날에 수익으로 인식한다.

실무맛보기 … [9-3]

1. 1월 25일 Y회사는 정수기를 판매하는 회사인데 주문도 받지 아니하고 C회사에 정수기를 판매하기 위하여 당 제품을 발송하였다. Y회사는 일정기간 사용해 본 후 구입여부를 결정하여 줄 것을 요청하였다. 이 제품의 판매가는 3,000,000원이며 원가는 1,800,000원이다.

차변	시　송　품	1,800,000	대변	상　　　품	1,800,000

2. 2월 25일 Y회사는 C회사로부터 상기상품(정수기)을 구입하겠다는 통보를 받았다. 상품대금은 1개월 후 지급받기로 하였다.

차변	외 상 매 출 금	3,000,000	대변	상 품 매 출	3,000,000
	시송품매출원가	1,800,000		시　송　품	1,800,000

(5) 용역매출 또는 예약매출

용역의 제공으로 인한 수익은 용역제공거래의 성과를 신뢰성 있게 추정할 수 있을 때 진행기준에 따라 인식한다. 다음 조건이 모두 충족되는 경우에는 용역제공거래의 성과를 신뢰성 있게 추정할 수 있다고 본다.

① 거래 전체의 수익금액을 신뢰성 있게 측정할 수 있다.

② 경제적 효익의 유입가능성이 매우 높다.

③ 진행률을 신뢰성 있게 측정할 수 있다.

④ 이미 발생한 원가 및 거래의 완료를 위하여 투입하여야 할 원가를 신뢰성 있게 측정할 수 있다.

1) 진행기준에 의한 매출수익 인식

① **산식**

계약수익 = (도급금액 × 진행율) - 전기까지 인식한 수익 진행율 = 합리적인 방법에 의한 율 계약원가 = 당기에 실제 발생한 비용 당기이익 = 당기수익 - 당기비용

② **진행율**

용역의 진행정도에 따라 매출수익을 인식하는 것으로서, 진행률은 다양한 방법으로 결정할 수 있다. 기업은 용역제공거래의 특성에 따라 작업진행정도를 가장 신뢰성 있게 측정할 수 있는 방법을 선택하여야 한다. 예를 들면, 진행률은 다음 ㉠부터㉢를 이용하여 계산할 수 있다.

㉠ 총예상작업량(또는 작업시간) 대비 실제작업량(또는 작업시간)의 비율
㉡ 총예상용역량 대비 현재까지 제공한 누적 용역량의 비율
㉢ 총추정원가 대비 현재까지 발생한 누적원가의 비율. 현재까지 발생한 누적원가는 현재까지 수행한 용역에 대한 원가만을 포함하며, 총추정원가는 현재까지의 누적원가와 향후 수행하여야 할 용역의 원가를 합계한 금액이다.

2) 계약수익의 인식

① 대금청구시

공사대금을 수령하는 경우에는 공사미수금계정으로 기록한다.

(차) 계 약 미 수 금 ××× (대) 진 행 청 구 액 ×××

* 결산시 미성공사와 상계처리되어 미청구공사(자산) 또는 초과청구공사(부채)로 재무상태표에 표시됨.

② 대금회수시

(차) 현 금 ××× (대) 계 약 미 수 금 ×××

③ 계약수익의 인식

당기계약수익은 공사계약금액에 재무상태표일 현재의 누적공사진행률을 적용하여 인식한 누적계약수익에서 전기말까지 계상한 누적계약수익을 차감하여 산출한다.

(차) 미 성 공 사 ××× (대) 계 약 수 익 ×××

☞ 계약수익= (계약금액× 누적공사진행률) – 전기까지 인식한 누적계약수익

☞ 누적공사진행률= $\dfrac{\text{누적발생원가}}{\text{총공사예정원가}} = \dfrac{\text{전기누적발생원가} + \text{당기발생원가}}{\text{당기누적발생원가} + \text{추가예정원가}}$

☞ 누적공사진행률= 누적공사원가/총공사예정원가

(차)	진 행 청 구 액	×××	(대)	미 성 공 사	×××
	미 청 구 공 사 (유 동 자 산)	×××		초 과 청 구 공 사 (유 동 부 채)	×××

☞ 미성공사 > 진행청구액 : 미청구공사

미성공사< 진행청구액 : 초과청구공사

3) 계약원가의 인식

당기계약원가는 당기에 실제로 발생한 총공사비용에 공사손실충당부채전입액(추정공사손실)을 가산하고 공사손실충당부채환입액을 차감하며 다른 공사와 관련된 타계정대체액을 가감하여 산출한다.

① 기중에 원가발생시

공사기간 중 계약원가 발생시에는 미성공사계정으로 기록하며, 제조기업의 재공품계정에 해당한다. 이러한 미성공사계정은 결산시에 계약원가로 대체되므로 기말에 미성공사계정은 항상 0이 된다.

(차) 미 성 공 사 ××× (대) 현 금 ×××

② 기말결산시

(차) 계 약 원 가 ××× (대) 미 성 공 사 ×××

실무맛보기 … [9-4]

A회사는 20×1년 초에 B(서울시)와 시청공사 계약을 체결하였다. 계약금액은 10,000,000원 이고, 20×3년 8월말까지 공살을 종료하기로 하였다. 관련 자료는 다음과 같으며, 건설계약의 결과를 신뢰성있게 추정할 수 있다.

	20×1년	20×2년	20×3년
당기발생원가	2,400,000	4,800,000	2,100,000
추가예정원가	5,600,000	1,800,000	-
총공사예정원가	8,000,000	9,000,000	9,200,000
대금청구액	2,500,000	5,800,000	1,700,000
대금회수액	2,200,000	5,600,000	2,200,000

1.계약손익

(1) 누적진행률

	20×1	20×2	20×3
누적발생원가①	₩2,400,000	₩7,200,000	₩9,300,000
총공사예정원가②	8,000,000	9,000,000	9,300,000
누적진행률(①÷②)	30%	80%	100%

(2) 계약손익

	20×1	20×2	20×3
당기말누적수익	₩3,000,000	₩ 8,000,000	₩10,000,000
전기말누적수익	-	3,000,000	8,000,000
당기계약수익	3,000,000	5,000,000	2,000,000
당기계약원가	2,400,000	4,800,000	2,100,000
당기계약손익	₩ 600,000	₩ 200,000	(-)₩100,000

2.회계처리

(1) 20×1년도

① 원가발생

차변	미 성 공 사	2,400,000	대변	현 금	2,4800,000

② 대금청구

차변	공 사 미 수 금	2,500,000	대변	진 행 청 구 액	2,500,000

③ 대금회수

차변	현 금	2,200,000	대변	공 사 미 수 금	2,200,000

④ 결산일

차변	미 성 공 사	3,000,000	대변	계 약 수 익	3,000,000
	계 약 원 가	2,400,000		미 성 공 사	2,400,000

(2) 20×2년도

① 원가발생

차변			대변		
차변	미성공사	4,800,000	대변	현금	4,800,000

② 대금청구

차변			대변		
차변	공사미수금	5,800,000	대변	진행청구액	5,800,000

③ 대금회수

차변			대변		
차변	현금	5,600,000	대변	공사미수금	5,600,000

④ 결산일

차변			대변		
차변	미성공사	5,000,000	대변	계약수익	5,000,000
	계약원가	4,800,000		미성공사	4,800,000

(3) 20×3년도

① 원가발생

차변			대변		
차변	미성공사	2,100,000	대변	현금	2,100,000

② 대금청구

차변			대변		
차변	공사미수금	1,700,000	대변	진행청구액	1,700,000

③ 대금회수

차변			대변		
차변	현금	2,200,000	대변	공사미수금	2,200,000

④ 결산일

차변			대변		
차변	미성공사	2,000,000	대변	계약수익	2,000,000
	계약원가	2,100,000		미성공사	2,100,000
	진행청구액	10,000,000		미성공사	10,000,000

3. 재무상태표

(1) 20×1년도

공사미수금	300,000*1	초과청구공사	–
미청구공사	500,000*2		

*1 ₩2,500,000-₩2,200,000=₩300,000

*2 ₩3,000,000-₩2,500,000=₩500,000

(2) 20×2년도

공사미수금	500,000*1	초과청구공사	300,000*2
미청구공사	–		

*1 ₩8,300,000-₩7,800,000=₩500,000

*2 ₩8,000,000-₩8,300,000=(-)₩300,000

(3)20×3년도

공사미수금	–*1	초과청구공사	–*2
미청구공사	–*2		

*1 ₩10,000,000-₩10,000,000=₩0

*2 ₩10,000,000-₩10,000,000=₩0

(6) 이자수익, 배당금수익, 로얄티수익

이자수익, 배당금수익, 로열티수익은 다음의 기준에 따라 인식한다.

① 이자수익은 원칙적으로 유효이자율을 적용하여 발생기준에 따라 인식한다.

② 배당금수익은 배당금을 받을 권리와 금액이 확정되는 시점에 인식한다.

③ 로열티수익은 관련된 계약의 경제적 실질을 반영하여 발생기준에 따라 인식한다

(7) 기타 수익인식

재화의 판매, 용역의 제공, 이자, 배당금, 로열티로 분류할 수 없는 기타의 수익은 다음 조건을 모두 충족할 때 발생기준에 따라 합리적인 방법으로 인식한다.

① 수익가득과정이 완료되었거나 실질적으로 거의 완료되었다.

② 수익금액을 신뢰성 있게 측정할 수 있다.

③ 경제적 효익의 유입가능성이 매우 높다.

(8) 기타의 매출에 대한 수익인식기준

거래유형	수익인식기준
공연입장료	행사가 개최되는 시점
광고제작 용역수익	제작기간동안 진행기준 적용
방송사의 광고수익	광고를 대중에게 전달하는 시점
설치 및 검사조건부 판매	설치 및 검사가 완료된 때
반품조건부판매(반품가능성이 불확실한 경우)	구매자가 인수를 수락한 시점 또는 반품기간의 종료시점
수강료	강의기간동안 발생기준 적용

(9) 상품권

상품권 발행과 관련된 수익은 상품권을 회수한 시점 즉, 물품 등을 제공하거나 판매한 때에 인식하며 상품권 판매시는 선수금(상품권선수금계정 등)으로 처리한다. 상품권할인액은 추후 물품 등을 제공하거나 판매한 때 매출에누리로 대체한다.

02 비용의 인식

1. 비용의 의의

비용이란 재화의 생산· 판매나 용역의 제공 등 기업의 주요 영업활동으로 인해 일정기간 동안 자산의 감소나 부채의 발생을 의미한다.

2. 비용의 인식기준

비용도 수익과 마찬가지로 기업의 경영활동 전과정을 통해서 발생하므로 재화나 용역의 사용 및 소비로 가치가 감소할 때마다 이를 인식하여야 한다. 하지만 현실적으로 계산상의 어려움이 많다. 그래서 비용은 수익이 인식되는 시점에서 수익과 관련하여 비용을 인식하게 되는데, 이를 수익 · 비용대응의 원칙이라 한다. 그러므로 수익 · 비용대응의 원칙은 비용의 인식기준이 되는 것이다. 비용인식기준에는 다음 세 가지가 있다.

(1) 직접적 대응

직접적 대응이란 인식한 수익과 직접적인 인과관계를 가지는 비용을 수익에 대응시키는 것을 말한다. 예를 들면 매출원가, 매출운임, 판매수수료 등이 있다.

(2) 체계적이고 합리적인 배분

수익과 직접관련이 있으나 특정 수익과 직접적인 관계가 성립하지 않은 경우 그 지출이 효익을 제공하리라고 기대되는 기간에 걸쳐 체계적이고 합리적인 방법에 따라 비용으로 인식하는 것을 말한다. 예를 들면 감가상각비, 무형자산상각비 등이 있다.

(3) 즉시 비용화

수익과 관련성은 있으나, 수익에의 공헌액을 계산하기 어렵거나 미래에 효익을 제공할 수 있을지 여부가 불확실한 경우 발생 즉시 비용으로 처리한다. 대부분의 판매관리비가 여기에 해당한다.

※ 비용의 구성

비용
- 매출원가 : 제조원가 또는 매입원가
- 관리비 : 판매원 및 관리사원의 급여, 감가상각비, 광고선전비, 여비교통비 등
- 기타비용 : 이자비용, 단기매매금융자산처분손실, 매도가능금융자산처분손실, 유형자산 처분손실 등
- 법인세비용 : 법인세비용

3. 매출원가

매출원가란 매출액에 대응하는 상품 등의 매입원가 또는 제조원가를 말한다.

4. 관리비

(1) 급여

판매 및 관리업무에 종사하는 모든 임직원에게 지급되는 보수나 상여 및 제수당을 의미한다.

실무맛보기 … [9-5]

임직원 대한 8월분 급여를 8월 31일에 지급하였다.

8월분 급여는 3,000,000원(임원급여 : 1,000,000, 직원급여 : 2,000,000)이며 급여지급시 각종 공제사항은 근로소득세 22,000원 · 지방세 1,200원와 임직원 부담분 국민연금 80,000원, 임직원 부담분 건강보험료 50,000원, 임직원 부담분 고용보험료 20,000원이다.

차변	계정	금액	대변	계정	금액
차변	임원급여	1,000,000	대변	보통예금	2,826,800
	직원급여	2,000,000		소득세예수금	23,200
				국민연금예수금	80,000
				건강보험예수금	50,000
				고용보험예수금	20,000

국민연금, 건강보험, 고용보험은 회사와 임직원이 나누어 부담을 하나 산재보험료는 회사에서만 부담을 하므로 급여에서 공제할 필요가 없다.

실무맛보기 … [9-6]

8월분 급여에 대한 근로소득세 및 지방세 23,200원을 보통예금에서 인출하여 납부하였다.

차변	계정	금액	대변	계정	금액
차변	소득세예수금	23,200	대변	보통예금	23,200

* 근로소득세는 급여지급일의 다음달 10일까지 납부하여야 하므로 이 경우 8월분 급여지급시 원천징수한 금액을 9월 10일까지 납부하여야 한다. 단 위의 실무맛보기에서 8월분 급여를 9월 5일에 지급하였다면 급여지급 월인 9월의 다음달 10월 10일까지 납부하면 된다.

실무맛보기 … [9-7]

8월분 국민연금 160,000원, 건강보험료(장기요양보험료 포함) 100,000원, 고용보험료 50,000원, 산재보험료 20,000원이 자동이체되었다.

구분	회사부담분	임직원부담분
국민연금	80,000	80,000
건강보험	50,000	50,000
고용보험	30,000	20,000
산재보험	20,000	-

차변	국민연금예수금 건강보험예수금 고용보험예수금 세금과공과$_1$ 복리후생비$_2$	80,000 50,000 20,000 80,000 100,000	대변	보통예금	2,900,000

* 세금과공과$_1$: 국민연금 회사부담금, 복리후생비로 처리해도 됨

* 복리후생비$_2$: 건강보험 회사부담금 + 고용보험 회사부담금 + 산재보험료 = 50,000 + 30,000 + 20,000

(2) 퇴직급여

임직원들이 퇴직하는 경우 지급하기 위해 결산기말에 적립하는 퇴직급여충당부채 또는 실제 임직원이 퇴직하는 시점에 지급하는 퇴직금을 말한다. 퇴직금은 종업원의 퇴직시 회사규정이나 근로자퇴직급여보장법에 따라 일시에 지급하는 금액이다. 퇴직금은 일반적으로 '퇴직 직전 3개월간의 평균급여 × 근속연수'규정을 적용하여 지급한다.

(3) 복리후생비

임직원들의 의료·위생·보건 등을 위해 지급하는 금액으로 식당운영비, 건강진단비, 야근식대, 출퇴근비용, 직원경조사비, 임직원선물비용 등이 여기에 해당한다.

실무맛보기 … [9-8]

- 10월 20일 ㈜조세는 직원 회식을 하고 회식비 550,000원(부가세포함)을 법인신용카드로 결제하였다.
- 11월 15일 신용카드 결제대금인 보통예금통장에서 자동 이체되었다.

① 식비 법인카드로 결제시

차변	복리후생비 부가세대급금	500,000 50,000	대변	미지급금	550,000

② 신용카드대금 자동이체시

차변	미지급금	550,000	대변	보통예금	550,000

(4) 여비교통비

업무와 관련하여 출장을 간 경우 사용하는 교통비, 숙박비 등을 말한다.

실무맛보기 … [9-9]

- ㈜조세의 구대리는 대구로 출장을 가면서 6월 10일에 경리부에서 출장비를 600,000원를 받아간 후 6월 30일 출장에서 돌아와 지출내역을 정리해보니 아래와 같았다.

항목		비용
여비교통비	KTX(고속철도)요금	80,000
	숙박비	100,000
	식비	50,000
	기타 버스요금 등	5,000
	렌터카 이용료	100,000
	계	335,000
접대비	거래처 사장님 식사대접	200,000
남은현금		65,000

① 6월 10일 출장비 지급시

차변	가 지 급 금	600,000	대변	현 금	600,000

② 6월 30일 출장비 정산시

차변	계정	금액	대변	계정	금액
차변	여 비 교 통 비	335,000	대변	가 지 급 금	600,000
	접 대 비	200,000			
	현 금	65,000			

(5) 접대비

업무와 관련하여 특정 거래처 등에 접대를 목적으로 지출하는 경비로서 경조사비·식대·선물·주대 등을 말한다.

실무맛보기 … [9-10]

㈜조세는 거래처에게 선물할 물품을 구입하였다(공급가액 : 100,000원, 부가세 : 10,000원)

차변	접 대 비	110,000	대변	현 금	110,000

(6) 통신비

업무용으로 사용하는 전신・전화・우편요금 등을 말한다.

실무맛보기 … [9-11]

㈜조세는 전화요금청구서를 6월 16일에 수취하였고, 매월 25일(6월 25일) 대박은행 보통예금에서 자동이체된다.

· 작성일자			6월 15일
· 전화요금	전화요금계	10,980	
	할인전요금소계	12,030	
	할인내역 소계	1,050	
	자동이체할인	75	
	부가세	1,090	
	전화요금 합계		11,995
· 공급받는자 란에 공급받는자의 사업자등록번호가 기재되어 있음			

① 6월 15일 전화요금청구서 수취시(작성일자 기준으로 회계처리)

차변			대변		
	통신비	10,905		미지급금	11,995
	부가가치세대급금	1,090			

② 6월 25일 전화요금자동 이체시

차변			대변		
	미지급금	11,995		보통예금	11,990
				잡이익	5

* 원단위미만절사금액인 5은 잡이익으로 처리함

(7) 수도광열비

수도광열비는 상・하수도요금, 도시가스요금, 냉・난방용 유류비, 냉・난방용 가스요금, 전기료 등을 말한다.

실무맛보기 … [9-12]

㈜조세는 5월분 수도요금 100,000원을 6월 25일에 납부하였다.

차변			대변		
	수도광열비	100,000		현금	100,000

* 부가가치세법상 수도료는 면세임.

실무맛보기 … [9-13]

㈜조세는 도시가스요금 청구서를 6월 16일에 수취하였고, 매월 25일(6월25일) 대박은행 보통예금에서 자동이체 된다

- 도시가스요금 청구서작성일자 : 6월 15일
- 도시가스요금 : 12,083원 (공급가액 : 10,985원, 부가가치세 : 1,098원)
- 도시가스요금 청구서가 (주)한결 명의로 되어 있으며, 공급받는자 란에 공급받는자의 사업자등록번호가 기재되어 있음

① 도시가스요금청구서 수취시(작성일자 기준으로 회계처리 함. 위의 실무맛보기는 6월 15일이 작성일자임)

차변	계정	금액	대변	계정	금액
차변	수도광열비	10,985	대변	미지급금	12,083
	부가가치세대급금	1,098			

② 6월 25일 도시가스요금 자동 이체시

차변	계정	금액	대변	계정	금액
차변	미지급금	12,083	대변	보통예금	12,080
				잡이익	3

* 원단위미만절사금액인 3은 잡이익으로 처리함

(8) 세금과공과

세금이란 국가 등의 재정수요에 충당하기 위하여 세법에 따라 부과하며, 자동차세・인지세・면허세・재산세 등을 말하며, 공과금이란 공공단체가 고유 사업의 경비충당을 목적으로 부과하며, 상공회의소 회비・협회비 등을 말한다. 또한 법규의 위반으로 납부하는 벌금, 과료, 과태료 등도 포함한다.

실무맛보기 … [9-14]

㈜조세는 9월 20일 건물에 대한 재산세(토지분) 2,000,000원을 납부하였다.

차변	계정	금액	대변	계정	금액
차변	세금과공과	2,000,000	대변	현금	2,000,000

(9) 지급임차료

다른 사람이 소유하고 있는 동산이나 부동산 등의 자산을 일정한 계약에 의거 사용하는 경우에 지급하는 비용을 말한다.

실무맛보기 … [9-15]

㈜조세는 임차인으로 12월 20일 임대보증금에 대한 간주임대료 2,000,000원에 대한 부가가치세액 200,000원과 및 12월분 월세 20,000,000원에 대한 부가세 2,000,000원을 보통예금에서 인출하여 임대인에게 납부하다.

차변	지급임차료	20,000,000	대변	보통예금	22,200,000
	지급수수료	200,000			
	부가가치세대급금	2,000,000			

* 간주임대료에 대한 부가가치세는 원칙적으로 임대인이 부담하는 것이나 임대인과 임차인의 약정에 의해서 임차인이 부담하는것으로 할 수 있다.
* 임대인이 부담하는 간주임대료에 대한 부가가치세는 세금과공과로 처리하며, 비용으로 인정된다.

(10) 수선비

건물이나 집기비품 등의 수선 또는 유지를 위해서 지출된 비용을 말한다.

(차량의 수선비 → 차량유지비)

실무맛보기 … [9-16]

· ㈜조세는 건물의 외벽 도색비용으로 2,000,000원(부가세 별도)을 현금으로 지급하고 세금계산서를 수취하였다.

차변	수선비	2,000,000	대변	현금	2,200,000
	부가세대급금	200,000			

(11) 보험료

손해보험(화재보험, 자동차보험 등)에 가입하고 지출하는 비용을 말한다.

실무맛보기 … [9-17]

· 2xx1년 7월 10일 건물 화재보험료 1년분 1,200,000원을 보통예금에서 인출하여 지급하였다.

(보험기간 : 2xx1. 7.10 ~ 2xx2. 7.9)

· 2xx1년 12월 31일 결산시 건물 화재보험료 미경과분을 선급비용으로 대체하였다.

1. 2xx1년 7월 10일 건물화재보험료 납부시

차변	보 험 료	1,200,000	대변	보 통 예 금	1,200,000

2. 2xx1년 12월 31일 미경과보험료 계상시

차변	선 급 비 용 $_1$	624,657	대변	보 험 료	624,657

*선급비용$_1$: 미경과 보험료로서

보험료(1,200,000원) × 미경과일수(1.1~7.9 : 190일)/365일 = 624,657원

(12) 차량유지비

차량을 유지하기 위해 부담하는 유류비, 수선비, 통행료, 주차비 등을 말한다.

실무맛보기 … [9-18]

㈜조세는 회사차량의 자동차세 1년분을 500,000원을 선납할인 10%를 적용받아 450,000원을 납부하다.

차변	세 금 과 공 과	500,000	대변	현 금	450,000
				잡 이 익	50,000

* 회사차량을 보유하면서 납부하는 자동차세는 세금과공과로 처리한다.

* 자동차세를 선납하는 경우 할인을 받게 되는데 할인액은 잡이익으로 처리한다.

(13) 운반비

상품매출시 운반을 위한 노임이나 운수업자에게 지급한 비용을 말한다. 항공운임, 퀵서비스 비용, 택배비용 등이 여기에 해당한다.

실무맛보기 … [9-19]

㈜조세는 거래처에 견본품을 택배로 보내고 택배비 50,000원을 현금으로 지급하였다.

차변	운 반 비	50,000	대변	현 금	50,000

(14) 교육훈련비

직원의 교육을 위해 지출된 강사비, 연수비용 등을 말한다.

실무맛보기 … [9-20]

㈜조세의 구과장은 업무와 관련없이 사설영어학원에서 영어강의를 듣고 회사에서 학원비 200,000원을 받았다.

차변	교 육 훈 련 비	200,000	대변	현 금	200,000

(15) 도서인쇄비

도서나 인쇄비용을 처리하는 계정으로 신문·잡지 구독료, 도서구입대금, 명함인쇄비, 사진현상료, 업무용서류의 인쇄비, 복사료 등을 말한다.

실무맛보기 … [9-21]

㈜조세는 업무관련 도서를 인터넷 서점에서 법인카드로 결제하였다. 도서 구입대금은 50,000원이다.

차변	도 서 인 쇄 비	50,000	대변	미 지 급 금	50,000

* 도서는 문화관련 재화로 면세이다.
* 인터넷·PC통신·TV홈쇼핑 등을 통한 구매에 의하여 공급받는 경우에는 금융기관을 통하여 송금하고 '경비 등 송금명세서'의 제출한 경우에는 법정지출증빙수취대상에서 제외한다.

(16) 소모품비

각종 소모용 사무용품 등을 구입하기 위하여 지출하는 비용으로서 각종 필기구, 사무용 용지, 복사용지비, 기타 사무용 소모품 구입비용 등을 말한다.

실무맛보기 … [9-22]

㈜조세는 간이과세자인 열쇠업자로부터 사무실에 보조키를 설치하면서 신용카드로 100,000원(부가세별도)을 결제해주었다.

차변	소 모 품 비	110,000	대변	미 지 급 금	110,000

* 간이과세자로부터 구입시에는 세금계산서를 수취할수 없으므로(간이과세는 세금계산서를 발행못함) 신용카드로 결제하여 신용카드매출전표을 수취해야 적법한 증빙으로 인정받을 수 있다.

(17) 지급수수료

용역을 제공받고 지급하는 수수료로서 송금수수료, 경비용역비, 로얄티, 신용카드 결제 수수료, 세무기장료, 경영컨설팅료 등을 말한다.

실무맛보기 … [9-23]

㈜조세는 신용보증기금에 신용조사수수료 1,000,000원을 인터넷뱅킹으로 송금하였다.(송금시 수수료 1,000원)

차변	지 급 수 수 료	1,001,000	대변	보 통 예 금	1,001,000

* 지급수수료$_1$: 신용조사수수료(1,000,000) + 송금수수료(1,000)

(18) 광고선전비

상품판매를 위해 신문, 라디오, 광고판 등의 판촉비용 등을 말한다.

실무맛보기 … [9-24]

㈜조세는 추첨에 의해 당첨된 고객에게 경품을 지급(부가세 및 소득세 등 제세공과금은 당첨자 본인부담)하기로 광고하였다. 당첨된 고객에게 200,000원(부가세 별도) 상당의 경품을 구입하여 지급하였다.

1. 경품지급용 물품 구입・경품지급시

차변	계정	금액	대변	계정	금액
차변	광 고 선 전 비	200,000	대변	현 금	220,000
	부 가 세 대 급 금	20,000			

2. 당첨자로부터 부가세 및 소득세 징수시

차변	계정	금액	대변	계정	금액
차변	현 금	64,000	대변	부 가 세 예 수 금	20,000
				예 수 금	44,000

* 부가세예수금$_1$: 부가세 과세표준(시가) ×10% = 200,000 × 10% = 20,000원

* 예수금$_2$: 200,000 × 22%(지방소득세포함) = 44,000원

경품은 수령자 개인의 기타소득으로 보아 지급액의 22%(지방소득세포함)의 소득세를 원천징수하여야 한다. 이 경우 경품가액이 5만원 이하이면 과세하지 아니한다.

(19) 잡비

판매비와 관리비에 속하는 항목 중에서 빈번하게 발생하지도 않고 금액도 적어서 중요하지 않은 항목 또는 계정의 구분이 어려운 경우 등이다.

폐기물처리비	오폐수처리비
오물수거료	정화조청소비
세탁비	용역계약이 체결되지 않은 청소비
사무실대청소비, 카페트청소비	방범비
방화관리용역비	렌트차량수리비
TV 시청료	

실무맛보기 … [9-25]

㈜조세는 오폐수처리비로 20,000원을 현금으로 지급하고 간이영수증을 발급받았다.
(거래상대방은 간이과세자임)

차변	잡 비	20,000	대변	현 금	20,000

경영학박사 김상우

서강대학교 대학원 경영학 박사
조세일보 재무교육원 원장
한국관리회계학회 상임이사
단국대학교 회계학과 외래교수
경상대. 한국외대. 덕성여대. 청년취업아카데미 주임교수
<주요논문 및 저서>
"차별화 전략과 분권화 수준에 따른 성과측정지표의 활용도가 경영성과에 미치는 영향"
"AHP기법을 이용한 성과측정지표의 활용도에 대한 연구"
"사용자 중심의 스마트 원가회계"(공저)

세무사 김봉현

성균관대학교 회계학과 졸업
성균관대학교 일반대학원 졸업(회계학석사)
한국세무사회 조세제도연구위원(전)
중소기업 경영제도개선 자문위원(현)
서울지방세무사회 납세자지원단 위원(현)
숭실사이버대학교 세무회계학과 외래교수(현)
한국세무사회 전산세무회계자격시험 출제위원회 위원(현)
강남구청 재산세제 전문상담위원(현)
한국세무사회 전산세무회계자격시험 출제위원(현)
한국세무사회 세무연수원 교수(현)
한국표준협회 경영전문위원(현)
한결세무법인 대표세무사(현)

세무사 윤희원

인하대학교 경상대학 경영학부 졸업
강남대학교 일반대학원 졸업(세무학 석사)
강남대학교 일반대학원 세무학과 박사과정
경영지도사
한국세무사고시회 국제상임이사
더존비즈스쿨 전임강사(현)
숭실사이버대학교 세무회계학과 외래교수(현)
경복대학교 세무회계과 겸임교수(현)
한국표준협회 경영전문위원(현)
서울지방세무사회 연수위원(현)
한국세무사회 전산세무회계출제위원(현)
서울시 마을세무사(화곡본동)(현)
한결세무법인 세무사(현)

IFRS 회계원리입문

2017년 3월 20일 초판인쇄
2017년 3월 25일 초판발행

저 자 김상우 · 김봉현 · 윤희원
발행인 이구만
발행처 유원북스
04091 서울특별시 마포구 토정로 222
한국출판콘텐츠센터 416호
대표전화 (02)593-1800 Fax (02)6455-1809
등록 2011. 9. 6. 제25100-2012-3호
www.uwonbooks.com uwbooks@daum.net

정 가 23,000원 ISBN 978-89-97926-70-1

이 도서의 국립중앙도서관 출판예정도서목록(CIP)은 서지정보유통지원시스템 홈페이지(http://seoji.nl.go.kr)와 국가자료공동목록시스템(http://www. nl.go.kr/kolisnet)에서 이용하실 수 있습니다. (CIP제어번호 : CIP2017006708)